权威·前沿·原创

皮书系列为
"十二五""十三五"国家重点图书出版规划项目

加拿大蓝皮书

BLUE BOOK OF CANADA

加拿大发展报告
（2019）

ANNUAL REPORT ON THE DEVELOPMENT OF CANADA
(2019)

主　编／唐小松
广东外语外贸大学加拿大研究中心

社会科学文献出版社
SOCIAL SCIENCES ACADEMIC PRESS (CHINA)

图书在版编目(CIP)数据

加拿大发展报告.2019/唐小松主编.--北京：社会科学文献出版社，2019.12
（加拿大蓝皮书）
ISBN 978-7-5201-5821-3

Ⅰ.①加… Ⅱ.①唐… Ⅲ.①经济发展-研究报告-加拿大-2019 ②社会发展-研究报告-加拿大-2019 Ⅳ.①F171.14 ②D771.169

中国版本图书馆 CIP 数据核字（2019）第 267056 号

加拿大蓝皮书
加拿大发展报告（2019）

主　　编／唐小松

出 版 人／谢寿光
组稿编辑／邓泳红　陈晴钰
责任编辑／陈晴钰　薛铭洁

出　　版／社会科学文献出版社·皮书出版分社（010）59367127
　　　　　地址：北京市北三环中路甲29号院华龙大厦　邮编：100029
　　　　　网址：www.ssap.com.cn
发　　行／市场营销中心（010）59367081　59367083
印　　装／天津千鹤文化传播有限公司

规　　格／开本：787mm×1092mm　1/16
　　　　　印 张：18.25　字 数：270千字
版　　次／2019年12月第1版　2019年12月第1次印刷
书　　号／ISBN 978-7-5201-5821-3
定　　价／128.00元

本书如有印装质量问题，请与读者服务中心（010-59367028）联系

▲ 版权所有 翻印必究

《加拿大发展报告（2019）》
编委会

主　　　编　唐小松

学术顾问　沈雁南

编委会成员　（按姓氏笔画排序）

于茗卉　万晓宏　王文峰　王小海　石佑启
艾玮宁　阮宗泽　刘　丹　刘江韵　刘蔚然
刘天逸　米　睿　李永辉　李晓隽　阳爱民
杜发春　沈本秋　陈志敏　陈彦辉　张振江
张小波　麦叶青　林　珏　郑春生　罗慧琼
周方银　柳玉臻　胡文涛　郭树勇　贾葆蕶
钱　皓　黄　忠　喻常森　魏志江
Gary Levy　Geoffery McCormack
Jeremy Paltiel　Jorge Virchez　Kim Nossal

主编介绍

唐小松 博士，教授，博士生导师，广东外语外贸大学加拿大研究中心主任；兼任中国加拿大研究会副会长、全国高校国际政治研究会常务理事、察哈尔学会高级研究员。入选广东省"千百十人才培养工程"省级学术带头人。在国内外重要刊物发表学术论文90多篇，获广东省哲学社会科学优秀成果奖"一等奖"，主持国家社科基金重点课题1项、省部级课题5项，出版专著、编著8部（主编或副主编），译著5部。接受凤凰卫视等电台专访及在《人民日报》等国内外重要媒体发表评论文100多次/篇。

摘　要

《加拿大发展报告（2019）》是详细阐述2018～2019年加拿大国情研究的蓝皮书，由广东外语外贸大学加拿大研究中心主任唐小松教授设计并主持，参与报告撰写的专家来自广东外语外贸大学、加拿大渥太华大学、加拿大英属哥伦比亚大学、美国亚利桑那州立大学、澳门大学、上海财经大学、华南理工大学、上海外国语大学等单位。

2019年10月即将迎来加拿大新一轮的联邦政府大选。在最后冲刺阶段，特鲁多政府在政治、外交、经济、社会等各个方面都经历了较大的变化与调整。因此，深入观察与研究这一年来加拿大的内政外交与综合国情对于中国政府、智库、企业、学界来说，都有着重要的意义。内政方面，特鲁多政府继续致力于经济复苏与社会福利的提升。GDP有所增长，在提高就业与控制通胀方面也有所成绩，因此民众对于特鲁多的经济治理能力也给予了不断上升的认可。但其政治上则面临了上台以来最大的丑闻：SNC-兰万灵案件，此案不仅涉嫌干预司法独立，还导致了两名主要的内阁成员辞职，为此也受到了来自保守党的猛烈抨击。有部分选民表示，会因此而质疑特鲁多政府的诚信并考虑大选时不投票给自由党，但也有选民表示这并非是法律问题，而是属于政治斗争。外交方面，特鲁多政府虽然与美国谈妥了新的USMCA，但与其他国家的双边外交却一塌糊涂，尤其是与中国、沙特阿拉伯还有俄罗斯。其中，中加关系更是因为孟晚舟事件而全面恶化，此前有希望推动的大量议程都陷入停滞，两国关系短期内难有缓和。

《加拿大发展报告（2019）》分为五个部分，深入分析和预测了2018～2019年加拿大国内政党政局、外交事务、经济发展、社会政策等热点问题，

加拿大蓝皮书

重点研究加拿大政局发展、美加关系、中加关系等议题。本报告不仅在理论研究和政策研究上有所创新，在研究领域和研究方法上也有所突破，对于丰富中国在加拿大研究领域的理论研究、政策分析和战略评估具有重要意义和价值。本报告可以为国内各级政府、智库、企业、社会各界提供相应的参考和借鉴。

序　言

《加拿大发展报告》系列成果是由教育部国别和区域研究培育基地——广东外语外贸大学加拿大研究中心负责组织编写的。作为教育部国别和区域研究基地，广东外语外贸大学加拿大研究中心每年将编写出版《加拿大发展报告》作为年度工作的一项重点任务。2014年，广东外语外贸大学出版国内首部加拿大蓝皮书，就加拿大国内政局发展、外交事务、经济管理、社会企业、环境治理等热点问题进行了重点、系统的研究，受到政府、社会各界及媒体的广泛关注，在国内、国际引起较大反响，受到普遍肯定和赞誉。

《加拿大发展报告（2019）》是继《加拿大发展报告（2014）》之后第六本系统研究加拿大国情的蓝皮书。报告由1篇主报告、4篇分报告以及7篇专题报告构成。蓝皮书深入分析和预测了2018～2019年度加拿大国内政局发展、外交事务、经济管理、社会政策等热点问题，重点研究小特鲁多政府第一任期最后一年的政治局势、对外政策、社会福利等方面的热点和关键议题。不同于普通的论文集对于不同选题的分散研究，加拿大蓝皮书通过政治、经济、外交、社会等不同领域来整体呈现加拿大年度发展状况，研究内容丰富，具有很强的动态性和前瞻性。蓝皮书报告研究方法严谨，注重定量分析与定性分析相结合的科学研究方法。同时，研究团队在研究过程中通过与国内外加拿大研究机构、高校建立联系，获取最新和最权威的资料与数据，确保各领域的研究紧跟局势，数据新颖详实，真实科学地反映研究对象的最新情况。

2018/2019年是自由党政府第一任期的最后一年，加拿大经济有一定的增长，实际GDP增长中贡献最大的依次为消费、出口和投资。经济增长呈现的特点是：商品进出口贸易增长，对外贸易逆差收窄；大部分省份和地区就业岗位增多、失业率下降；员工工资增高，公司利润增长放慢；自然资源部门价格上涨，使得工业成本上升，推动消费物价指数（CPI）和工业品价格指数（IPPI）上升，消费者支出增多。由于存在诸多拉低增幅的因素，下半年尤其是第四季度不少指标回落，全年经济增长较上一年放缓1.2个百分点。经济增长也受到国外一些因素的影响，比如美国第四季度经济增幅的下降、美国对外政策的变化和贸易保护主义政策、加拿大主要贸易伙伴经济增长的放缓、10月份后国际能源价格的下跌等。值得注意的是，2018年加拿大贸易多元化战略进一步取得进展，该年加拿大与美国的双边贸易或北美区域内的贸易比重继续下降，与中国的双边贸易比重或北美区域外国家的贸易比重继续上升。

2018年，加拿大的社会治理在平稳中出现略微下滑迹象，面临着就业市场略饱和、中产阶级持续萎缩、老龄化严重、贫富差距扩大和其他社会不公平等挑战。对此，加拿大联邦政府继续加大对各省、地区的财力支持，并对于中产阶层、老龄人口、少数群体等，提出一系列具有针对性的举措，包括增加就业机会、加强医疗福利、调整养老计划等。目前，加拿大联邦政府的社会政策，充分体现了其保护、保障和平衡三个功能。未来其社会政策的稳定发展，需要格外关注三个方面的潜在问题：财政是否持续、贫富差距扩大带来对国际援助等的负面反应以及如何合理调整税制。

外交方面，面对国际舞台上中国不断崛起的影响力以及美国不断保守的姿态，作为强调国际主义和多边主义的中等国家，在全球政治的重新调整过程中，小特鲁多带领下的加拿大在过去的一年里外交失误不断，与主要大国和新兴大国的关系都相继恶化。继2018年小特鲁多出访印度遭到国内外媒体群嘲以及国内反对党和印度官方的批评之后，加拿大政府又因为人权问题弄僵了与沙特阿拉伯的关系。此外，加拿大与俄罗斯的关系也因为顾忌选票以及对俄罗斯的不信任而恶化。更严重的是，因为加拿大政府在孟晚舟与华为事件上的处理失当，中加关系降至冰点。至于一直被加拿大视为最重要的加美关系，也同样因为加美之间的贸易协定与关税问题以及中美加三边关系问题而变得更加不确定。在保守主义冲击下的加美关系经受了有史以来最严

序言

峻的考验，并有保守势力互相串联的趋势。在保守主义势力的冲击下，加美关系出现了倒退。2019年10月联邦大选之后，无论是贾斯汀·特鲁多（Justin Trudeau）领导自由党继续执政，还是安德鲁·希尔（Andrew Sheer）领导保守党夺回大权，加拿大都将面临外交上的重大挑战。如何在中美两大国之间把握准确位置，如何在保守势力冲击下做到独善其身，是加拿大在当今国际局势下要做出的重大决断。

2019年10月，加拿大联邦大选即将开始。从大选局势来看，一方面，小特鲁多的内政外交都遭遇了一浪高过一浪的冲击，尤其是孟晚舟事件和SNC丑闻的出现和发酵，加上反对党的大力抨击，都使得民众更加质疑自由党政府的能力和诚信。另一方面，自由党政府积极调整财政预算和政策，关注选民重视的议题，并且在钢铝关税问题上与美国达成和解，有望推动USMCA的批准，也让自由党保持了一定的优势。因此，10月的联邦大选竞争将会十分胶着，自由党和小特鲁多连任的把握依然存在，但优势已经逐渐缩小。而且少数党政府逐渐在各个省赢得执政机会，这对于联邦大选来说也是一股日渐强大的力量。对于小特鲁多来说，几个重要大省的话语权都被其他政党把持，意味着即使胜选，联邦政府未来也会面临更多掣肘。

感谢蓝皮书的全体编委和作者们通过一年的努力，用他们的智慧和汗水为我们带来了新一年的加拿大研究盛宴，让我们可以持续了解加拿大相关领域的最新发展与变化。希望这本书可以为中国学界和社会搭建一个有效的沟通和交流平台，为国内的加拿大研究继续贡献力量。

隋广军

广东外语外贸大学党委书记

2019年8月30日

目　录

Ⅰ 总报告

B.1 2018年加拿大发展形势 ………………………………… 黄　忠 / 001

Ⅱ 分报告

B.2 2018年加拿大政党政局 ……………………………… 唐小松 / 025
B.3 2018年加拿大经济形势 ………………………………… 林　珏 / 043
B.4 2018年加拿大外交形势 ………………………………… 刘　丹 / 081
B.5 2018年加拿大社会形势分析 …………………………… 于茗卉 / 097

Ⅲ 专题报告

B.6 2018年加拿大移民政策分析 …………………………… 贾葆蘅 / 112
B.7 加拿大人权外交与军售政策的矛盾与调适
　　　——以对沙特军售案为例 ……………………………… 刘江韵 / 140

Ⅳ 加美关系

B.8 加拿大出口多元化战略下的政治经济学分析
.... Geoffrey McCormack / 159

B.9 加美贸易争端与NAFTA的再谈判 .... 艾玮宁 / 186

B.10 全球保守主义冲击下的加美关系 .... 刘天逸 / 206

Ⅴ 中加关系

B.11 中加医养产业链合作
——基于加拿大与美国医养产业的比较研究 .... 米 睿 / 225

B.12 加拿大涉华智库研究 .... 钱 皓 / 239

Abstract .... / 260
Contents .... / 262

总报告

General Report

B.1 2018年加拿大发展形势

黄 忠[*]

摘 要： 2018年，加拿大经济增长适度放缓，经济基本面健康，整体经济环境仍位居世界前列；通货膨胀略微上升，就业保持良好势头，贸易赤字总额继续缩小；加拿大政府积极采取措施应对不确定的全球经济形势，挖掘国家经济发展潜力。国内政治和社会治理方面，小特鲁多政府执政压力加剧，新一轮国家大选竞争激烈；国内安全形势继续变差，恐怖主义对国家安全的威胁较小；投资中产阶级依然是国家政策的重心，新的扶持措施继续出台。外交与国际形象上，加拿大大国外交出现波折，贸易多元化战略受挫；对外援助被指名不副实，人权外交遭遇双重标准指责；国家声誉度和整体国际形象下

---

[*] 黄忠，博士，讲师，广东外语外贸大学加拿大研究中心，研究方向为加拿大政治与外交。

滑，软实力连续两年下降。

关键词： 加拿大　经济政策　国内政治　外交挫折

一　经济形势与发展政策

1.经济增长适度放缓，经济基本面保持健康，整体经济环境位居世界前列

加拿大国家统计局数据显示，2018年加拿大经济增长率为1.8%，比2017年下降1.2个百分点。其中，家庭最终消费支出增长2.1%，比上年下降1.5个百分点；整体商业投资增长0.3%，比上年下降2个百分点；住房投资下降2.3%，非居民建筑和机器设备投资增长1.7%；出口增长3.3%，比上年高2.2个百分点；公司营收增长1.8%，与2017年的9.1%相比有较大落差；职工工资增长4.6%，比2017年高0.3个百分点。[①] 加拿大真实国内生产总值、国民收入增长和国内最终需求变化相关数据参见图1。

经济合作与发展组织（OECD）认为，银行利率上升、房产价格增速下降、就业与家庭财富增长缓慢所导致的居民消费和住房投资意愿的降低是加拿大国民经济增长放缓的主要原因。但是，出口市场的活跃和企业产能的增加，使得出口和商业投资成为加拿大经济发展的重要利器。总之，它认为在全球经济增长放缓的大背景下，加拿大的经济基本面仍然健康，有望保持稳健增长、适度放缓的势头。[②] 经济合作与发展组织和国际货币基金组织（IMF）对世界与加拿大经济发展趋势的预测见表1，经济合作与发展组织对G7成员国2018年经济增长统计和2019年、2020年的经济增长预测见表2。

---

① Gross domestic product, income and expenditure, fourth quarter 2018, https://www150.statcan.gc.ca/n1/daily-quotidien/190301/dq190301a-eng.htm? HPA=1，最后访问时间：2019年3月5日。
② Canada, http://www.oecd.org/eco/outlook/economic-forecast-summary-canada-oecd-economic-outlook.pdf，最后访问时间：2019年3月6日。

2018年加拿大发展形势

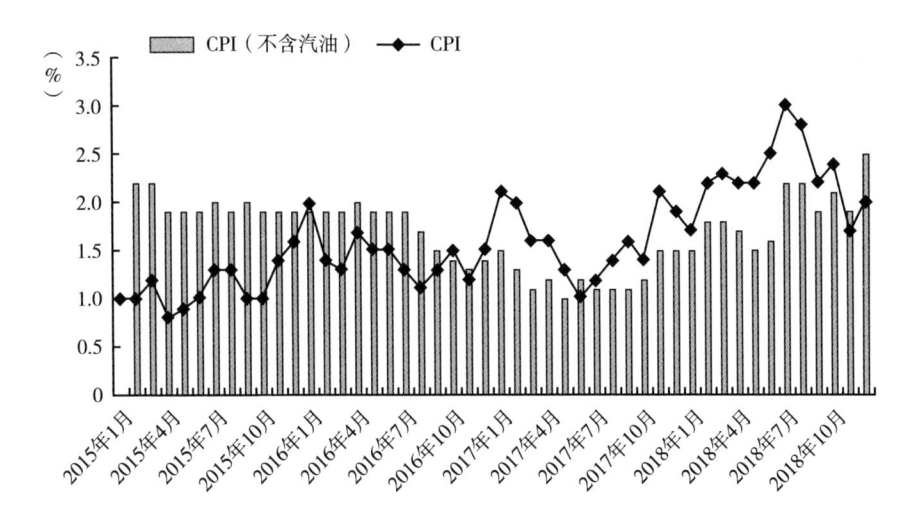

[CPI（不含汽油）柱状图与CPI折线图，横轴为2015年1月至2018年10月]

图1　加拿大真实国内生产总值、国民收入增长和国内最终需求季度变化情况（2016~2018年）

注：相关数据以2012年基数为1计算。

资料来源：https://www150.statcan.gc.ca/n1/daily-quotidien/190301/cg-a001-eng.htm，数据更新时间：2019年3月1日；https://www150.statcan.gc.ca/n1/daily-quotidien/190301/cg-a001-eng.htm，数据更新时间：2019年3月1日。

表1　OECD和IMF对世界与加拿大经济发展趋势的预测

单位：%

项目	OECD 2019年	OECD 2020年	IMF 2019年	IMF 2020年
世界	3.5	3.5	3.5	3.6
加拿大	2.2	1.9	1.9	1.9

资料来源：https://www.oecd-ilibrary.org/economics/oecd-economic-outlook_16097408，最后访问时间：2019年3月6日；https://www.imf.org/zh/Publications/WEO/Issues/2019/01/11/weo-update-january-2019，最后访问时间：2019年3月6日。

表2　OECD对G7成员国2018~2020年经济增长率的统计和预测

单位：%

成员国	2018年	2019年	2020年
加拿大	2.117	2.189	1.891
法国	1.614	1.604	1.467

003

续表

成员国	2018 年	2019 年	2020 年
德国	1.572	1.608	1.37
意大利	0.995	0.931	0.941
日本	0.865	0.957	0.682
英国	1.303	1.409	1.136
美国	2.895	2.715	2.129

资料来源：https：//data.oecd.org/gdp/real-gdp-forecast.htm，最后访问时间：2019 年 3 月 6 日。

加拿大政府在2018年秋季的财政报告中，对2015年以来的经济发展予以高度评价：经济增长率年均2.5%，为7国集团之首；过去三年，失业率下降到5.8%，是40年来的最低点；劳动力市场强劲，加国公民的工资涨幅也很有力，其幅度为8年来最强；企业信心高企，2016年底以来企业投资季度增长率平均为8%，是过去6年来的最高值。未来加拿大经济增长速度会略有下降，但也将更具有可持续性。[1] 2019年3月颁布的国家预算报告预测2019~2023年这五年的加拿大经济增长率分别为1.8%、1.6%、1.7%、1.9%和1.9%。[2]

加拿大国家银行认为，在全球经济发展面临较大不确定性的大背景下，加拿大经济发展虽呈现放缓势头，但其真实增长率仍会高于预期。原因是就业形势良好、移民流入强劲、国外需求进一步扩大、国家金融条件宽松以及通货膨胀将会维持在2%的低位等。其中，非能源部门的企业投资和出口将会继续增长，也将会在很大程度上解决石油价格处于低位、家庭支出收紧、全球贸易政策与地缘冲突等因素给加拿大带来的困扰。它对加拿大2019年和2020年经济增长的预测分别为1.7%和2.1%。[3]

瑞士洛桑国际管理学院（IMD）发布的《2018年世界竞争力报告》中，加拿大在63个经济实体中位居第10名，其中经济成绩排名第13位，企业效率和

---

[1] Fall Economic Statement 2018，https：//budget.gc.ca/fes-eea/2018/docs/statement-enonce/toc-tdm-en.html，最后访问日期：2019 年 3 月 15 日。
[2] Budget 2019 Economic Outlook，https：//budget.gc.ca/2019/docs/plan/anx-01-en.html#Budget-2019-Economic-Outlook，最后访问日期：2019 年 3 月 20 日。
[3] Monetary Policy Report：January 2019，https：//www.bankofcanada.ca/wp-content/uploads/2019/01/mpr-2019-01-09.pdf，最后访问日期：2019 年 3 月 11 日。

基础设施均排在第7位。① 在世界银行《2019年营商环境报告》中，加拿大在190个经济体中排名第22位。② 美国智库传统基金会2019年《经济自由度指数》报告则将加拿大排在美洲32个经济体的第1位，世界180个经济体的第8位。③

2. 通货膨胀略微上升，就业继续保持良好势头，贸易赤字总额继续缩小

2018年，加拿大居民消费价格指数（CPI）平均为1.89%，比2017年的1.6%略高，仍处于理想范围。在趋势方面，与2017年的V字形结构相反，呈现反V型走向，1月至7月一路走高，然后下滑，详见图2。2019年1月，加拿大的CPI上涨1.4%，比2018年12月低0.6个百分点。其中，能源价格下跌6.9%，服务价格上涨2.7%，食品上涨2.8%，房屋（shelter）上涨2.4%，酒精、烟草和消遣大麻上涨4.5%，等等。就地区而言，纽芬兰与拉布拉多省最低，为0.1%，英属不列颠哥伦比亚省最高，参见表3。

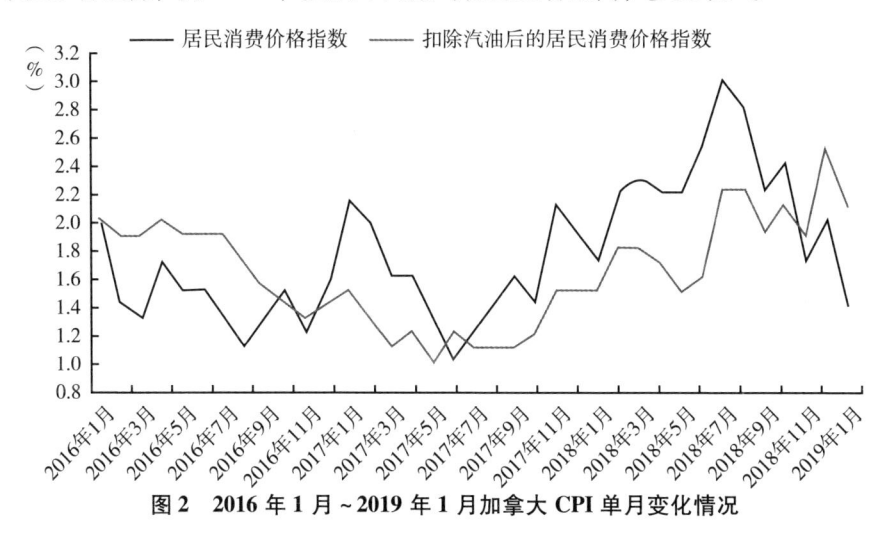

图2 2016年1月~2019年1月加拿大CPI单月变化情况

资料来源：https://www150.statcan.gc.ca/n1/daily-quotidien/190227/cg-a001-eng.htm，数据更新时间：2019年2月27日。

---

① https://worldcompetitiveness.imd.org/countryprofile/CA/wcy，访问时间：2019年3月12日。
② http://www.doingbusiness.org/en/rankings?incomeGroup=high-income，访问时间：2019年3月12日。
③ https://www.heritage.org/index/ranking，访问时间：2019年3月12日。

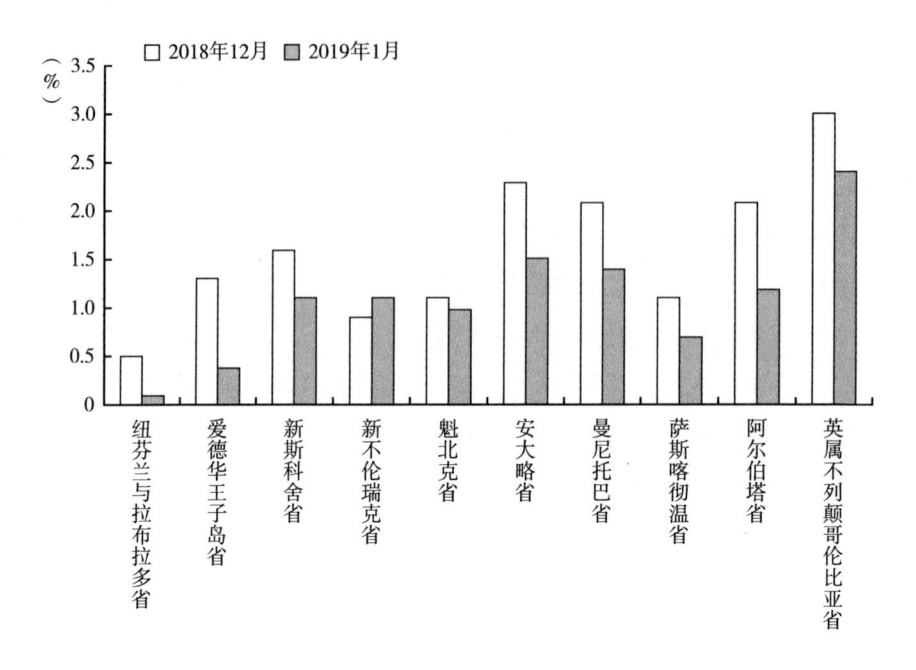

图3 2018年12月~2019年1月加拿大各省CPI单月变化情况

资料来源：https://www150.statcan.gc.ca/n1/daily-quotidien/190227/cg-a003-eng.htm，数据更新时间：2019年2月27日。

2018年，加拿大共增加就业人数163000人，就业率与上年相比上升0.9个百分点。① 2019年1月就业人数增加67000个，就业率比上月提升0.4个百分点。② 2月，就业人口增加55900个，国家失业率为5.8%。2019年1月、2月的就业率创造了1981年以来头两个月的最好纪录。2018年8月到2019年2月，加拿大共创造就业岗位290000个，创造了2000年以来的最大半年增幅。③

---

① Labour Force Survey, December 2018, https://www150.statcan.gc.ca/n1/daily-quotidien/190104/dq190104a-eng.htm，数据更新时间：2019年1月4日。
② Labour Force Survey, January 2019, https://www150.statcan.gc.ca/n1/daily-quotidien/190208/dq190208a-eng.htm?lnk=dai-quo&indid=3587-1&indgeo=0，数据更新时间：2019年2月8日。
③ What gives? Canada's job market off to its best start in almost 40 years, https://business.financialpost.com/news/economy/canadas-labor-market-is-off-to-best-start-since-1981，最后访问日期：2019年3月8日。

加拿大2016年1月至2019年1月间的失业率见图4，从中不难发现2018年至今加拿大的失业率一直都处于历史低位。

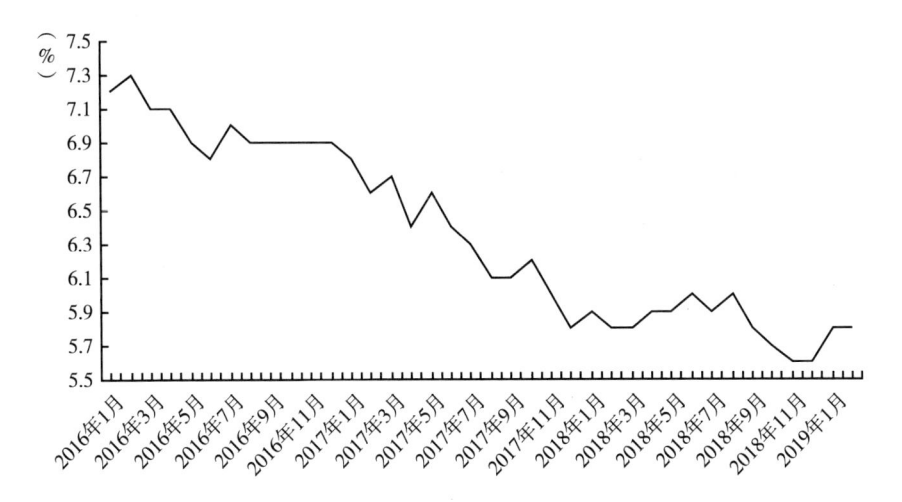

图4　2016年1月～2019年1月加拿大失业率变化情况

资料来源：https://www150.statcan.gc.ca/n1/daily-quotidien/190308/cg-a002-eng.htm，数据更新时间：2019年3月8日。

工资方面，2018年12月非农业部门员工的平均周工资为1012美元，和上年同期相比增加1.8个百分点；工作时间上，12月非农业部门员工平均每周工作32.5个小时，比11月少0.2个小时，比2017年12月少0.3个小时。[①] 生产率方面，2018年加拿大企业部门劳动生产率和2017年的增长率1.9%相比没有变化，原因是其GDP增长和工作时间增长均为1.6%。另外，加拿大2018年企业部门单位劳动成本增加2.5%，比2017年的0.8%高1.7个百分点。[②]

---

① Payroll employment, earnings and hours, December 2018, https://www150.statcan.gc.ca/n1/daily-quotidien/190227/dq190227b-eng.htm?lnk=dai-quo&indid=3555-1&indgeo=0，最后访问时间：2019年3月11日。
② Labour productivity, hourly compensation and unit labour cost, fourth quarter 2018, https://www150.statcan.gc.ca/n1/daily-quotidien/190306/dq190306c-eng.htm?lnk=dai-quo&indid=3313-1&indgeo=0，最后访问时间：2019年3月11日。

加拿大蓝皮书

2018年，加拿大进口总额为6071亿加元，上升5.7%；出口额为5854亿加元，上升6.5%。贸易赤字则由2017年的246亿加元缩小为217亿加元。其中，12月出口下跌3.8%，为463亿加元，是7月份以来的第五次连续下跌，和7月相比下降9.8个百分点，为50亿加元，80%的原因归咎于能源产品。2018年12月，加拿大能源出口下降21.7%，是2016年7月以来的最低月份，原油出口价格接着11月的下降29.7%，再次下降25.8%。当月，加拿大进口上升1.6%，为509亿加元，很大原因是精炼石油能源的进口上升了33.2%。①加拿大近三年贸易平衡度情况见图5。此外，加元的汇率情况也基本稳定，加元兑人民币、欧元和美元汇率月度变化情况见图6。

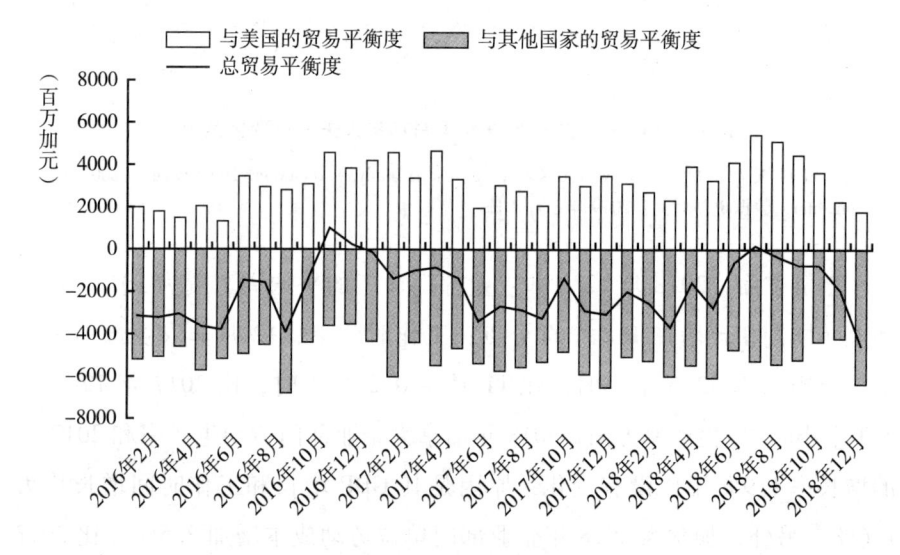

图5　加拿大近三年贸易平衡度变化情况

资料来源：https://www150.statcan.gc.ca/n1/daily-quotidien/190306/cg-a002-eng.htm，数据更新时间：2019年3月6日。

---

① Canadian international merchandise trade, December 2018, https://www150.statcan.gc.ca/n1/daily-quotidien/190306/dq190306a-eng.htm?lnk=dai-quo&indid=3612-3&indgeo=0，最后访问时间：2019年3月11日。

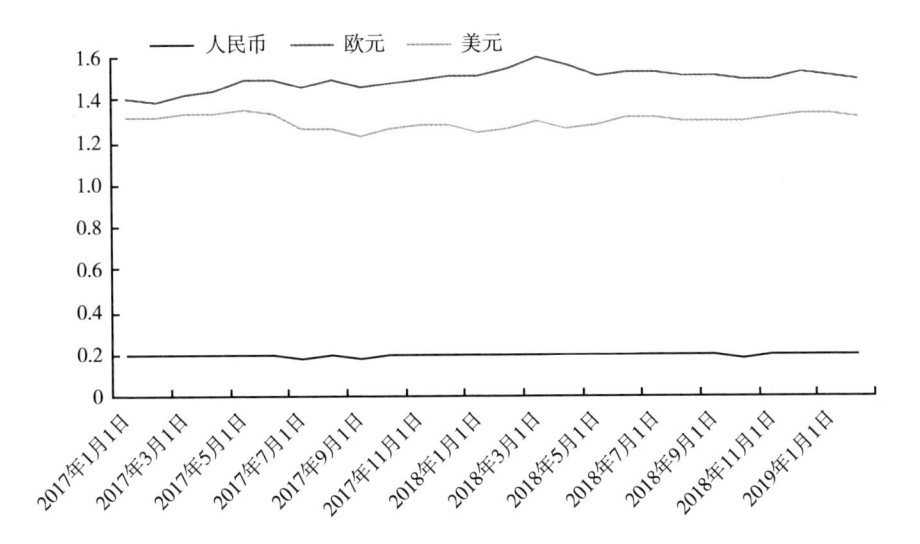

图6 2017~2019年加元兑人民币、欧元和美元汇率月度情况变化

资料来源：https://www.bankofcanada.ca/rates/exchange/monthly-exchange-rates/#download，最后访问时间：2019年3月12日。

3. 加拿大政府积极采取措施应对不确定的全球经济形势，挖掘国家经济发展潜力

在加拿大政府看来，英国脱欧、油价下降、美国税收政策变化及其与他国的贸易摩擦等不确定的全球经济环境将会对加拿大的发展产生重要影响，加拿大丰富的国内资源、熟练的劳动力和强大的科研能力尚未得到充分利用。目前，尽管加拿大是G7成员国中唯一与其他所有成员国都签署自贸协定的国家，但是政府仍然需要为企业扩大对内投资、开拓外部市场势力，提升其竞争力，以更好地推动经济发展。为此，它制定了以下措施。

首先，采取新的税收刺激措施支持企业投资。2017年12月，美国决定将企业所得税税率由35%下调到21%，企业投资的边际有效税率从29.8%下降至18.7%，并且给予某些资本投资以100%的返税销账优惠，从而使本国的企业税收政策相对于其他国家有了较大的竞争力，加拿大的相关优势受到严峻挑战。对此，加拿大通过允许商家将特定机械设备的全部成本一次性销账，以及允许不同行业、不同规模的公司针对新收购资产可以申报更高比例的开支等方式,将加拿大企业投资的边际有效税率由17%下降至13.8%,从而保持自己在G7成员国中的最低税率国地位,相对于美国有更大的优势。其次,推动贸易多元化进程,推动加拿大成为全球对外联系最为密切的经济体。2017年,加拿大有76%的商品出口到美国,石油和汽车的比例更高,石油更是高达99%。欧盟地区占总出口的7%,其他发达经济体为5%,新兴经济体占12%。为了改变对美过于依赖的局面,加拿大政府计划6年内投入11亿加元,加拿大加大基础设施建设,为企业提供更多资源与贸易服务,大力拓展亚太、拉美和欧洲市场,以完成在2025年之前将贸易出口提升50%的目标。再次,优化联邦、省与地区的贸易机制,清除内部贸易壁垒。最后,改进企业管理机制。措施包括创建专家咨询委员会,设立制度创新中心,清理过时和不必要的管理规定,建立更加现代化的规则体系,提升政府发展和执行规则的能力,推动企业成长。①

在新一年的国家财政预算中,加拿大政府着力于引进新投资来支持工人、强化老年人收入保障、提升国民健康水平和增加其住房支付能力,并且将债务占GDP的比重控制在下行轨道以保证国家经济财政的长期可持续发展。由于劳动力市场强劲和公司利润进一步增加,国家的财政收入好于预期,且增长速度会超过国家支出的增长速度,相关指标也会得到进一步优化,参见表3。

表3 加拿大2018~2024年度最终预算平衡和联邦债务情况发展形势统计

年份	2018~2019	2019~2020	2020~2021	2021~2022	2022~2023	2023~2024
最终预算平衡(十亿加元)	-14.9	-19.8	-19.7	-14.8	-12.1	-9.8
赤字占GDP的比重(%)	-0.7	-0.9	-0.8	-0.6	-0.5	-0.4
联邦债务占GDP的比重(%)	30.8	30.7	30.5	30.0	29.3	28.6

资料来源:https://budget.gc.ca/2019/docs/plan/anx-01-en.html#Budget-2019-Economic-Outlook,最后访问时间:2019年3月20日。

---

① Investing in Middle Class Jobs: Fall Economic Statement 2018, https://budget.gc.ca/fes-eea/2018/docs/statement-enonce/fes-eea-2018-eng.pdf,访问时间:2019年3月20日。

另外，经济方面的一个重要事件则是加拿大相关部门围绕石油的横山管道（Trans Mountain pipeline）项目博弈陷入僵局。近年来，尽管国际油价在走高，但是加拿大的油价却一直往低走。其中的一个重要原因是加拿大石油主要生产省份阿尔伯塔省的石油产量在增长，但是对外运力却没有相应提高，跟不上需要。① 对此，阿尔伯塔省特别支持金德摩根公司（Kinder Morgan）的横山管道项目，即建设一条从该省的埃德蒙顿（Edmonton）直达不列颠哥伦比亚省的大温哥华地区本拿比（Burnaby）海岸的管道，将现有管道运力增加到近乎当前的三倍水平。但是，这个计划遭遇了环保人士、原住民、不列颠哥伦比亚省和一些反对党的抵制，几乎没有任何进展。② 目前，金德摩根公司已经将石油管道项目的相关资产以45亿加元的价格出售给了联邦政府，加拿大2018年因为油管项目直接损失200亿美元收入③，阿尔伯塔省与邻居不列颠哥伦比亚省的关系也一度恶化。目前，阿尔伯塔省已经制定了新法律威胁不列颠哥伦比亚省如果对管道项目继续抵制，就将切断对该省的石油供应。④

二 国内政治与社会治理

1. 小特鲁多政府执政压力加剧，新一轮国家大选竞争激烈

2018年末，民众对贾斯廷·特鲁多政府的态度更加尖刻，联邦与省之间的关系也日趋负面。民调公司耐诺思于2018年12月的民调显示，在对联

---

① Linda：《为什么加拿大原油竟然沦为了白菜价？》，https://news.fx168.com/opinion/column/hujiajun/1810/2724208.shtml，访问时间：2019年5月21日；《环球邮报》：《加拿大石油产量前景堪忧》，http://toronto.mofcom.gov.cn/article/ztdy/201903/20190302842681.shtml，访问时间：2019年5月21日。
② 李丽旻：《加拿大跨山管道项目再遭叫停》，http://www.cnenergynews.cn/yq/sy/201809/t20180912_695145.html，访问时间：2019年5月21日。
③ 《输油管项目扯皮导致加拿大去年损失200亿》，http://www.bcbay.com/news/2019/05/02/635896.html，访问时间：2019年5月21日。
④ 《康尼进京见特鲁多 一定要阻止这件事！》，http://www.bcbay.com/news/2019/05/02/635986.html，访问时间：2019年5月21日。

邦政府成绩的评价上,超过40%的人认为非常差(26%)或者有些差(15%),23%的人认为一般,35%的人认为非常好(10%)或者还可以(25%),1%表示不知道。但2015年,有37%的人认为非常好,12%的人觉得非常差(见表4)。

表4 加拿大民众对自由党政府执政成绩的评价(2015~2018年)

单位:%

年份	非常好	还可以	一般	有些差	非常差	不知道
2015	37	23	13	11	12	5
2016	15	28	22	16	17	—
2017	11	26	24	15	24	—
2018	10	25	23	15	26	1

注:图表数据取整,因此不必然累计至100%。
资料来源:http://irpp.org/wp-content/uploads/2019/01/Nanos-IRPP-Mood-of-Canada-Survey-2018.pdf,最后访问时间:2019年3月12日。

在对国家发展方向的看法上,47%的人认为道路正确(2017年为50%),39%认为道路错误(2017年为34%),14%表示不知道。在联邦与省的关系上,超过一半的人认为两者之间的关系没有进步(30%)或者进步得不尽如人意(27%),26%的人表示不好不坏,只有一成多的人感觉有进步(3%)或者有些进步(10%)。而在2015年,超过一半的人认为两者关系变得更好(25%)或者取得某些进步(26%),不到20%的人感觉两者关系没有进步(10%)或者进步得不尽如人意(8%)。[1]

小特鲁多政府遭遇的负面评价增多主要原因并非在经济层面。除了审美疲劳之外,联邦政府干预司法独立、中央政府与省的关系紧张以及反对党日趋强势都是加拿大民众对小特鲁多日渐失去信心的理由。2019年1月14日,联邦政府改组,对现任内阁做出5项人事变动,包括换掉司法部部长王

---

[1] Canadians continue to be more critical of the Trudeau government's performance compared to 2015, http://irpp.org/wp-content/uploads/2019/01/Nanos-IRPP-Mood-of-Canada-Survey-2018.pdf,最后访问时间:2019年3月12日。

州迪（Jody Wilson-Raybould），调其改任退伍军人事务部部长和国防部副部长。然而，王州迪在新职位就任一个月就辞职，并在国会司法委员会听证会上声称自己于2018年9月至12月在蓝万灵（SNC-Lavalin）案件上受到了包括小特鲁多在内的政府部门的施压。这直接导致举国质疑自由党出于政治利益诉求在干预国家司法独立，保守党希尔甚至就此要求小特鲁多辞职。2018年11月，为履行《巴黎气候协定》承诺在2030年以前较2005年减少30%温室气体排放的目标，联邦政府颁布了《温室气体污染定价法》，决定在全国范围内征收碳税，安大略、萨斯喀彻温、曼尼托巴和新不伦瑞克省四个省份对此明确表示反对。萨斯喀彻温及安大略两省甚至将联邦政府告上了法庭，指责它纯粹是临大选前想收买选票。① 民众在这一问题上也态度分裂。全国仅有不到一半的民众认为制定碳排放价格措施是一个好想法，工业大省安大略省70%的人认为征收碳税将会极大地增加税务负担。② 此外，联邦政府2019年的财政预算新列支出228亿加元，总赤字198亿加元。但是，因为小特鲁多在当初选举时曾经许诺到2019年实现财政平衡，目前政府非但没有做到，而且比2018年还超支149亿加元，反对党和一些舆论指责他们增加赤字纯粹是出于政治考虑，收买民心。③

反对党方面，保守党逐渐改变前几年的弱势，已经能够与自由党分庭抗礼，甚至在一段时期占据优势。2019年3月8日的联邦选举民调跟踪数据（federal ballot tracking）表明，保守党的支持率为36.1%、自由党32.9%、新民主党17.9%、绿党8.3%、魁北克党团3.6%、人民党0.5%。在政党权力指数方面，自由党53.6分、保守党52.2分、新民主党41.1分、绿党

---

① 《加拿大强推碳排放税　明年油价恐会大涨》，http：//cfcnews.com/244075，最后访问时间：2019年3月13日；《不顾地方反对强征碳税，加拿大特鲁多政府被指"收买选票"》，http：//www.sohu.com/a/278176916_313745，最后访问时间：2019年3月13日。

② Carbon consensus cracks as domestic opposition increases, http：//country.eiu.com/article.aspx?articleid=1527380336&Country=Canada&topic=Politics&subtopic=Recent+developments#，最后访问时间：2019年3月13日。

③ 亚明：《加拿大经济专家和反对党评论联邦自由党预算案》，http：//www.rcinet.ca/zh/2019/03/20/163182/，最后访问时间：2019年3月21日。

37.2分、人民党28.1分、魁北克党31.9分。① 从图7也可以看出近年来小特鲁多的日渐弱势和希尔的渐趋强势。就目前来看，小特鲁多能否实现连任值得怀疑。

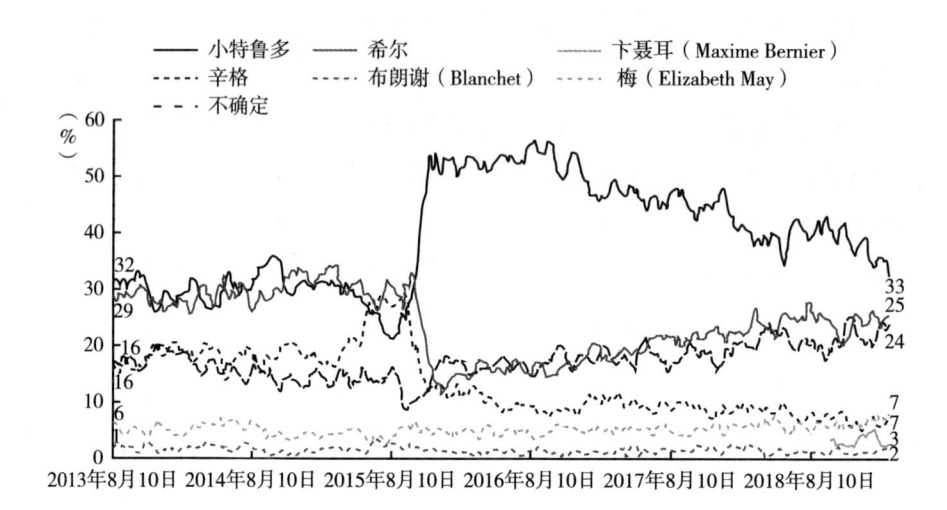

图7　2013年以来加拿大公民对各政党领导人担任总理的支持情况

资料来源：http://www.nanos.co/wp-content/uploads/2019/03/Political-Package-2019-03-08-FR.pdf，数据更新时间：2019年3月8日。

2. 国内安全形势继续变差，恐怖主义对国家安全的威胁较小

就犯罪率和犯罪严重指数这两个指标而言，加拿大2017年的安全形势已经是连续第三年变差。国家犯罪率比上年增长1%，但是警方报告的犯罪严重指数则提升了2个百分点，每十万人口的犯罪率为5334起，比上年增长1.1%。全国刑事案件为190多万起（排除交通方面的犯罪），比2016年增加45300多起。就区域而言，六个省和所有地区报告犯罪严重指数增加，新不伦瑞克省最高，达到11%，其中诈骗和强行入室是增加最多的案件。大多数大都会（Census Metropolitan Area）都报告了犯罪严重指数的上升，大萨德伯里（Greater Sudbury）增加了25%，蒙克顿（Moncton）和圭尔夫

---

① Nanos Weekly Tracking, ending March 8, 2019, http://www.nanos.co/wp-content/uploads/2019/03/Political-Package-2019-03-08-FR.pdf，最后访问时间：2019年3月13日。

(Guelph) 增加 15%, 基奇纳 (Kitchener) —剑桥 (Cambridge) —滑铁卢 (Waterloo) 增加 14%。此外,2017 年加拿大农村地区的犯罪率比城市高 30%,整个国家的他杀犯罪率增加了 7%,性侵事件增加了 13%,等等。① 2013~2017 年加拿大犯罪相关情况统计参见表 5。

表 5 2013~2017 年加拿大犯罪相关情况统计（2006 年=100）

项目	2013 年	2014 年	2015 年	2016 年	2017 年
犯罪严重指数	68.78	66.72	70.14	71.71	72.87
犯罪严重指数变化比率	-8.82	-3.00	5.13	2.24	1.62
暴力犯罪严重指数	73.88	70.52	75.07	76.55	80.26
暴力犯罪严重指数变化比率	-9.76	-4.55	6.45	1.97	4.85
非暴力犯罪严重指数	66.79	65.20	68.19	69.8	70.04
非暴力犯罪严重指数变化比率	-8.43	-2.38	4.59	2.36	0.34
青少年犯罪严重指数	66.21	61.03	61.30	61.21	63.32
青少年犯罪严重指数变化比率	-14.37	-7.82	0.44	-0.15	3.45

资料来源：https://www150.statcan.gc.ca/t1/tbl1/en/cv.action?pid=3510002601,数据更新日期：2019 年 3 月 14 日。

2018 年,加拿大没有发生恐怖袭击活动,恐怖主义对加拿大的国家安全威胁被限定为中等层次,自 2014 年以来这个等级从未改变。2018 年,约有 190 名与加拿大有关的极端主义者在海外,其中一些直接参与了恐怖行动。另外,有 60 名涉嫌参与极端行动的海外分子回到加拿大。这些极端主义者的数量在过去三年中保持稳定。② 为了预防和打击国内的极端暴力行动,加拿大政府于 2018 年制定了打击暴力极端行为的国家战略（National

---

① Police-reported crime statistics, 2017, https://www150.statcan.gc.ca/n1/daily-quotidien/180723/dq180723b-eng.htm?lnk=dai-quo&indid=4751-1&indgeo=0,数据更新时间：2018 年 7 月 23 日。
② 2018 Public Report on the Terrorism Threat to Canada, https://www.publicsafety.gc.ca/cnt/rsrcs/pblctns/pblc-rprt-trrrsm-thrt-cnd-2018/pblc-rprt-trrrsm-thrt-cnd-2018-en.pdf,最后访问时间：2019 年 3 月 15 日。

Strategy on Countering Radicalization to Violence）。①

整体而言，加拿大的国内安全形势较好，美国国务院最近发布的旅行安全建议中仍然将加拿大列入常规的蓝色范围。② 在2019年的国家财政预算中，加拿大政府将国家安全的施政重点聚焦于保证国家基础设施与民主制度的完整，强化对边境服务局（Border Services Agency）的管理，改善国家对紧急事件和自然灾害的准备与应对能力、保护弱势群体免受暴力与剥削侵害以及推动司法公正等。③

3. 投资中产阶级依然是国家政策的重心，新的扶持措施继续出台

2019年是本届自由党政府执政的最后一年。四年以来，小特鲁多一直将扶持发展中产阶级作为政府工作的重心与核心政绩。自2015年11月以来，加拿大新创造了90万个就业岗位，国家工资一直在上涨，失业率处于近40年的低点，有30万名儿童在国家儿童福利基金的支持下摆脱了贫困。④ 在2019财政年度，加拿大政府将住房、就业、药物报销和养老扶持作为壮大中产阶级的新发力点，并出台了一系列新措施。

让中产阶级有房可居。为改变居民住房压力较大的现状，加拿大政府计划采取一些新措施，包括通过国家住房战略（National Housing Strategy），实现居者有其屋的目标。①对首次置业者提供支持。一是制定首次置业者激励措施（First-Time Home Buyer Incentive），未来三年内为家庭年收入低于12万加元的首次置业者提供总计达12.5亿加元的分摊抵押资金。二是更新购房者计划（Home Buyers' Plan），以前该计划允许首次置业家庭每人从退休金（Registered Retirement Savings Plan）中预支25000加元用于建造或者购

---

① National Strategy on Countering Radicalization to Violence，https：//www.publicsafety.gc.ca/cnt/rsrcs/pblctns/ntnl-strtg-cntrng-rdclztn-vlnc/index-en.aspx#s9，最后访问时间：2019年3月20日。
② https：//travel.state.gov/content/travel/en/international-travel/International-Travel-Country-Information-Pages/Canada.html#/，最后访问时间：2019年3月15日。
③ Part 4：Public Safety and Justice，https：//budget.gc.ca/2019/docs/plan/chap-04-en.html#Part-4-Public-Safety-and-Justice，最后访问时间：2019年3月20日。
④ Budget Plan 2019，https：//budget.gc.ca/2019/docs/plan/toc-tdm-en.html，最后访问时间：2019年4月2日。

买房屋。此金额 10 年来从未改动，加政府计划于 2019 年起将其提升到 35000 加元。②增加住房供应。一是扩大建设租赁融资倡议（Rental Construction Financing Initiative）。未来九年内计划投入 100 亿加元，兴建 42500 处租赁房。二是发起新的住房供应挑战（Housing Supply Challenge）项目，提供 3 亿加元资金鼓励地方政府和其他利益相关方拓宽住房供应的新渠道。三是设立着眼于未来住房供应和家庭住房可承担能力的专家小组，更好地应对挑战。四是在国家住房战略中给予易受伤害群体特殊照顾，比如自 2019 年 4 月 1 日起投入 22 亿加元以预防和减少无家可归的现象。③加强房地产市场管理，推进交易公平。方法包括资助国家税务局（The Canada Revenue Agency）提升对房产交易过程中的税务管理水平、打击房产部门的金融犯罪和加强对房产购买行为的监控等。①

开拓新方法推动中产阶级就业。①引入新的国家培训福利制度。包括设立新的国家培训信用资金（Canada Training Credit）和就业保险培训福利支持制度（Employment Insurance Training Support Benefit），为工人就业在时间和资金扶持上提供制度保障。②青年就业扶持新手段。2019 年度加拿大政府的精力集中于中学后教育领域，帮助青年学生更好地负担起相关学费并管理好债务。具体措施有降低学生贷款利率，设立新的贷款免息宽限期，优化学生贷款管理体制，拓宽贷款学生覆盖面，强化对学徒期（Apprenticeship）的支持力度，为学生研究人员的产假提供资助，等等。③新的技能激励措施。包括扩大加拿大学生服务联合会（Canada Service Corps）的规模，加大对学生志愿者服务以及学生工作实践的支持力度，帮助 12 年级学生掌握必要的数字技术技能，执行新的国际教育战略，等等。

推动执行国民药品补助计划（National Pharmacare）。目前加拿大医保尚未覆盖处方药物，因此加拿大人在药物负担上也面临着世界上最高的成本，许多中等收入公民都买不起所需的处方药，在新一年度的财政预算中，加拿

---

① Chapter 1 – Investing in the Middle Class, https：//budget. gc. ca/2019/docs/plan/chap – 01 – en. html#Part – 1 – An – Affordable – Place – to – Call – Home, 最后访问时间：2019 年 4 月 2 日。

大政府想要有所改变，措施涉及两个方面。①创建国家药品局（Canadian Drug Agency），整合省与地区相关机构的力量，评估新处方药物的有效性，设立国家处方药品目录，协调谈判药物价格。②制定国家罕见病高价药物战略（National Strategy for High-cost Drugs for Rare Diseases），未来两年内投入10亿加元，确保相关病人能够获得必需的药品。①

推行安全退休（A Secure Retirement）计划。自2016年以来，加政府一直采取具体措施来改进老年人的退休安全问题。2019年，它提出了新的思路。①提高低收入老人的经济保障，实施强化版的老年人收入保障补充计划（Guaranteed Income Supplement），未来4年内投入17.6亿加元，扩大低收入老年人享受额外补贴的覆盖面，提升其收入。覆盖面由原来的20000加元收入群体提升到30000加元收入群体，其年度收益则由原来的最高16000加元提升到最高18000加元。②修改国家养老金计划（Canada Pension Plan），对于因延迟退休而晚领养老金的群体加以额外补贴，支持社区提升老人生活质量的相关项目。③进一步提升国家养老金额度，个人福利补贴最高提升度可达50%，即由原来的13855加元提高到21100加元甚至更多。②

三 外交政策与国家形象

1. 大国外交出现波折，贸易多元化战略受挫

对于2018年的加拿大而言，其大国外交无疑是极其苦涩的一年，加美关系和中加关系都出现了不同程度的倒退，小特鲁多政府所追求的贸易多元化战略也因此严重受挫。

---

① Chapter 1 - Investing in the Middle Class, https：//budget.gc.ca/2019/docs/plan/chap-01-en.html#Part-1-An-Affordable-Place-to-Call-Home，最后访问时间：2019年4月2日。

② Chapter 1 - Investing in the Middle Class, https：//budget.gc.ca/2019/docs/plan/chap-01-en.html#Part-1-An-Affordable-Place-to-Call-Home，最后访问时间：2019年4月2日。

2018年9月30日，加拿大和美国就北美自由贸易协定的修改达成一致，从而避免了该协定的"死亡"。11月30日，修订版NAFTA美墨加三国协议（USMCA）最终签署。尽管加美双方都宣称该谈判取得了令人满意的结果，但在特朗普"美国第一"贸易大棒的强硬威胁下，加拿大明显做出了违心的让步。最为直接的例子就是，小特鲁多此前要求美国必须完全取消对加拿大的钢铝关税，然后才能够进行贸易协定的达成，但是他的要求并没有得到美国的满足，直到2019年5月该关税才被取消。而在此之前的数月，双方除了贸易战的斗争此起彼伏之外，政治层面的外交也是硝烟四起。2018年6月加拿大魁北克省七国集团峰会结束后，小特鲁多批评美国以威胁国家安全为由对进口钢铝产品加征关税的做法是一种"侮辱"，特朗普则指责小特鲁多"懦弱且非常不诚实"，威胁将对进口汽车加征关税。对此，加拿大国会众议院一致通过一项动议谴责特朗普对小特鲁多的诋毁，支持政府对美国征收报复性关税，小特鲁多本人于半年后也反击称特朗普的行为"不可预测"。[1] 8月底，加美贸易谈判突然中断，特朗普再次威胁将加拿大排除在北美贸易协定之外。9月26日，由于对谈判不满意，特朗普甚至拒绝了小特鲁多提出的与自己单独会谈的要求。[2] 2018年10月29日，在美墨加协定达成不到一个月，加拿大和墨西哥、中国、欧盟、挪威、俄罗斯与土耳其等一起在WTO就美国的钢铝关税提起诉讼。[3]

可以这样说，加拿大与美国的贸易摩擦进一步刺激了其坚定采取贸易多元化战略的决心。2018年3月11日，加拿大正式签署"跨太平洋伙伴全面进展协定"（CPTPP）。之后，加拿大将发展对外贸易的重心转向中国。与

---

[1] 王宏彬：《美加"口水战"：57%美国人"挺"特鲁多》，http：//www.xinhuanet.com/world/2018－06/17/c_129895432.htm，最后访问时间：2019年4月9日；陶短房、王逸：《加拿大国会罕见一致支持特鲁多 谴责美国总统人身攻击》，http：//www.xinhuanet.com/world/2018－06/13/c_129892916.htm，最后访问时间：2019年4月9日。
[2] 《积怨已久！被批不诚实半年后 特鲁多"反击"特朗普：不可预测》，http：//www.cankaoxiaoxi.com/world/20181218/2365797.shtml，最后访问时间：2019年4月9日。
[3] 凌馨：《世贸组织成员要求设立专家组审查美国钢铝关税措施》，http：//www.xinhuanet.com/world/2018－10/30/c_1123637520.htm，最后访问时间：2019年4月9日。

特朗普政府不同，加拿大"不但批评美国对中国实行的关税贸易战违反了世界贸易组织规则，而且拒绝质疑中国是否是按照市场经济规则行事的国家"。① 总理小特鲁多强调，在与欧盟签署自贸协定、批准跨太平洋伙伴全面进展协定以及推进与南美国家关系之后，追求与中国进行更深层次的贸易接触仍然是加拿大贸易多元化战略的部分之一。11月15日，他在新加坡表示，将继续和中国谈判，以期能够最终达成自由贸易协议，而更新版的北美自贸协定则无法阻止加拿大与中国先前就已经开始的贸易谈判。11月12日，中国国务委员王勇与加拿大财政部部长莫奈、加拿大国际贸易部部长卡尔在北京共同主持召开了首轮中加经济财金战略对话。会议中，两国就推动完善全球经济治理、深化双向贸易和投资合作、拓展优先领域合作与深化金融合作等一系列议题达成共识。其中指出，两国应推动完成到2025年实现双边贸易额在2015年基础上翻一番的目标。加拿大贸易部部长吉姆·卡尔表示，加拿大正在研究与中国签署各类特定行业贸易协议的可能性，这些协议可能构成一项全面协定的基础。② 然而，这一切因为孟晚舟事件的发生而戛然而止。中加关系也由此急转直下，迅速进入冷淡期。加拿大外交政策杂志社（Canadian Foreign Policy Journal）发布的2019 Trudeau Report Card沮丧地指出，当我们最亲密的盟友美国，已经成功地将自由党政府作为自己与中国进行贸易战的工具时，也许加拿大在安全上面临的最大危险就是如何与自己的第二大贸易伙伴发展持久与互惠的关系。毫无疑问，只要延续以下政策，加拿大的安全将不可持续：①容忍美国以国家安全为由对加拿大的出口产品征收关税；②在地缘政治冲突中以美国利益的政治代言人角色行事；③当美国的政策日益呈现不自由和孤立主义倾向时，在美国的保护伞下行事；④在失去进入世界上最大经济市场中国的机会这个情况下，

---

① 方华：《特朗普修理特鲁多恐怕与中国有关》，http：//www.rcinet.ca/zh/2018/09/26/153299/，最后访问时间：2018年4月9日。
② 黄忠：《加拿大为何高调与中国进行自贸谈判？》，http：//bj.crntt.com/doc/1052/5/8/1/105258173.html? coluid = 243&kindid = 14711&docid = 105258173，最后访问时间：2019年4月9日。

尝试去发展经济。①

2. 对外援助被指名不副实，人权外交遭遇双重标准指责

2018年9月，经济合作与发展组织就加拿大近五年的对外援助出台了专门报告。该报告认为，尽管加拿大近年来经济获得了强劲增长，但是它对外援助的力度却无法与之匹配。其中，2016年，其官方发展援助（Official Development Assistance）为39.3亿美元，仅占国内生产总值的0.26%，不仅远远低于国际通用标准0.7%的比例，甚至比哈珀保守党政府时期2012年的0.31%都要低。尽管2018年的联邦财政预算提出在未来5年内增加国际援助20亿加元，但这仍然达不到2012年的程度。在G7成员国中，加拿大对外援助的总额最小，对外援助额占国内生产总值的比值位于第五位。②在全球发展中心（Centre for Global Development）2018年就全球27个富国对穷国进行帮扶情况进行考察的发展承诺指数（The Commitment to Development Index）排行榜中，加拿大位居第17位，排名甚至落后于陷入经济困境中的意大利和西班牙，是2005年（第7位）以来的最低点。具体指标方面，帮扶（Aid）排第8位，金融排第6位，技术排第15位，环境排第23位，贸易排第17位，安全排第23位，移民排第6位。③小特鲁多政府在对外援助方面最为看重的女性主义援助政策（the Feminist International Assistance Policy）同样被批资金未落实，徒有好听的说辞。④

不仅如此，加拿大赖以为荣的人权外交政策也在2018年遭遇了双重标准的批评。2018年8月3日，加拿大外交部在推特公开批评沙特阿拉伯逮捕人权活动家萨马尔·巴达维（Samar Badawi），并强硬要求沙特释放类似

---

① 2019 Trudeau Report Card, http://iaffairscanada.com/wp-content/uploads/2019/03/2019-Trudeau-Report-Card-Web.pdf, p. 27, 最后访问时间：2019年4月9日。
② OECD Development Co-operation Peer Reviews: Canada 2018, https://read.oecd-ilibrary.org/development/oecd-development-co-operation-peer-reviews-canada-2018_9789264303560-en#page1, p. 23, 55., 最后访问时间：2019年4月9日。
③ The Commitment to Development Index 2018, https://www.cgdev.org/commitment-development-index-2018, 最后访问时间：2019年4月9日。
④ 2019 Trudeau Report Card, http://iaffairscanada.com/wp-content/uploads/2019/03/2019-Trudeau-Report-Card-Web.pdf, p. 6, 最后访问时间：2019年4月9日。

人士。6日，沙特政府以加拿大干涉其内政为由全面降级两国之间的关系。沙特的这种反应是对小特鲁多政府自2015年来就人权问题屡屡指责它的集中爆发。然而，令人奇怪的是，就在加拿大不断批评沙特侵犯人权时，它竟然还对后者长期出售包括装甲车在内的军火，最近的协议高达150亿美元。① 在孟晚舟事件发酵的过程中，加拿大政府反复强调自己没有出于政治上的原因干预孟的逮捕，它完全是一个独立的司法案件，因为加拿大法治独立，政府无权干涉。然而，随着兰万灵公司腐败丑闻的曝光以及前司法部部长王州迪对小特鲁多政府就该事件对她不断施压进行揭发，自由党政府尊重法治的形象严重受损。更为严重的是，鉴于在该事件中受到不公正待遇的王州迪拥有女性和原住民双重身份，小特鲁多政府关于促进性别平等和保护原住民权利的承诺也受到质疑。②

3. 国家声誉度和整体国际形象下滑，软实力连续两年下降

国际声誉研究所2018年6月21日发布的国家声誉报告表明，加拿大在55个世界GDP总值最高国家中的整体声誉排名由2017年的世界第1位降到了第7位。而在之前的六年中，加拿大从未脱离过前二的位置。从指标来看，2018年的总体得分为79.2分，比2017年的82.8分下降了3.6分。分指标方面，政府效率指数下降最大，下降2.9分；经济发达指数为72.9，下降2.6分；环境友好指数为82，下降2.2分。③ 2018年度世界十大声誉最好的国家排名与分值见图8。

在战略咨询公司BAV和沃顿商学院发布的2019年"最好国家"排行榜中，加拿大比2018年下降1位，在80个国家中位居第3（见图9），主要指标情况如下：旅游探险指数4.4分（第19位），公民权9.8分（第2位），文化影响力5.0分（第12位），企业家精神8.8分（第6位），文化传统2.2分

---

① 史雨轩：《因人权批判，沙特拟取消加拿大150亿美元军火订单》，https：//www.guancha.cn/military-affairs/2018_09_14_472054.shtml，最后访问时间：2019年4月10日。
② 2019 Trudeau Report Card, http：//iaffairscanada.com/wp-content/uploads/2019/03/2019-Trudeau-Report-Card-Web.pdf, p.52，最后访问时间：2019年4月9日。
③ 2018 Country RepTrak, https：//www.reputationinstitute.com/sites/default/files/pdfs/2018-Country-RepTrak.pdf，最后访问时间：2019年4月11日。

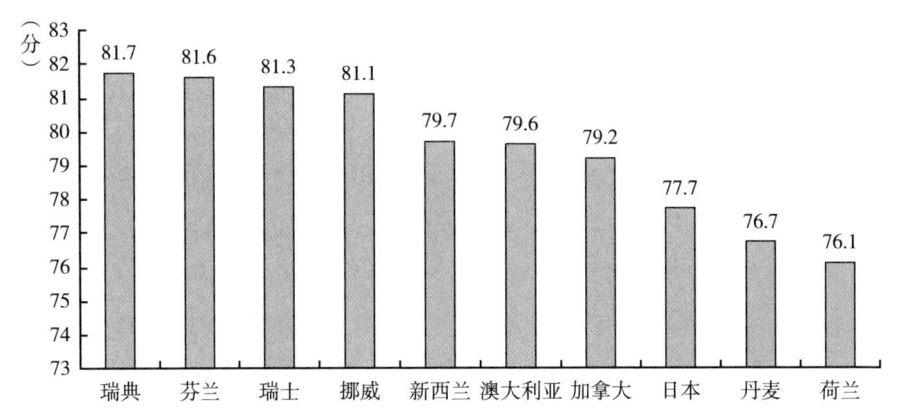

2018年加拿大发展形势

图8 国际声誉研究所2018年度世界十大声誉最好的国家排名

瑞典 81.7、芬兰 81.6、瑞士 81.3、挪威 81.1、新西兰 79.7、澳大利亚 79.6、加拿大 79.2、日本 77.7、丹麦 76.7、荷兰 76.1

注：图中数值为百分制。
资料来源："2018 Country RepTrak"，https：//www.reputationinstitute.com/sites/default/files/pdfs/2018-Country-RepTrak.pdf，最后访问时间：2019年4月11日。

（第42位），流动人口2.6分（第39位），商业开放性7.8分（第7位），国家权力4.3分（第12位），生活质量10分（第1位）。①

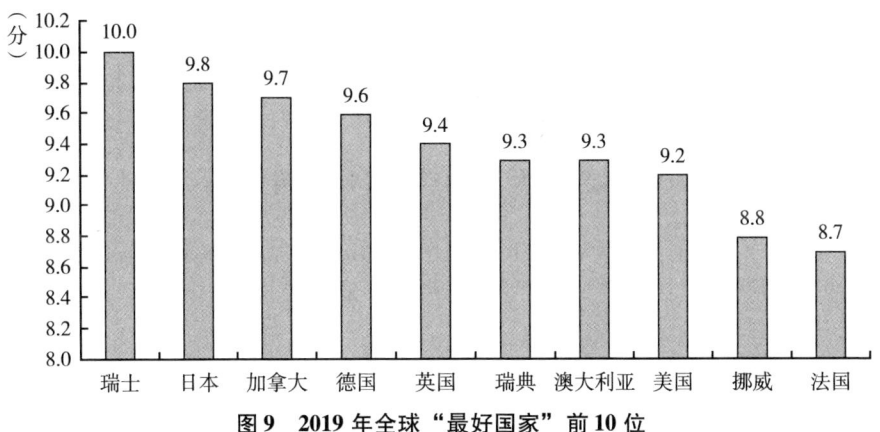

图9 2019年全球"最好国家"前10位

瑞士 10.0、日本 9.8、加拿大 9.7、德国 9.6、英国 9.4、瑞典 9.3、澳大利亚 9.3、美国 9.2、挪威 8.8、法国 8.7

注：图中数值为十分制。
资料来源："Overall Best Countries Ranking: 2019 Rankings"，https://www.usnews.com/news/best-countries/overall-rankings，最后访问时间：2019年4月11日。

---

① Canada, https://www.usnews.com/news/best-countries/canada，最后访问时间：2019年4月11日。

023

加拿大蓝皮书

美国南加州大学公共外交研究中心（USC Center on Public Diplomacy）发布的2018年软实力指数排行榜表明，加拿大2018年在30个国家中的软实力位居第6，这也是连续第二年下滑（见图10）。2014年，加拿大还处于第4位。具体指标如下：国家数字化水平（DIGITAL）第6位、经济模式竞争力（ENTERPRISE）第17位，教育国际化（EDUCATION）第7位，文化吸引力（CULTURE）第12位，全球参与度（ENGAGEMENT）第11位，政府价值形象（GOVERNMENT）第7位，全球民调评价（POLLING）第2位。[1]

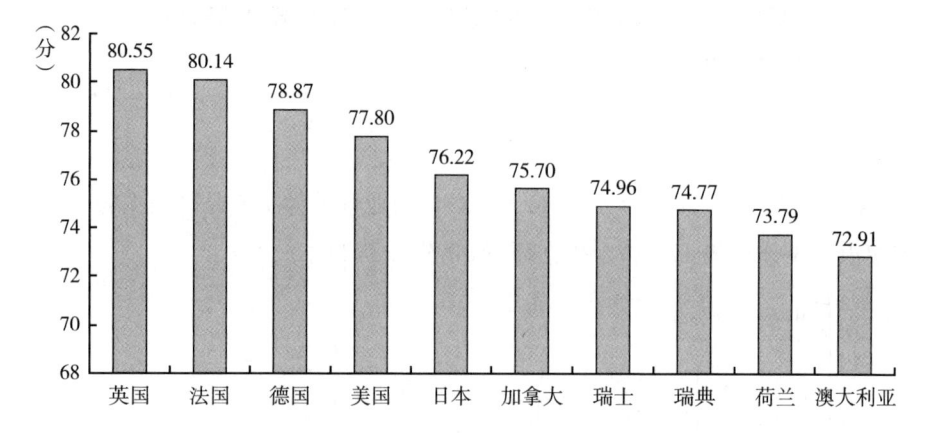

国家	分数
英国	80.55
法国	80.14
德国	78.87
美国	77.80
日本	76.22
加拿大	75.70
瑞士	74.96
瑞典	74.77
荷兰	73.79
澳大利亚	72.91

图10　南加州大学公共外交研究中心国家软实力指数前10位（2018年）

注：图中数值为百分制。

资料来源："THE SOFT POWER 3.0"，https：//softpower30.com/? country_years=2016%2C2017%2C2018，最后访问时间：2019年4月12日。

---

[1] Canada，https：//softpower30.com/country/canada/，最后访问时间：2019年4月12日。

分 报 告

Study Reports

B.2
2018年加拿大政党政局

唐小松*

摘　要： 在2019年大选前的这一年里，对于现任小特鲁多领导的自由党政府来说，可谓多事之秋。从大选局势来看，一方面，小特鲁多的内政外交都遭遇了一浪高过一浪的冲击，尤其是孟晚舟事件和SNC丑闻的出现和发酵，再加上反对党的大力抨击，都使得民众更加质疑自由党政府的能力和诚信。另一方面，自由党政府积极调整财政预算和政策，关注选民重视的议题，并且在钢铝关税问题上与美国达成和解，有望推动USMCA的批准，也让自由党保持了一定的优势。因此，10月的联邦大选竞争将会十分胶着，自由党和小特鲁多连任的把握依然存在，但优势已经逐渐减小。而且少数党政府逐渐

---

* 唐小松，博士，教授，广东外语外贸大学加拿大研究中心，研究方向为加拿大政党政局。

在各个省赢得执政机会，这对于联邦大选来说也是一股日渐强大的力量。对于小特鲁多来说，几个重要大省的话语权都被其他政党把持，这意味着即使胜选，联邦政府未来也会面临更多掣肘。

关键词： 联邦大选　孟晚舟事件　SNC 丑闻　小特鲁多

加拿大联邦大选临近，地方大选也陆续如火如荼地进行着。近一年来，自由党政府面临各种突发事件，在内政外交方面都出现了危机，政府的处理能力和应变能力都受到了挑战，也直接影响了民众对于政府的信任与支持。同时，这也成为反对党抨击自由党的主要议题。

一　自由党的外交内政危机

1. 孟晚舟事件挑战政府的外交能力

孟晚舟事件可以说是特鲁多政府上台以来遭遇的最大的外交危机，事发突然并且耗时长久，到目前为止，该事件虽然因为进入旷日持久的引渡听证而暂时降温，但依然是加拿大联邦政府的一颗定时炸弹。2018 年 12 月，根据美国与加拿大所签订的引渡条约，加拿大政府应美国的引渡请求，派出皇家骑警在温哥华机场在无通知的情况下逮捕了华为公司首席财务官孟晚舟。这一事件立刻在国际社会引起轩然大波。不过事件的外交细节以及影响不是本文重点讨论的内容，本文关注的是在整个事件中加拿大联邦政府的处理和应对能力，以及由此引发的加拿大社会、政党对于联邦政府的态度。

孟晚舟被捕事件发生后，特鲁多政府的主要言论是"不得干涉司法独立"，表示加拿大政府在这个事件上秉承的是公正公开的合理做法，并且一再强调"有关当局是在没有任何政治牵连或干预的情况下做判断"。① 然而很快,这种说法就被特朗普亲口"泄露机密"而引发质疑,即作为要求加拿大抓捕和引渡孟晚舟的美国政府的首脑表示,如果是涉及美国国家安全或者有助于美国与中国达成贸易协议,那么他会亲自对此案进行干预。② 虽然加拿大外交部对此表示了强烈不满,但也无法消除事件本身的确不只是独立的司法在运作的性质。

毫无疑问,孟晚舟事件给中加关系带来了极其恶劣的影响。从外交、政治到经贸等重要领域,两国关系都降至冰点。而自由党政府从最开始就一直显得有些不知所措,不仅事前没有及时与中国沟通,招致中国的强烈抗议和反弹,而且在事件发生后,也一直没有及时与中国正面商议过这一问题,而是一味地在其国内甚至是国际社会不断指责和渲染中国通过抓捕加拿大间谍和毒贩,以及限制不合标准的菜籽进口等方式来报复加拿大。在加拿大国内,民众基于对此事有限的了解,目前对美国和中国的印象都大打折扣(见图1),这与此前特鲁多政府夹在美加墨贸易协定与中加自贸协定之间进退失据的情况有些类似,都体现了加拿大联邦政府无法平衡和妥善处理与中美两个大国关系的事实。加上近年来特鲁多在对印度、沙特阿拉伯以及美国等国家的外交上欠佳的表现,这必然会导致选民在一定程度上质疑自由党政府在国际事务方面的处理能力,尤其是应对中美两个大国的能力。虽然外交一直都不是历年大选中的主要议题,但加拿大与中美两国的关系直接影响加拿大的经济、贸易甚至是安全,所以民众无法完全忽略对于这一事件及其影响的了解与判断。目前,对于联邦政府在处理与中国关系的问题上,加拿大在民意上产生了分歧(见图2)。

---

① 《从华为孟晚舟被捕看中美争霸内幕》,德国之声,2018年12月12日,https://www.dw.com/zh/%E4%BB%8E%E5%8D%8E%E4%B8%BA%E5%AD%9F%E6%99%9A%E8%88%9F%E8%A2%AB%E6%8D%95%E7%9C%8B%E4%B8%AD%E7%BE%8E%E4%BA%89%E9%9C%B8%E5%86%85%E5%B9%95/a-46623935。
② 《特朗普称孟晚舟案若涉及国安或贸易谈判,他将进行干预》,路透社,2018年12月12日,https://cn.reuters.com/article/exclusive-trump-huawei-1211-tues-idCNKBS1OB03F。

加拿大蓝皮书

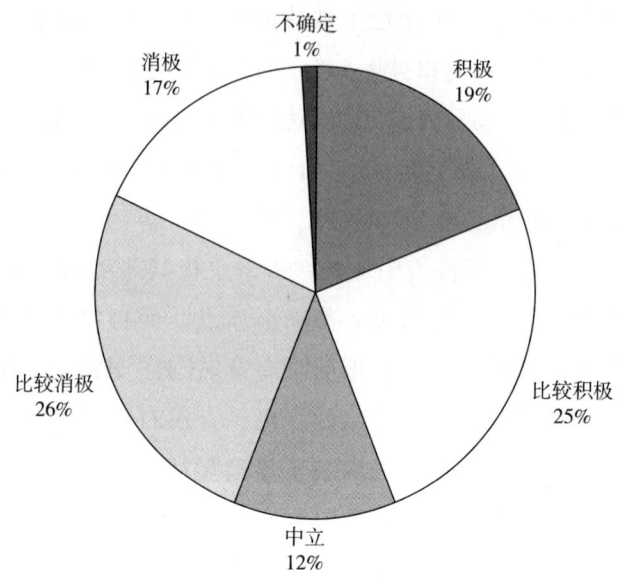

加拿大人对于加美关系的态度

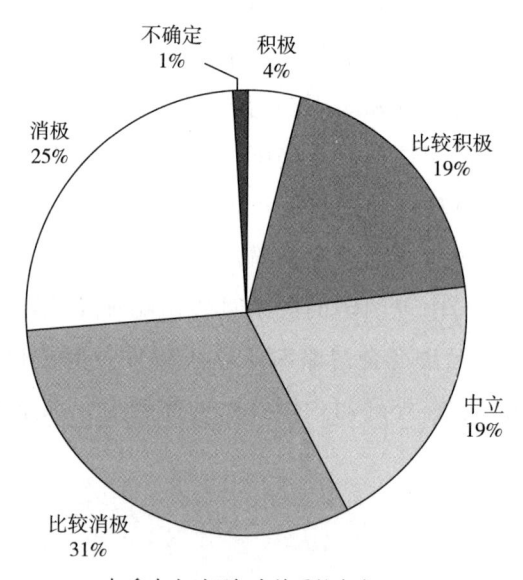

- 不确定 1%
- 积极 19%
- 比较积极 25%
- 中立 12%
- 比较消极 26%
- 消极 17%

加拿大人对于加中关系的态度

- 不确定 1%
- 积极 4%
- 比较积极 19%
- 中立 19%
- 比较消极 31%
- 消极 25%

图1　加拿大人对加美、加中关系的态度

Europe tops America in terms of comfort with relationship – UK and Germany have best impressions – US and China have worst impressions among Canadians, Nanos and Atlantik Brücke, April 2019, pp. 12 – 13.

资料来源：Nanos，Atlantik Brücke。

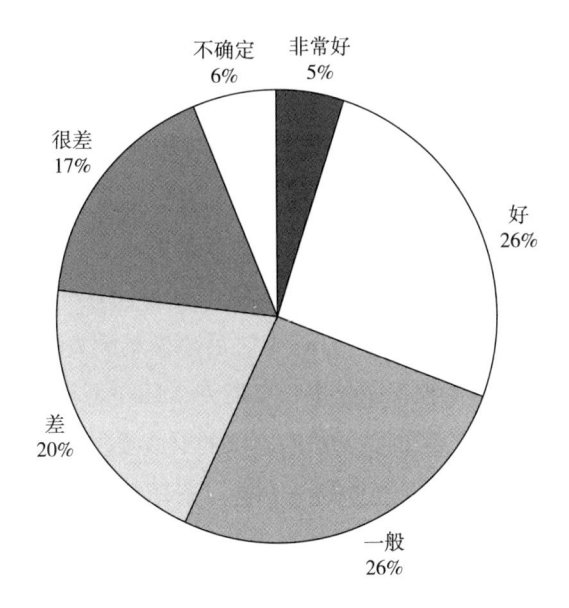

图2 加拿大政府在处理与中国关系上的表现

Canadians are split over whether government is doing good or poor job at managing relationship with China, Nanos Survey, February, 2019.

资料来源：Nanos Survey。

2. SNC-Lavalin 丑闻制造党内危机

如果说孟晚舟事件是造成了外部危机，那 SNC 丑闻则是彻底引发了自由党政府的党内危机，这也是小特鲁多上任以来最严重的政治危机。SNC 丑闻对小特鲁多的负面影响主要源自两个方面。第一，丑闻冲击了小特鲁多一直标榜的女权主义和原住民权益。这两项内容是小特鲁多在 2015 年竞选时给出的重要承诺，而在 SNC 丑闻中被指受到来自总理办公室施压的加拿大前司法部部长王州迪（Jody Wilson-Raybould）正是首位担任这一职务的原住民女性，之后她被调任退伍军人事务部长也被认为是对她的报复。第二，丑闻令小特鲁多在孟晚舟事件中强调的"不干预司法"原则站不住脚。王州迪正是被总理办公室要求放弃刑事起诉涉嫌贿赂和违反联合国制裁利比亚法案等罪名的 SNC-Lavalin 公司，并且以一份补救协议给出巨额罚款以替代可能的刑事处罚。这被认为是赤裸裸的干预司法独立。

因此，该事件一经曝光，立刻在加拿大国内引起一片哗然。女权主义者和原住民组织纷纷谴责小特鲁多，认为这是等级化权力迫害和种族主义，媒体更是借孟晚舟事件讽刺小特鲁多所谓的"司法独立。"① 之后，王州迪更是在听证会上直指小特鲁多在 SNC 案中直接进行了政治干预，保守党党魁安德鲁·希尔（Andrew Sheer）在听证会上公开要求小特鲁多辞职，要求皇家骑警队必须启动对其的调查。新民主党党魁辛格（Jagmeet Singh）也呼吁立刻启动公众质询，向小特鲁多施压。② 之后事件继续发酵，王州迪提交了她秘密录下的与前加拿大枢密院秘书长韦尼克（Michael Wernick）的谈话录音，同时，继王州迪辞职后，负责政府支出的财政委员会主席简·菲尔波特（Jane Philpott）也以辞职的方式声援王州迪。安德鲁·希尔则再次呼吁特鲁多就"道德腐败"辞职，他表示这种腐败正在破坏法治。③

SNC 丑闻的发生、发酵以及反对党对于整个过程的推波助澜，使得陷入危机的特鲁多及其政府的诚信和个人形象都受到了较大的打击，这在大选之前是非常不理想的状况。Forum Research 在 4 月份做的民意调查显示，受到 SNC 丑闻的影响，有超过半数的受访者表示可能会改变他们的投票意向，其中有 31% 的受访者认为该事件对他们的投票有强烈的影响。有 3/4 的受访者表示这一丑闻破坏了特鲁多在他们心目中的良好形象，其中拥有大学教育水平的受访者表示影响最大，超过了 80%。④

不过，SNC 丑闻以及王州迪的指控也并非把特鲁多逼上了绝路，可以

---

① Margret Wente, A perfect storm for Justin Trudeau, the Globe and Mail. February 15, 2019, https：//www.theglobeandmail.com/opinion/article-a-perfect-storm-for-justin-trudeau/.
② Steven Chase, Wilson-Raybould alleges "consistent and sustained" effort by Trudeau, officials to "politically interfere" in SNC-Lavalin case, the Globe and Mail, February 27, 2019, https：//www.theglobeandmail.com/politics/article-wilson-raybould-said-she-was-subjected-to-veiled-threats-in-snc/.
③ 《第二位部长请辞，对加拿大总理特鲁多又一重大打击》，半岛电视台中文网，2019 年 3 月 5 日，https：//chinese.aljazeera.net/news/2019/3/5/in-major-blowcanadas-pm-trudeau-second-minister-quits。
④ Alex Boutilier, SNC-Lavalin affair having an effect on voter intentions, poll finds. The Stars, May 4, 2019, https：//www.thestar.com/politics/federal/2019/05/04/snc-lavalin-affair-having-an-effect-on-voter-intentions-poll-finds.html.

说在这一危机当中,"危险"和"机遇"是并存的。内阁出现信任危机和人员变动对于自由党政府自然是有冲击的,尤其是在大选之前,容易引起选民对于自由党以及特鲁多本人的诚信以及领导能力的质疑,但其中也存在一定的回旋空间。一方面,制造特鲁多后院大火的王州迪本人的身份及其行为也是受到质疑的,她提供的证据也并不足以证明她对于特鲁多的指控,尤其是她私下的录音以及不顾党派利益的出走,包括反对党对她的支持,这些并没有单方面给她加太多分。另一方面,这种情况也使得加拿大民众对 SNC 案件本身的看法产生了分歧。对于这是一个法律问题还是一个政治问题,民众的看法并不统一(见图3),这也就意味着有一部分选民并不会因为各种爆料而改变自己的选择,甚至反而会认为这是反对党对于执政党的政治攻击,产生厌恶情绪。并且,特鲁多对于 SNC 案件的所谓干预,一直都是以公众利益,即保障就业作为解释,这对于民众来说,是可以博得一定的认可和同情的。

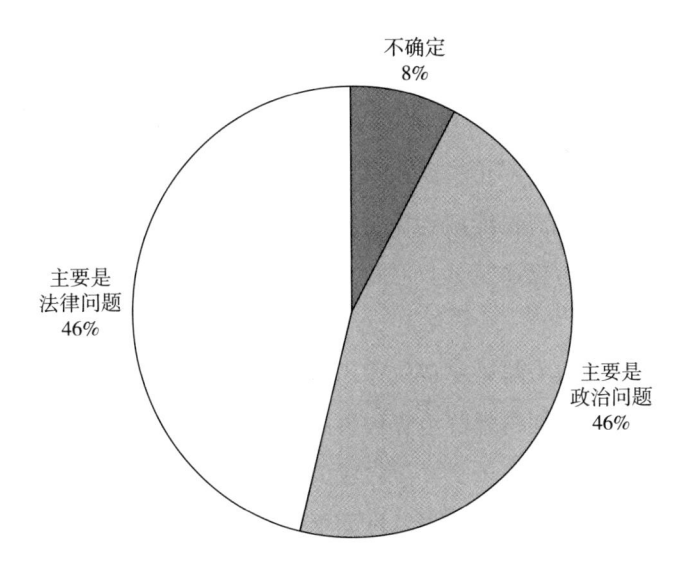

图3 加拿大人对于 SNC 兰万灵事件争论的观点

Canadians split on whether SNC Lavalin is a legal or political issue – West leans toward legal issue, East leans toward political issue, Nanos Survey, April, 2019.

资料来源:Nanos Survey, CTV News。

二 联邦大选局势

联邦大选在即，基于选民对于自由党的挑剔以及近一年来各种危机、丑闻的冲击，一直被自由党的优势压着的保守党从4月份开始形势转好，后劲也逐渐显现，开始慢慢在支持率上超过自由党，并有望拉开距离。除此之外，就连素来无法与两大主流党派比肩的新民主党也开始冲刺联邦大选。其党首贾格米特·辛格（Jagmeet Singh）在竞选党首之前，就是靠着签下超过4万的新成员积累了资本。而且在其当选党首之后，加拿大政坛观察家们也一致认为，辛格出任左翼新民主党领袖对自由党带来的挑战要远大于对保守党的挑战，因为2015年特鲁多自由党在联邦大选中获胜主要是靠从新民主党手中夺走了部分左翼选民的选票。[1] 这说明，2019年的联邦大选已逐渐呈白热化趋势，竞争激烈程度堪比2015年，自由党政府与小特鲁多总理将面临较大的挑战。如何将优势发挥到极致，以抵消所犯错误的影响以及反对党的猛烈追赶与抨击，将是最后这几个月自由党最重要的功课。

1. 自由党的优势

虽然面临内政外交双重失误以及反对党日益激烈的挑战，但自由党依然还保有一些优势，这有可能成为接下来在联邦大选中最重要的资本，而这些优势则是来源于小特鲁多及其政府针对选民所关心的问题所做出的积累与回应。

第一，选民并没有将外交危机作为决定投票的主要依据，而是关注更多其他领域的问题，这使得外交上表现得一塌糊涂的小特鲁多政府不会承受太大的压力。与以往一样，外交并没有成为大选期间选民们的关切点，这也是为什么孟晚舟事件后，小特鲁多总理的支持率并未出现大的波动。选民们最关注的始终是经济议题，除此之外，环境、医疗、税收、住房、原住民问题

---

[1] 《加拿大新民主党选出辛格为新党魁》，加拿大国际广播，2017年10月2日，http://www.rcinet.ca/zh/2017/10/02/132819/。

等都是选民所关注的几大重要议题①（见表1）。值得一提的是，在对外关系上，加拿大民众反而更关注全球治理的内容，尤其是国际援助（International Aid）、解决全球贫困（Ending Global Poverty）等问题。其实这也很符合加拿大一直以来的国家形象，尤其是自由党政府上台之后强调的国际主义，即致力于通过全球治理来改善保守党时期所破坏的温和中立的国家形象以及提升加拿大在国际社会的话语权。根据民调显示，有超过一半的受访人士表示，在联邦大选中，他们会重视参选党派对于国际援助的政治立场②（见图4）。支持加拿大提供国际援助的选民认为这对于世界经济和稳定会产生积极影响，而这反过来又会有利于加拿大的发展，所以这是正确的做法。除此之外，能够尽可能地帮助那些不发达地区的人们改善他们的生活也是部分选民支持加拿大提供国际援助的主要原因。③

表1　加拿大联邦大选中选民所关心的问题

单位：%

项目	第一位	第二位	第三位
经济	29.9	23.7	16.6
环境	21.2	15.3	11.4
医疗	19.0	22.6	29.2
税收	14.4	19.2	13.3
住房	5.1	6.9	12.6

---

① Over half of Canadians say a federal party's stand on international aid will be important or somewhat important for how they cast their vote in the federal election; Canadians say that international aid being able to make a difference in the lives of those in less developed countries is the most appealing reason for Canada to increase spending, Nanos to Engineers Without Borders, November 2018. p. 5.

② Over half of Canadians say a federal party's stand on international aid will be important or somewhat important for how they cast their vote in the federal election; Canadians say that international aid being able to make a difference in the lives of those in less developed countries is the most appealing reason for Canada to increase spending, Nanos to Engineers Without Borders, November 2018. p. 6.

③ Over half of Canadians say a federal party's stand on international aid will be important or somewhat important for how they cast their vote in the federal election; Canadians say that international aid being able to make a difference in the lives of those in less developed countries is the most appealing reason for Canada to increase spending, Nanos to Engineers Without Borders, November 2018. pp. 1 - 2.

续表

项目	第一位	第二位	第三位
解决全球贫困	4.8	3.9	5.0
原住民问题	3.1	5.0	7.5
性别平等	1.6	3.3	4.0
不确定	1.0	0.2	0.5

资料来源：Nanos to Engineers Without Borders。

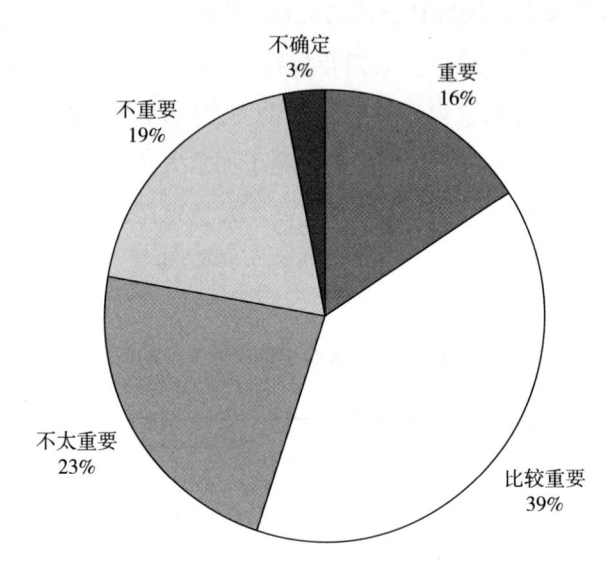

图4 选民对于加拿大提供国际援助的态度

资料来源：Nanos to Engineers Without Borders。

第二，在最重要的经济议题上，小特鲁多有竞争优势。目前，安德鲁·希尔和小特鲁多在经济议题上的支持率难分高下。近期有一个关于"哪位领导人可以支持加拿大经济增长"的民调显示，有超过1/4的加拿大人表示他们信任安德鲁·希尔（26%），其次是小特鲁多（25%）。而其中草原省份的民众更偏向于安德鲁·希尔（42%选择希尔，14%选择小特鲁多），但大西洋省份的民众则更信任小特鲁多（33%选择小特鲁多，12%选择希尔)①（见

---

① Scheer and Trudeau in dead heat on the economy – one in three Canadians are unsure or say non are are trusted to support the economy, Bloomberg & Nanos. April 2019. http：//www.nanos.co/wp-content/uploads/2019/05/2019–1420–Bloomberg–Apr–populated–report–with–tabs.pdf.

表2）。并且，此前因为石油减产而不被看好的加拿大经济在2019年1月强势反弹，实际国内生产总值环比增加了0.3%，实现了14个月以来最大幅度的增长。而此前经济学家普遍并不看好加拿大经济，预期增长只有0.1%。加拿大统计局于2019年3月发布这一内容之后，加元兑美元的汇率立刻上涨了近半个百分点。这份超出预期的经济增长无疑给加拿大社会打了一剂强心针，经济学家也认为这说明加拿大经济是有着比较大的弹性的。[1]

表2 对于加拿大联邦政党领导人支持经济增长的信任程度

单位：%

地区	贾斯汀·特鲁多	安德鲁·希尔	贾格米特·辛格
大西洋省份	33.3	12.1	3.1
魁北克省	26	20.1	2.3
安大略省	27.4	26.6	3.4
草原省份	14.2	41.9	5.0
哥伦比亚省	26.1	19.9	7.6

资料来源：Bloomberg, Nanos.

第三，紧紧围绕选民的关注制定政策是小特鲁多政府最重要的策略之一。2019年3月，最新的2019年财政预算报告出炉，标题为《投资中产阶级》。从内容上可以明显看出，这是一份为10月大选专门定制的财报，完全是针对以上所提到的选民最关心的议题，逐一给出了力度较大且有建设性的安排。例如，在住房方面，政府将采取措施控制住房价格，让民众能够承受。除此之外，政府为了给加拿大的中产阶级提供更实惠的租赁选择，将会延长2017年提出的租赁建筑融资计划（the Rental Construction Financing Initiative），计划在九年内额外提供100亿加元的融资，将该计划延长至2027~2028年。该计划将支持在加拿大全国范围内修建42500个新单位，特

---

[1] David Parkinson, Canada's economy posts strongest gain in 14 months, topping expectations. The Globe and Mail, March 29, 2019. https：//www.theglobeandmail.com/business/economy/article－canadas－economy－posts－strongest－gain－in－14－months－topping/.

别是在租金低的地区。① 原住民问题是近年来特鲁多政府非常重视的。在2019年财报中,自由党政府计划在未来五年内再投入45亿加元,缩小原住民和非土著人之间的经济差距,以实现2021年到2022年间联邦政府的原住民计划投资总额超过170亿加元,这与2015年自由党政府上台时相比增加了50%。② 同时,这也是年度预算中最大的一笔开支。毫无疑问,特鲁多希望在大选前加快与原住民的和解进程。医疗方面,筹划多年的全国药物保障计划也开始被提上日程。政府还追求税收与医疗之间的平衡,致力于确保医疗费用税收抵免能够反映并适应医疗相关的发展。例如,政府将审查医疗费用税收抵免下与生育有关的医疗费用的所得税待遇,以确保公平和一致。③ 因此,总体来看,正如加拿大国际广播公司所形容的那样,自由党联邦政府2019年的财政预算是为了"配合大选,安抚人心。"④

2. 自由党的劣势

如果把加拿大的政党政局比喻成一场牌局,那么可以说小特鲁多是拿着一手好牌但运气与牌技的确不怎么样的总理。出身名门、高票当选并且选民支持率曾长期居高不下、高颜值有亲和力、一直致力于全面覆盖选民关注点等,这是小特鲁多和自由党政府第一任期内的优势和努力,但四年中,外交内政危机不断,以及小特鲁多本人和联邦政府的治理能力也有些捉襟见肘。执政压力从不断失去各地方政府的控制开始蔓延,大选之前,选民对于联邦政府的态度也不断在改变,而保守党则后劲十足。这些都将直接影响即将到来的联邦大选。

首先,自由党在地方的势力不断受到冲击,直接威胁联邦大选。从2017年失去BC省开始,自由党在地方主要大省的实力不断受到来自反对党的挑战。2018年7月,自由党更是在安大略省大选中一败涂地,最终只保留了7个席位,丢掉了33个议席。福特(Doug Ford)带领进步保守党大获

---

① Investing in the Middle Class: Budget 2019, Minister of Finance, March 19, 2019. p. 27.
② Investing in the Middle Class: Budget 2019, Minister of Finance, March 19, 2019. p. 133.
③ Investing in the Middle Class: Budget 2019, Minister of Finance, March 19, 2019. p. 155.
④ 亚明:《联邦政府自由党新预算案要点,配合大选,安抚人心》,加拿大国际广播,2019年3月20日,http://www.rcinet.ca/zh/2019/03/20/163164/。

全胜，赢得76个议席，组成多数党政府。而2017年与绿党在BC组成联合政府的新民党也在这次省选中赢得了40个席位，成功晋级为官方反对党，甚至还争取到了诸如渥太华地区等自由党长期经营的重点票仓。①

2018年10月，魁北克省大选。弗朗索瓦·勒戈（François Legault）带领魁北克未来联盟党（Coalition avenir Québec – CAQ）斩获了魁省议会125个席位中的74个，组成了多数党政府。该省半个世纪以来都是魁北克自由党和魁人党两党轮替执政，并且此前的15年一直都被魁北克自由党垄断。② 如今魁省大选结果彻底结束了这种轮替和垄断的政治局面，也再次冲击了自由党在地方的势力。2019年4月，阿尔伯塔省大选中，康尼（Jason Kenney）带领联合保守党击败了新民主党，以务实的态度获得选民的支持，赢得了63个议席。虽然说自由党素来在阿省没有太强的实力，但联合保守党的上台将会比原来的新民主党政府给自由党联邦政府的威胁更大。与安省的福特一样，康尼明确表示反对联邦政府的碳税，将采取各种手段予以反击。③ 康尼的胜选，加上阿省、萨省、曼省以及安省各地保守党均有崛起之势，这意味着可能会形成一个新的跨地区的保守党联盟，未来即便小特鲁多省选也将面临巨大的压力。

其次，联邦政府在输油管道建设、碳税和预算赤字等方面的政策影响地方与选民对于自由党的信心。这几项政策都与国民经济以及各省的利益息息相关，而自由党联邦政府的表现都不太理想。输油管道方面，从2018年开始BC省与阿省政府就已经因为Kinder Morgan输油管道结下梁子。这个难题最后落在了联邦政府头上，毕竟是小特鲁多上台之后批准了运送阿省石油到BC省太平洋沿岸的输油管道项目。他表示保护环境与发展经济并不矛盾，但并未

---

① Doug Ford has won Ontario's election. What happens now? A guide. The Globe and Mail, June 8, 2018. https：//www.theglobeandmail.com/canada/article – doug – ford – wins – ontario – election – explainer/.

② Maura Forrest, Francois Legault's CAQ wins majority in Quebec election, ends nearly 50 years of two-party rule. National Post, October 2, 2018. https：//nationalpost.com/news/politics/francois – legaults – caq – wins – quebec – election – ends – nearly – 50 – years – of – two – party – rule – in – province.

③ 方华：《阿尔伯塔省选肯尼的联合保守党大胜》，加拿大国际广播，2019年4月17日。http：//www.rcinet.ca/zh/2019/04/17/164588/。

真的有能力解决现实中的矛盾。加拿大联邦政府虽然斥资45亿加元买下了Kinder Morgan输油管道项目，但是在环境评估方面受到了联邦上诉法院的质疑，同时还遭遇了环保组织和土著人社团的反对和示威，项目迟迟无法动工。目前已经超过了国家能源局规定的90天期限，小特鲁多政府依然无法决定是否批准这一输油管道项目。① 至于碳税，作为联邦政府的一项重要的施政纲领，从提出最初就一直备受多个省政府的质疑和反对。随着自由党在BC省、安省、魁北克省、阿省的纷纷失势，反对的声音也越来越大，甚至出现了几个省联合强烈反对的情况。安大略省、萨斯喀彻温省都将加拿大联邦政府告上了法庭，要求法庭裁决联邦政府是否有权在该省强制推行碳排放税以及是否违宪。虽然萨省上诉法院裁决并不违宪，但其省长斯科特·莫（Scott Moe）表示将继续向加拿大最高法院上诉，而且萨省选民和其他地区的加拿大人还会在今年十月的联邦大选中用选票表达自己对碳税的意见。② 除此之外，曼尼托巴省、新不伦瑞克省以及刚刚大选完的阿尔伯塔省也纷纷对碳税举起了反对的旗帜。

再来看看自由党为了大选定制的2019年预算案。如上所述，这个预算案竭尽全力配合选民的关注，出台了各种安抚政策。然而，其中关于预算赤字这一项始终是自由党联邦政府的软肋。自由党上台以来，预算就没有平衡过，之前承诺2019年将实现财政平衡，但现在看来是没有可能了。2019年联邦预算赤字为198亿加元，还超过了2018年的149亿加元，并且预计明年依然会保持这个水平，需要等到2023年才能缩小到100亿加元以下（见图5）。经济学家们纷纷对此表示担忧，认为联邦政府这份预算案没有充分考虑未来经济下滑可能带来的问题，并且对于许多选民来说，持续的高赤字预算不仅是一个数字还会失去选民的信任。保守党领袖希尔更是抨击该预算已失去合法性，认为特鲁多是想通过花费数百亿加元来摆脱其被SNC-Lavalin丑闻缠身的困境。③

---

① 方华：《特鲁多政府推迟对输油管道的决定》，加拿大国际广播，2019年4月19日，http：//www.rcinet.ca/zh/2019/04/19/164708/。
② 吴薇：《联邦碳税不违宪：萨斯克彻温省上诉法院裁决》，加拿大国际广播，2019年5月3日，http：//www.rcinet.ca/zh/2019/05/03/165422/。
③ 亚明：《加拿大经济专家和反对党评论联邦自由党预算案》，加拿大国际广播，2019年3月20日，http：//www.rcinet.ca/zh/2019/03/20/163182/。

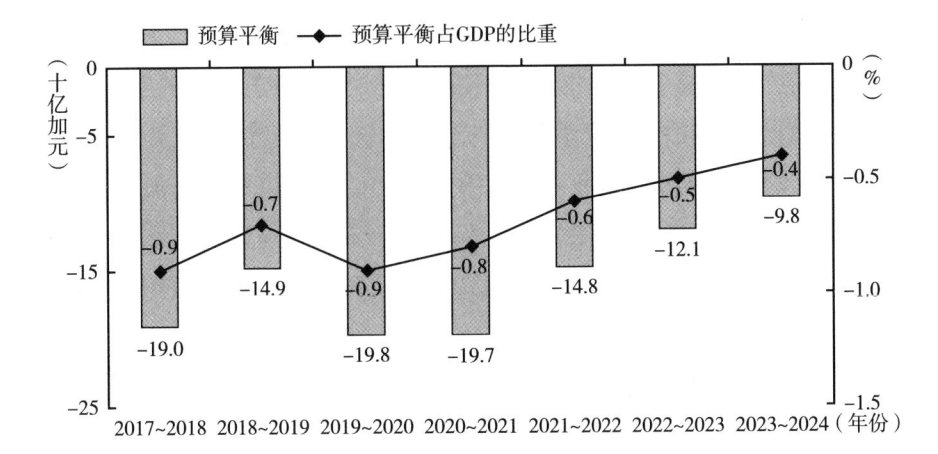

图 5 加拿大联邦预算平衡

资料来源：Budget 2019。

三 结语

赢得联邦大选对于自由党来说，是继续实现带领加拿大走向"真正变革"的唯一机会。如前文所述，执政四年来的各种难题、丑闻和困境都反映出了小特鲁多和自由党政府的能力缺陷，虽然类似华为事件等单一问题没有给支持率带来太大的冲击，但综合国内外各种不太理想的状况，选民对于小特鲁多和自由党联邦政府的不满还是日益加剧。随着大选的临近，保守党的后劲也越来越足，尤其是在地方政府争取到了更多阵地以及盟友之后，保守党的支持率已经逐渐超过了自由党，并且一直保持在领先 3~5 个点之间。甚至小特鲁多本人相比希尔一直保持的优势也在明显缩减，两者已经相差无几，甚至还偶有被超过的情况出现。[①] 可见，10 月大选的竞

---

① 根据 Nanos 5 月 21 日更新的民调显示，自由党的支持率是 30.6%，保守党的支持率是 35.9%。小特鲁多的支持率是 27.9%，希尔的支持率是 28.6%。参见 Conservatives 36, Liberals 31, NDP14, Green 11, People's 1 in latest Nanos federal tracking, Nanos, May 21, 2019. http：//www.nanos.co/wp-content/uploads/2019/05/Political-Package-2019-05-17-FR.pdf。

争已经进入白热化阶段，主要政党都在不遗余力地争取选票。近来，特朗普为了缓解中美贸易摩擦的压力，撤销了对加拿大和墨西哥的钢铝征税，小特鲁多政府表示没有了这个阻碍将会和美国同步尽快推动美加墨协定（USMCA）的批准生效。如此一来，小特鲁多政府可以解决美加关系中的一个难题，同时更是为加拿大贸易排除了一个障碍，这无疑给小特鲁多和自由党注入了一剂强心针，获得更多选民的认可，增加其在联邦大选中的优势。

从长远来看，无论大选谁胜谁负，都要处理大选前出现的各种问题，包括外交上，调和与美国、中国、沙特等国的关系，孟晚舟引渡案的最终处理，华为5G问题，等等；内政上，预算赤字的平衡，应对经济可能出现的不景气，民众对政府的不信任，等等。总体来看，加拿大民众对于渥太华联邦政府的态度相比之前是明显恶化的，满意程度较低，而愤怒、悲观的比例较高（见图6）。

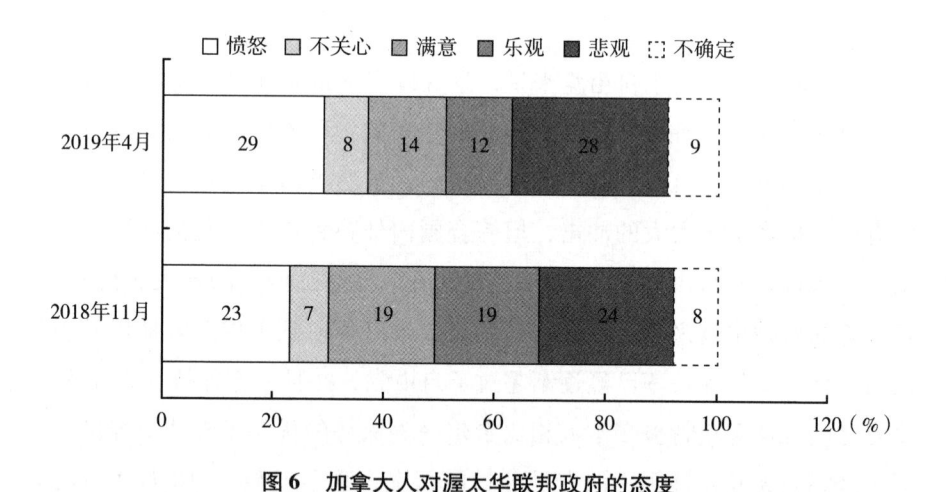

	愤怒	不关心	满意	乐观	悲观	不确定
2019年4月	29	8	14	12	28	9
2018年11月	23	7	19	19	24	8

图6 加拿大人对渥太华联邦政府的态度

Feelings of anger or pessimism towards the federal government on the rise, Nanos Survey. April, 2019. 5. 7.

问题：以下哪种情绪最能形容你对渥太华联邦政府的态度：愤怒，不关心，满意，乐观，悲观，不确定。

资料来源：Nanos Research。

表3　加拿大人对渥太华联邦政府的态度（按地区分）

单位：%

选项	大西洋省份 2019年	大西洋省份 2018年	魁北克省 2019年	魁北克省 2018年	安大略省 2019年	安大略省 2018年	草原省份 2019年	草原省份 2018年	哥伦比亚省 2019年	哥伦比亚省 2018年
愤怒	18.8	20.6	16.9	19.4	32.2	21.9	43.1	37.3	32.0	16.4
悲观	28	13.8	31.1	25.4	26.1	20.8	25.7	22.4	31.1	34.8
满意	15.1	25.1	15.3	16.4	19.4	22.8	7.1	13.4	10.6	17.2
乐观	13.1	18.7	14.0	21.5	10.1	22.0	10.4	13.3	8.8	19.3
不关心	8.0	7.3	12.0	7.8	4.3	7.3	7.1	6.4	6.7	5.0
不确定	9.8	10.9	10.8	9.6	7.8	5.2	6.7	7.2	10.8	7.3

Feelings of anger or pessimism towards the federal government on the rise, Nanos Survey. April, 2019.5.7. p.5.

问题：以下哪种情绪最能形容你对渥太华联邦政府的态度：愤怒，不关心，满意，乐观，悲观，不确定。

资料来源：Nanos Research。

实际上，小特鲁多上台初期，自由党政府处理联邦与地方关系的能力是被认可的，但近年来越来越多的问题出现，导致选民们开始质疑联邦政府在这方面的能力，更多的是对本身或地区的认可。这种情况对于2019年赢得大选的政党和政府来说也将是一个考验。根据维伦学会（Environics Institute）进行的一项大规模民意调查得出的数据显示，小特鲁多上台以来西部省份的离心力在不断增强。加拿大大西洋省份的情况同样不容乐观。此项调查在2018年12月至2019年1月访问了超过5000人，询问他们对国家的看法。结果显示，人们对本省的感情较联邦更为紧密。虽然关于魁北克分离主义的讨论早已冷却，但认为自身所处的省或地区比联邦更重要的比例在过去十五年从69%上升到77%（见表4）。

表4　国家与省/区对个人认同的重要性（2003~2019年）

地区	国家非常/比较重要 2003年	国家非常/比较重要 2019年	地区/省非常/比较重要 2003年	地区/省非常/比较重要 2019年
加拿大	85	87	69	77
大西洋省份	92	89	81	81
魁北克省	87	83	85	86

续表

地区	国家非常/比较重要		地区/省非常/比较重要	
	2003年	2019年	2003年	2019年
安大略省	85	89	59	71
曼尼托巴省/萨斯克彻温省	88	89	60	77
阿尔伯塔省	84	86	71	77
哥伦比亚省	77	86	67	75
地区	NA	92	N/A	88

Canada：Pulling together or drifting apart. 2019 Survey of Canadians. Environics Institute. April 2019. p. 9. https：//www. environicsinstitute. org/docs/default – source/confederation – of – tomorrow – 2019 – survey – – report – 1/confederation – of – tomorrow – survey – 2019 – – report – 1 – pulling – together – or – drifting – apart – – – final – report. pdf？sfvrsn = 9abc2e3e_ 2.

资料来源：Environics Institute。

B.3
2018年加拿大经济形势

林珏*

摘　要： 2018年，加拿大经济有一定的增长，但由于第四季度增幅的下降，拉低了全年增长水平。第四季度GDP增长下降主要是来自自然资源部门实际GDP增加值的下降。该年加拿大实际GDP增长中贡献较大的依次为消费、出口和投资。经济增长呈现的特点是：商品进出口贸易增长，对外贸易逆差收窄；大部分省份和地区就业岗位增多，失业率下降；员工工资增高，公司利润增长放慢；自然资源部门价格上涨，使得工业成本上升，推动消费物价指数（CPI）和工业品价格指数（IPPI）上升，消费者支出增多。由于存在诸多拉低增幅因素的影响，下半年尤其是第四季度不少指标下落，全年经济增长较上一年放缓1.2个百分点。经济增长也受到国外一些因素的影响，比如美国第四季度经济增幅的下降、美国对外政策的变化和贸易保护主义政策、加拿大主要贸易伙伴经济增长的放缓、10月份后国际能源价格的下跌等。值得注意的是，2018年加拿大贸易多元化战略进一步取得进展，该年加拿大与美国的双边贸易或北美区域内的贸易比重继续下降，与中国的双边贸易比重或北美区域外国家的贸易比重继续上升。本文认为，中美贸易摩擦为中加经贸合作带来契机，但未来中加双边自由贸易协定的谈判或双边合作依然会面临美国对外政策和在对外自贸协定中推

---

* 林珏，博士，教授，上海财经大学，研究方向为经济学、加拿大经济。

行的新规则的障碍。美国正在力图将其规则标准和各类议题纳入对外自由贸易协定的谈判和WTO的改革中，这将给未来中加双边经贸合作及自由贸易协定的谈判带来一定的干扰。

关键词： 加拿大　经济增长　中加经贸关系

一　2018年加拿大经济增长情况

（一）实际GDP和增长率

根据加拿大统计局数据，2018年加拿大实际GDP为19370亿加元，同比增长1.8%[①]，比之前一年放缓1.2个百分点。由于该年第四季度增长幅度下降，拉低了全年的增长水平（见图1、图2和图3）。

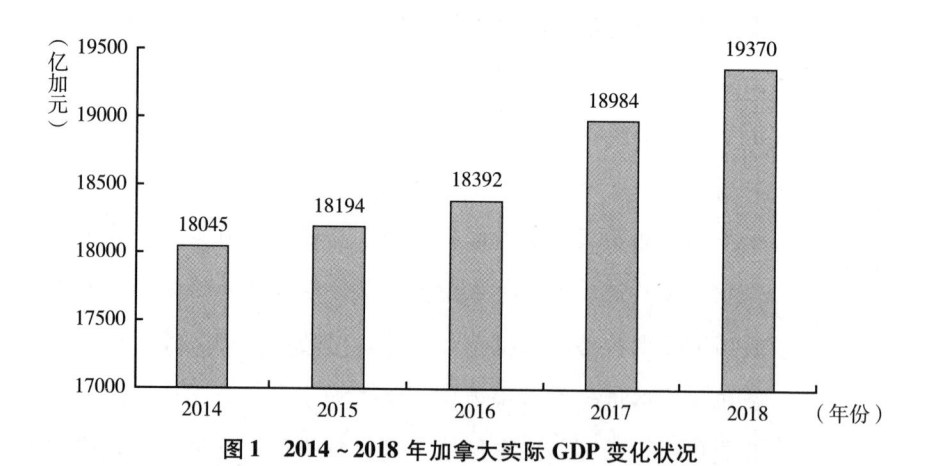

图1　2014~2018年加拿大实际GDP变化状况

注：按2012年加元计算。

资料来源：根据Statistics Canada数据制图 - Table：36 - 10 - 0434 - 03，Gross domestic product（GDP）at basic prices, by industry, annual average, 2019 - 04 - 08，https：//www150. statcan. gc. ca/t1/tbl1/ en/tv. action？pid = 3610043403。

[①] 加拿大统计局数据是1.8%，但按基本价格计算出来是2.0%。

2018年加拿大经济形势

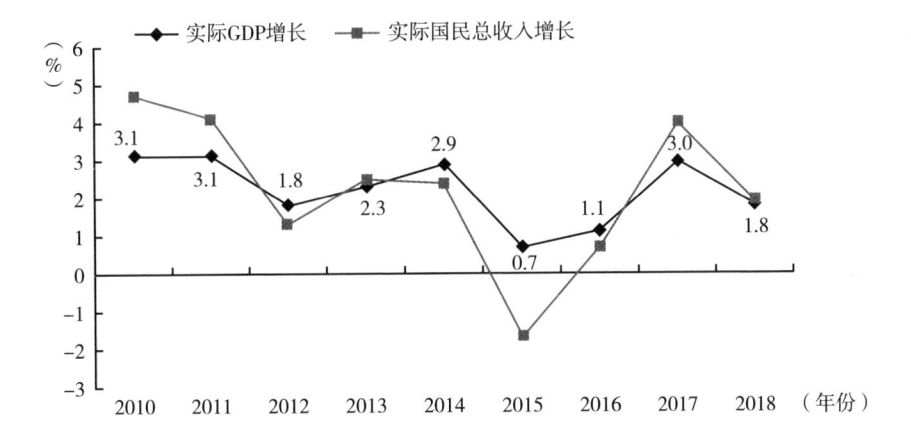

图2 2010~2018年加拿大实际GDP增长率和实际国民总收入增长率变化状况

注：按2012年=100计算。

资料来源：根据Statistics Canada 数据制图 – Table：36 – 10 – 0129 – 01，Gross national income and gross domestic income, indexes and related statistics, annual, Add/Remove data, 2019 – 04 – 06, https：//www150.statcan.gc.ca/t1/tbl1/en/tv.action? pid = 3610012901。

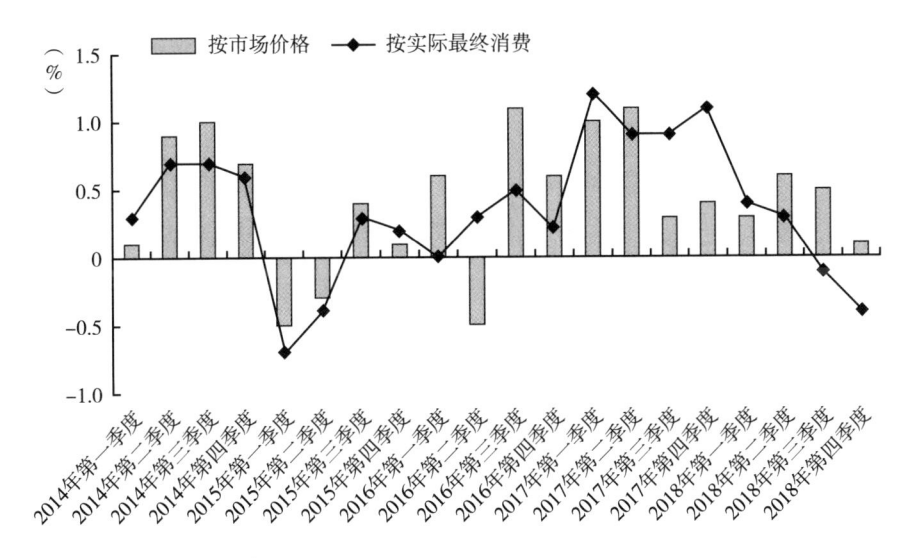

图3 2014~2018年加拿大实际GDP增长率季度环比变化情况

注：按2012年加元价格计算。

资料来源：根据Statistics Canada 数据制图 – Table 36 – 10 – 0104 – 01, The Daily, Chart 1 Gross domestic product and final domestic demand, 2019 – 03 – 01/2019 – 04 – 05, https：// www150.statcan.gc.ca/ n1/daily – quotidien/190301/cg – a001 – eng.htm。

045

图3显示的是按市场价格和实际最终消费计算的2014~2018年加拿大各季度GDP环比增长率。按市场价格计算，2018年第一季度比上一年第四季度环比增长0.3%，第二季度和第三季度环比增长率分别为0.6%和0.5%，第四季度增幅下降，只有0.1%；按实际最终消费计算，2018年四个季度环比增长率不断下降，第三、第四季度甚至为负增长。

分析2018年第四季度GDP增长下降的原因，主要是自然资源部门实际GDP增加值的下降（-0.37%）。住房开工的减少、轨道车辆的短缺、一些锯木厂的交通限制和停工，使得林业行业增加值下降（-4.91%），其中锯木厂和木材商品增加值下降6.7%。该季度能源价格创下自2016年第一季度以来的最大跌幅，原油和成品油价格分别下跌22.8%和6.4%，因此能源增加值下降0.35%。从图4可见，自然资源部门中第四季度各子行业除了矿产与采矿还保持增长外，林业、能源等行业都为负增长。第四季度自然资源占经济总量的11.2%，低于第三季度的12.0%。①

（二）实际GDP增长中各因素的贡献

2018年加拿大实际GDP增长中贡献最大的是消费，其次是出口，最后是投资。从图5可见，2014~2018年加拿大最终消费支出除了2014年低于出口的贡献外，一直对实际GDP增长做出重要贡献。2018年最终消费支出的贡献达到1.74个百分点，其中家庭最终消费支出贡献了1.18个百分点，政府最终消费支出贡献了0.52个百分点。

从出口贡献看，2018年出口在GDP中的贡献超过了前两年，达到1.01个百分点，其中货物出口贡献0.80个百分点，服务出口贡献0.21个百分点。不过，具体到各季度和部门，贡献情况就不一样了。图6显示的是2018年各季度商品和服务进出口环比变化情况，从中可见，商品和服务出口前三个季度环比增加，分别为0.2%、3.5%、0.8%，第四季度环比下降

---

① Statistics Canada, The Daily, Gross domestic product, income and expenditure, fourth quarter 2018, 2019-03-01, https://www150.statcan.gc.ca/n1/daily-quotidien/190301/dq190301a-eng.htm? HPA=1&indid=3278-1&indgeo=0.

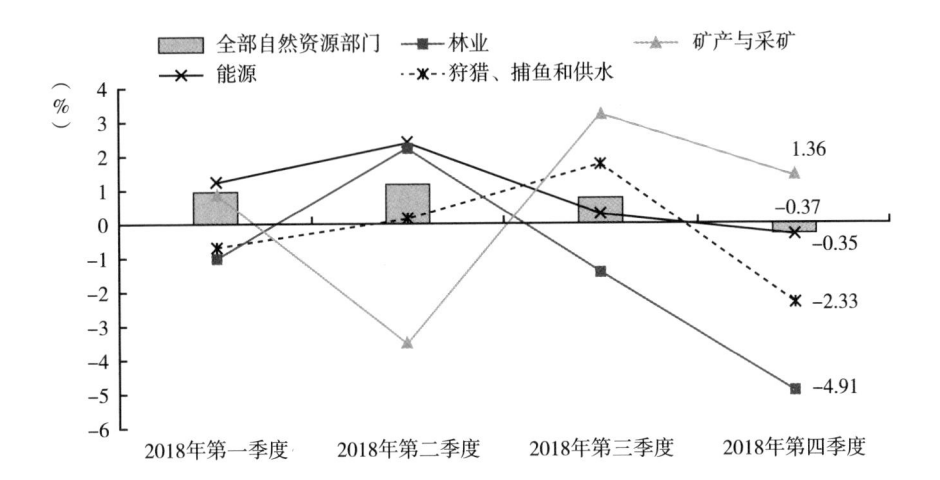

图 4　2018 年各季度加拿大自然资源部门及各子行业增值变动状况

注：2012 年不变价格。

资料来源：根据 Statistics Canada 数据计算制图 – Table：38 – 10 – 0285 – 01（formerly CANSIM 388 – 0010），Natural resources satellite account, indicators, 2019 – 04 – 09, https：//www150. statcan. gc. ca/t1/tbl1/en/tv. action？pid = 3810028501。

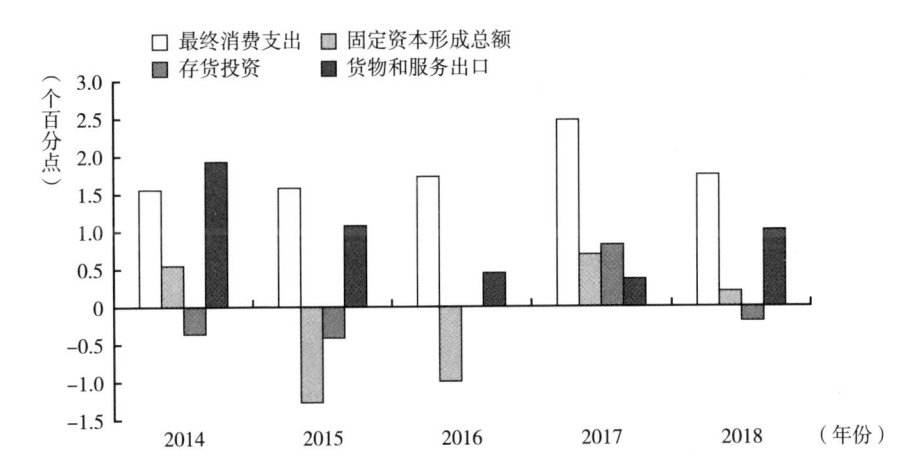

图 5　2014~2018 年加拿大实际 GDP 增长中各因素贡献状况

资料来源：根据 Statistics Canada 数据制图 – Table：36 – 10 – 0128 – 01（formerly CANSIM 380 – 0100），Contributions to annual percent change in real expenditure – based gross domestic product, Canada, annual, 2019 – 04 – 06, https：//www150. statcan. gc. ca/t1/tbl1/en/tv. action？pid = 3610012801。

(-0.1%);商品和服务进口则是第一、第二季度环比增长率分别为1.2%和1.3%,第三、第四季度下降,分别为-2.2%和-0.3%。

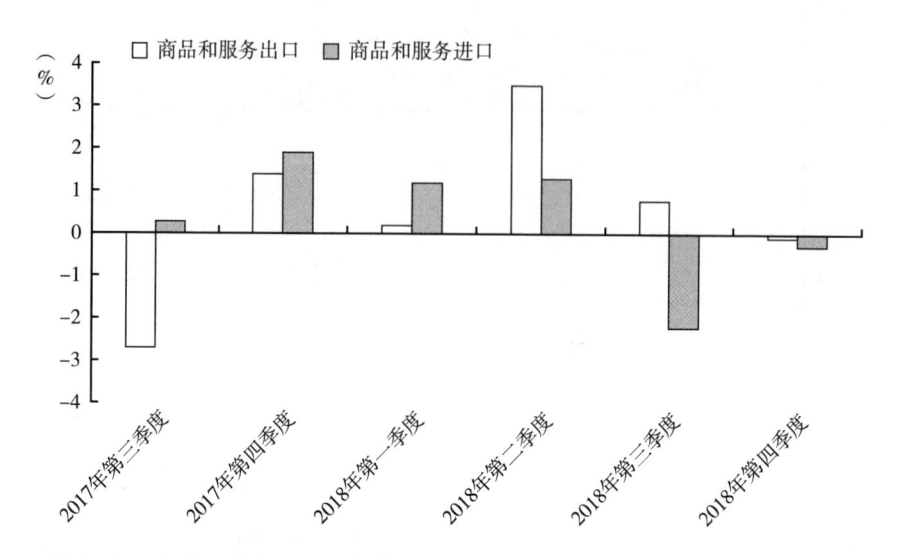

图6　2017年第三季度至2018年第四季度加拿大商品和服务进出口环比增长状况

注：按年度利率进行季节性调整,按2012年不变价格计算。

资料来源：根据Statistics Canada 数据制图-Table 36-10-0104-01, The Daily, Table 2 Real gross domestic product by expenditure account, quarterly change-Seasonally adjusted at annual rates, chained (2012) dollars, 2019-03-01.

分析2018年第四季度出口和进口下降的原因,主要是自然资源部门产品出口和进口的下降。从出口看,能源和林业部门出口减少。受阿尔伯塔省出货量下降以及原油和原油沥青出口价格下降的影响,能源出口下降0.6%;受原木供应限制和锯木厂关闭的影响,林业产品、建筑和包装材料出口下降了3.2%;金属和非金属矿产品出口也下降2.0%。由此,自然资源产品出口继第三季度增长4.0%后,第四季度出口下降1.5%。虽然服务业出口上升,如旅游业和商业服务业出口分别增长3.9%和1.8%,但总体上第四季度出口对GDP的贡献为负值(-0.016个百分点)。从进口看,自然资源部门产品进口第三季度下降8.6%,第四季度下降2.5%,全年实际进口下降1.4%。其中精炼石油产品进口总量下降3.1%;其他非自然资源部门进口有降有升,如第四季度基础和工业化学品、塑料和橡胶产品

(-4.6%)、机动车及零部件（-1.3%）、金属和非金属矿产品（-2.4%）等进口下降，飞机、发动机和零部件进口增长17.1%，旅游业和商业服务业进口分别增长1.9%和0.8%。①由此，降升相抵，第四季度进口对GDP贡献0.09个百分点，全年进口对GDP贡献0.93个百分点（见图7）。

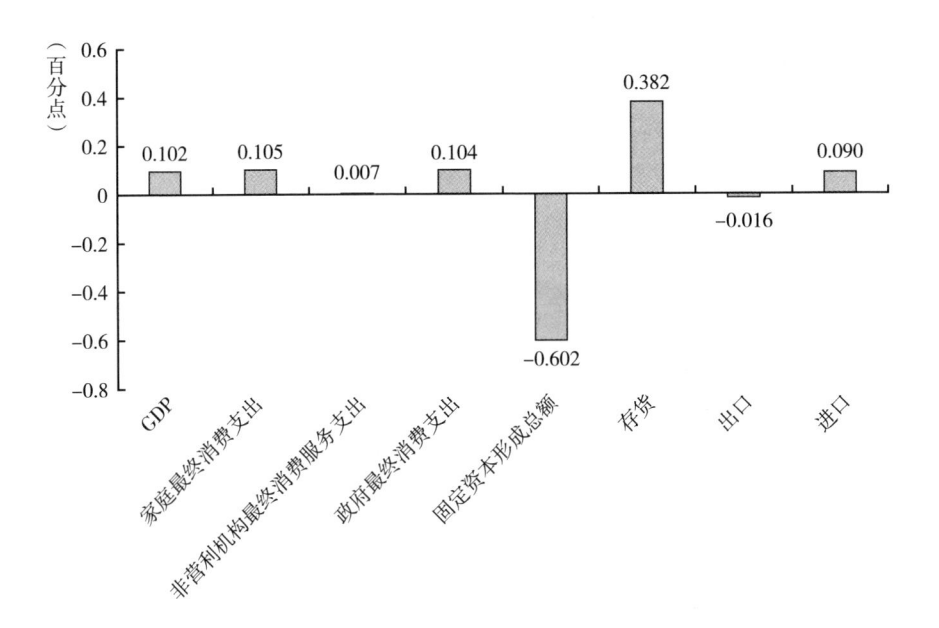

图7 2018年第四季度加拿大实际GDP增长中各因素的贡献

资料来源：根据Statistics Canada数据制图 – Table：36 – 10 – 0104 – 01，The Daily，Chart 2 Contributions to percent change in real gross domestic product, fourth quarter 2018, 2019 – 03 – 01, https://www150.statcan.gc.ca/n1/daily – quotidien/190301/cg – a002 – eng.htm。

从投资看，2018年全年固定资本形成总额对GDP增长的贡献是0.189个百分点，其中政府投资贡献超过了企业，达到0.131个百分点，企业投资贡献0.059个百分点，非营利机构则是负贡献，为-0.002个百分点。企业投资贡献低于政府主要在于企业住宅建筑投资下降，住宅建筑投资对GDP增长的贡献为-0.175个百分点；非住宅建筑投资增加，贡献为0.165个百

---

① 部分数据来自Statistics Canada, The Daily, Gross domestic product, income and expenditure, fourth quarter 2018, 2019 – 03 – 01, 网址同上注。

分点，其中机械和设备投资贡献达到0.214个百分点。

同样，具体看各季度有升有降。第三、第四季度企业住宅投资和非住宅投资均为下降。由于市场疲软，第四季度企业住宅投资下跌3.9%，其中新建工程跌幅最大，为-5.5%，翻修工程下跌2.7%。非住宅投资下降2.9%，为自2016年第四季度以来的最大跌幅，非住宅商业投资下跌3.1%，工程结构投资第三、第四季度分别下跌3.1%和4.3%，机械和设备投资分别下跌3.9%和1.2%。因此，第四季度固定资本形成总额对GDP的贡献为负值（-0.602个百分点）。

二 2018年加拿大经济增长的特点及影响因素分析

（一）经济增长的特点

1.消费、投资增长显著低于上一年

2017年加拿大家庭最终消费支出增长3.6%，2018年增长2.1%，增幅下降1.5个百分点；2018年住房投资下降2.3%，非住宅建筑、机械和设备投资增加1.7%，整体商业投资只增长0.3%，而2017年增长2.3%。

从各季度看，2018年加拿大实际GDP环比增长率分别为0.3%、0.6%、0.5%、0.1%。第三、第四季度增幅的下降主要来自消费支出增幅放缓和投资的持续下降。从图8、图9可见，最终消费支出四个季度都在增长，但后两个季度的增幅在下降，其中家庭最终消费支出和非营利机构最终消费支出的增幅在第三、第四季度均出现下降。

从图9、图10可见，固定资本形成总额在第二、第三、第四季度持续下降，这一下降主要来自企业住宅建筑和非住宅建筑、机械和设备投资的下降，以及政府投资的减少。幸亏第一、第四季度知识产权品投资环比增多，一定程度上减小了固定资本形成总额下降的幅度。

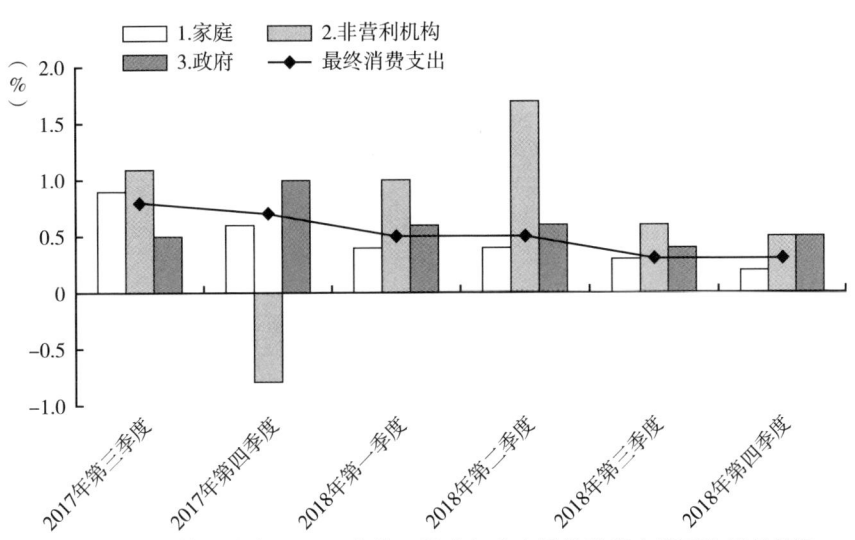

图8　2017年第三季度至2018年第四季度加拿大最终消费支出环比增长状况

注：按年度利率进行季节性调整，按2012年不变价格计算。
资料来源：根据Statistics Canada 数据制图 - Table 36 - 10 - 0104 - 01，The Daily，Table 2 Real gross domestic product by expenditure account, quarterly change - Seasonally adjusted at annual rates, chained (2012) dollars, 2019 - 03 - 01。

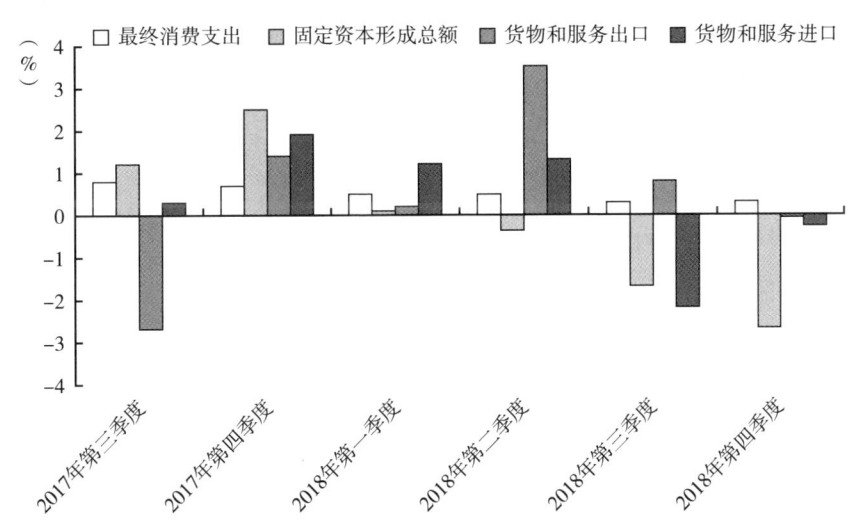

图9　2017年第三季度至2018年第四季度加拿大消费、投资、贸易环比增长状况

注：按年度利率进行季节性调整，按2012年不变价格计算。
资料来源：根据Statistics Canada 数据制图 - Table 36 - 10 - 0104 - 01，The Daily，Table 2 Real gross domestic product by expenditure account, quarterly change - Seasonally adjusted at annual rates, chained (2012) dollars, 2019 - 03 - 01。

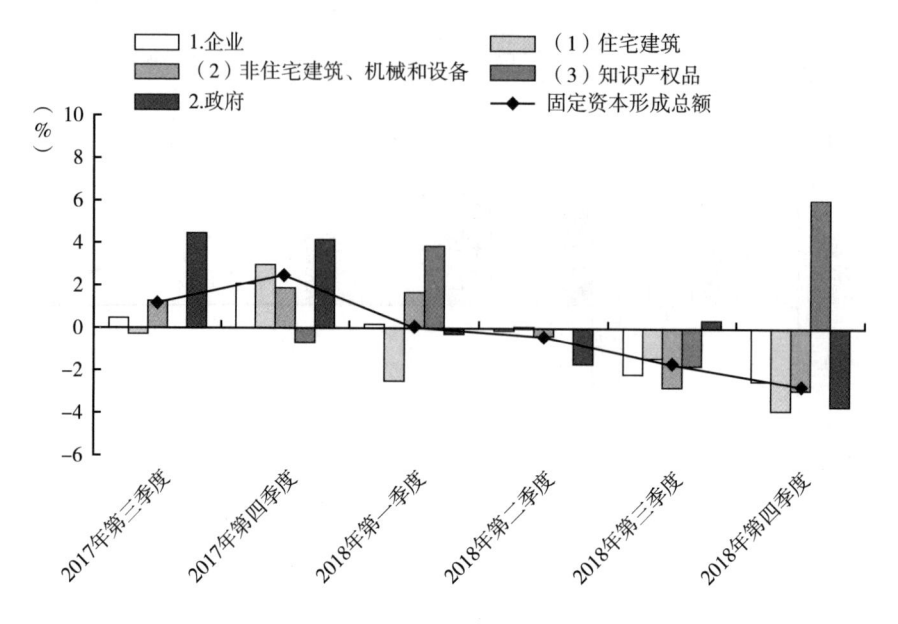

图10　2017年第三季度至2018年第四季度加拿大固定资本形成总额环比增长状况

注：按年度利率进行季节性调整，按2012年不变价格计算。

资料来源：根据Statistics Canada数据制图－Table 36－10－0104－01，The Daily，Table 2 Real gross domestic product by expenditure account, quarterly change－Seasonally adjusted at annual rates, chained (2012) dollars，2019－03－01。

2. 商品进出口贸易增长且贸易逆差收窄

根据加拿大国际贸易数据库数据，2018年加拿大商品进出口贸易增长。其中商品出口（不包括复出口）5382亿加元，同比增长7.46%；进口5959亿加元，同比增长6.14%；全年贸易逆差577亿加元，同比下降4.79%，如果将复出口也计算进来，该年贸易逆差116亿加元，同比下降23.26%。

从图11可见，2009年以来，加拿大对外贸易一直处于贸易逆差状态，尤其是2015~2018年各年贸易逆差超过500亿加元，2016年和2017年甚至超过600亿加元。如果将复出口记入，10年中只有2011年和2014年出现贸易顺差，顺差额分别为0.4亿加元和146亿加元。

2018年加拿大经济形势

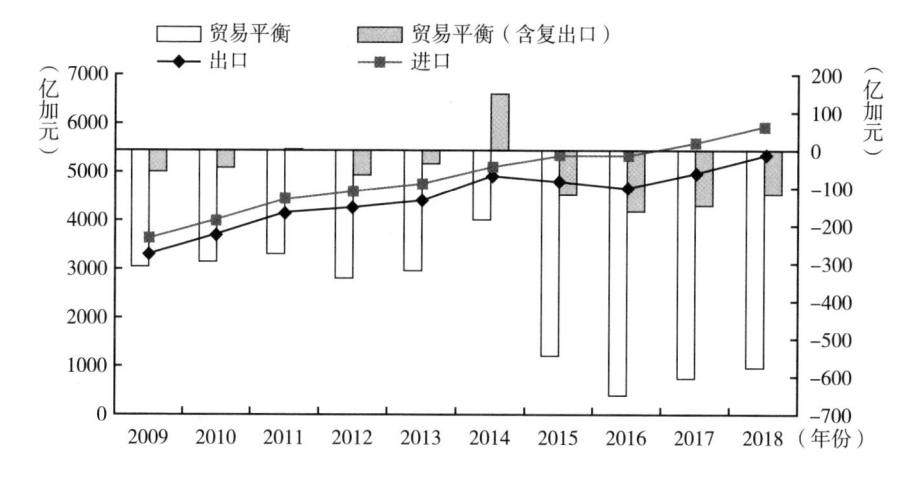

图11　2009~2018年加拿大商品进出口状况

注：左轴为曲线刻度，右轴为柱形刻度。

资料来源：根据 Canadian International Merchandise Trade Database 数据计算制图，2019 - 04 - 23，https：//www5. statcan. gc. ca/cimt - cicm/section - section? lang = eng&dataTransformation = 6&refYr = 2018&refMonth = 12&freq = 12&countryId = 999&usaState = 0&provId = 1&retrieve = Retrieve。

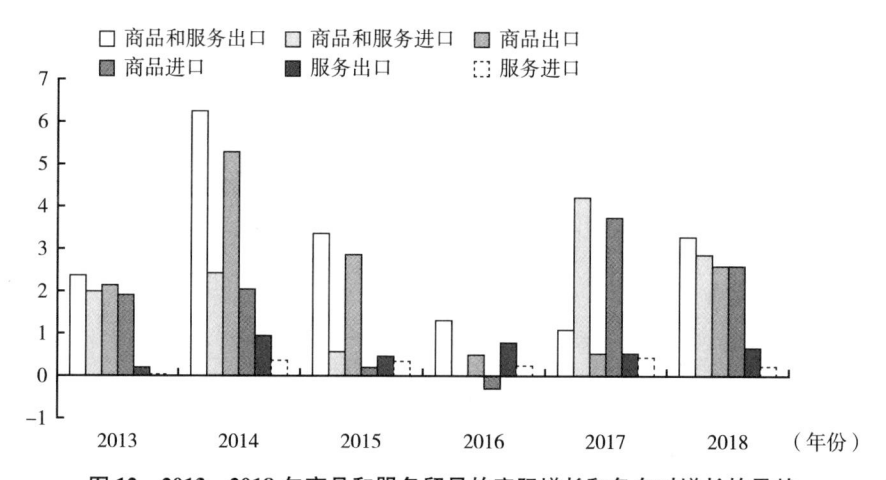

图12　2013~2018年商品和服务贸易的实际增长和各自对增长的贡献

注："商品和服务出口"、"商品和服务进口"数据为百分比，其他数据为百分点。

资料来源：根据 Statistics Canada 数据制图 - Table：12 - 10 - 0135 - 01，Contributions to annual percent change in real exports and imports of goods and services, Canada, annual, (NAPCS 2017)，2019 - 04 - 25，https：//www150. statcan. gc. ca/t1/tbl1/en/cv. action? pid = 1210013501#timeframe。

053

图 12 显示的是 2013~2018 年各年实际贸易增长中商品和服务对增长所做的贡献。从中可见，近 6 年中有 4 年商品贸易对增长的贡献超过了服务。2018 年商品和服务出口实际增长 3.277%，其中商品出口对增长贡献了 2.604 个百分点，服务出口贡献了 0.673 个百分点；该年商品和服务进口实际增长 2.867%，其中商品进口对增长贡献了 2.610 个百分点，服务进口贡献了 0.258 个百分点。

从服务贸易看，2018 年商业服务出口对服务出口贡献最多，达 0.428 个百分点，旅游服务和运输服务出口居后，后两个部门也为进口增长做出贡献（见表 1）。

表 1　2013~2018 年加拿大贸易增长中各服务贸易的贡献

单位：百分点

年份	服务贸易		其中							
			旅游服务		运输服务		商业服务		政府服务	
	出口	进口	出口	进口	出口	进口	出口	进口	出口	进口
2013	0.237	0.058	0.045	-0.056	0.003	-0.033	0.203	0.187	-0.014	-0.039
2014	0.959	0.389	0.162	-0.093	0.136	-0.046	0.651	0.541	0.009	-0.013
2015	0.493	0.374	0.108	-0.109	-0.003	0.002	0.385	0.464	0.002	0.018
2016	0.802	0.279	0.324	-0.172	0.075	0.003	0.401	0.462	0.001	-0.014
2017	0.563	0.467	0.227	0.279	0.082	0.177	0.255	0.011	-0.001	0.000
2018	0.673	0.258	0.195	0.126	0.056	0.231	0.428	-0.104	-0.006	0.005

资料来源：根据 Statistics Canada 数据制表，Contributions to annual percent change in real exports and imports of goods and services, Canada, annual,（NAPCS 2017），2019-04-25，https：//www.150.statcan.gc.ca/t1/tbl1/en/cv.action? pid = 1210013501#timeframe。

表 2 显示的是 2018 年加拿大各类商品进出口贸易的状况，从中可见，除了个别类别商品全年出口或进口微有下降外，大部分商品出口和进口都有所增加，由此也使一些商品贸易逆差有所扩大，一些商品顺差有所扩大，最终该年加拿大进出口商品的贸易逆差比上一年减少 29 亿加元。

表2 2018年加拿大各类商品进出口贸易状况

单位：亿加元

HS 分类	商品名称	出口 2017	出口 2018	进口 2017	进口 2018	贸易平衡 2017	贸易平衡 2018
第一类	活动物及产品	154	155	68	69	86	86
第二类	植物产品	270	272	156	161	115	111
第三类	动、植物油、脂及其分解产品；精制食用油脂；动、植物蜡	41	43	12	13	29	30
第四类	食品；饮料、酒及醋；烟草及烟草代用制品	172	184	243	249	-71	-65
第五类	矿产品	1205	1408	441	533	764	875
第六类	化学工业及其相关工业产品	300	348	484	523	-184	-175
第七类	塑料及其制品；橡胶及其制品	195	210	289	304	-94	-94
第八类	生皮、皮革、毛皮及其制品；鞍具及挽具；旅行用品、手提包及类似容器；动物肠线（蚕胶丝除外）制品	9	8	26	27	-17	-19
第九类	木及木制品；木炭；软木及软木制品；稻草、秸秆、针茅或其他编结材料制品；篮筐及柳条编织品	182	184	40	41	142	143
第十类	木浆及其他纤维状纤维素浆；纸及纸板的废碎品；纸、纸板及其制品	185	209	105	108	79	101
第十一类	纺织原料及纺织制品	31	33	180	187	-149	-154
第十二类	鞋、帽、伞、杖、鞭及其零件；已加工的羽毛及其制品；人造花；人发制品	1	2	39	40	-37	-38
第十三类	石料、石膏、水泥、石棉、云母及类似材料的制品；陶瓷产品；玻璃及其制品	21	21	70	71	-49	-50
第十四类	天然或养殖珍珠、宝石或半宝石、贵金属及其制品；仿首饰；硬币	235	231	126	114	109	117
第十五类	贱金属及其制品	403	437	372	412	31	26
第十六类	机器、机械器具、电气设备及其零件；录音机及放声机、电视图像、声音的录制和重放设备及其零件、附件	481	514	1379	1475	-898	-961
第十七类	海陆空运输设备	894	885	1101	1127	-207	-242
第十八类	光学、照相、电影、计量、检验、医疗或外科用仪器及设备、精密仪器及设备；钟表；乐器；上述物品的零件、附件	71	77	169	172	-97	-95
第十九类	武器、弹药及其零件、附件	3	3	5	5	-2	-2
第二十类	杂项制品	82	84	193	198	-111	-114

续表

HS 分类	商品名称	出口 2017	出口 2018	进口 2017	进口 2018	贸易平衡 2017	贸易平衡 2018
第二十一类	艺术品、收藏品及古物	72	74	117	130	-45	-56
总计	全部商品	5008	5382	5614	5959	-606	-577

注：出口数据不包括复出口。

资料来源：根据 Canadian International Merchandise Trade Database 数据计算制表，2019-04-23，https：//www5.statcan.gc.ca/cimt-cicm/section-section?lang=eng&dataTransformation=6&refYr=2018&refMonth=12&freq=12&countryId=999&usaState=0&provId=1&retrieve=Retrieve。

3. 员工工资增高且公司利润增长幅度放缓

2018年加拿大员工薪酬（工资加奖金）增长4.6%，略高于2017年的4.3%。薪酬增加使家庭可支配收入增长0.8%，家庭储蓄率小幅上升1.1%，家庭最终消费支出增长2.1%，但比2017年的3.6%的增幅有所放缓。[1]

2018年无论是商品生产部门，还是服务部门，员工平均周收入都有所增加，并且均高于上一年的增长率。该年全部产业员工平均周收入为1001.18加元，比上一年增长2.60%（2017年增长2.03%）；其中商品生产部门员工平均周收入为1253.14加元，增长1.32%（2017年增长0.92%），服务部门员工平均周收入为945.60加元，增长2.94%（2017年增长2.30%）。图13显示的是自2010年以来加拿大工业部门员工和不同部门员工平均周收入状况，从中可见，商品生产部门员工的平均周收入大大高于服务部门员工。

从商品生产部门看，各行业员工平均周收入存在差异，采矿、采石和油气开采业收入最高，2018年其平均周收入高出工业总量平均周收入约105.77%，高出商品生产部门平均周收入64.4%；其次，是公共事业，分别高出87.87%和50.09%。收入最低的是制造业，虽然高于工业总量平均周收入9.46%，但低于商品生产部门平均周收入12.55%，并且该年员工周收入比上一年降低0.09%，成为商品生产部门中唯一收入下降的行业（见图14）。

---

[1] Statistics Canada, The Daily, Annual gross domestic product growth slows in 2018, 2019-03-01, https：//www150.statcan.gc.ca/n1/daily-quotidien/190301/dq190301a-eng.htm?HPA=1&indid=3278-1&indgeo=0.

2018年加拿大经济形势

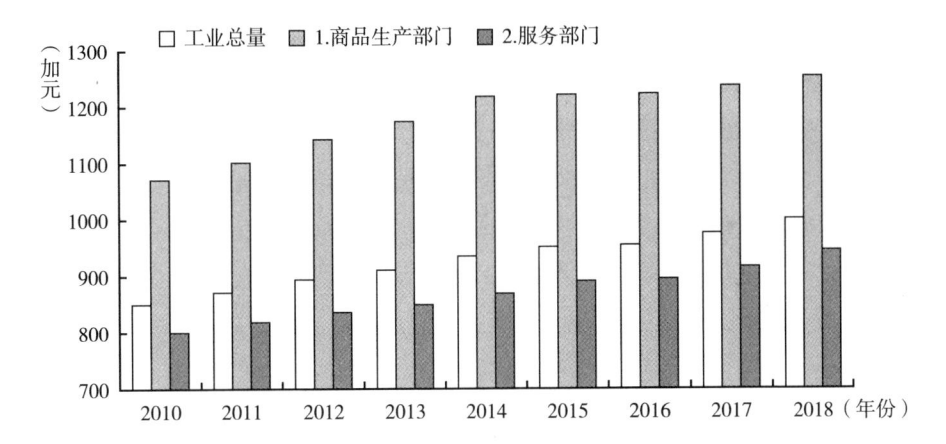

图13　2010~2018年按年度计算加拿大产业部门员工平均周收入

注：①按北美工业分类系统（NAICS）划分部门和行业；② 这里的"工业总量"指"不包括非分类业务的工业合计"，这里的工业涵盖所有工业部门，但不包括农业、渔业和诱捕、私人家庭服务、宗教组织和国防部门的军事人员。

资料来源：根据 Statistics Canada 数据制图 – Data, Table：14 – 10 – 0204 – 01（formerly CANSIM 281 – 0027），Average weekly earnings by industry，annual，2019 – 04 – 26，https：//www150. statcan. gc. ca/ t1/tbl1/en/cv. action？pid = 1410020401#timeframe。

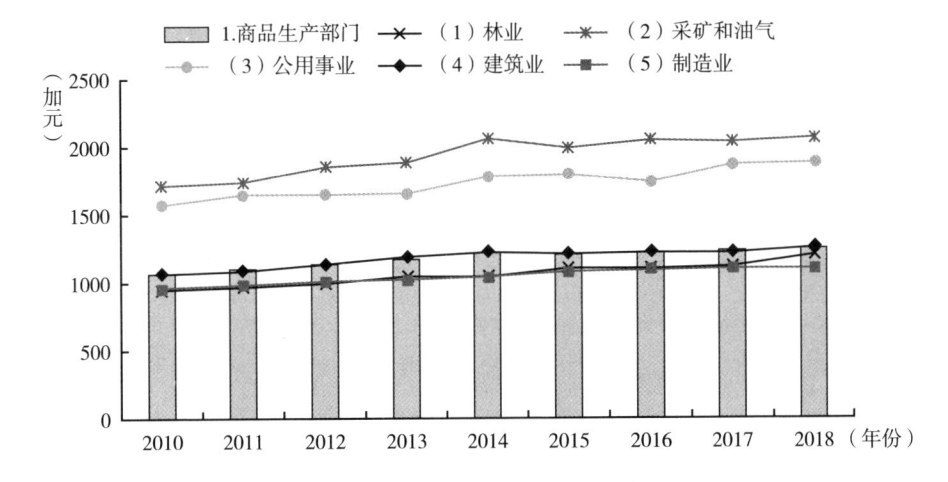

图14　2010~2018年加拿大按年度计算的商品生产部门各行业平均周收入

注：这里的"林业"指"林业、伐木和支撑行业"；"采矿和油气"指"采矿、采石和油气开采业"。

资料来源：根据 Statistics Canada 数据制图 – Data, Table：14 – 10 – 0204 – 01（formerly CANSIM 281 – 0027），Average weekly earnings by industry，annual，2019 – 04 – 26，https：//www150. statcan. gc. ca/ t1/tbl1/en/cv. action？pid = 1410020401#timeframe。

057

从服务部门看，2018年所有行业的员工平均周收入都有所提高。该年服务部门中收入高于商品生产部门平均收入的行业有：管理，专业、科技服务业，金融和保险业，公共管理，信息和文化业；收入最低的是住宿、招待和餐饮业，虽然平均周收入只有404.16加元，但该年收入比上一年增长5.43%（见图15）。

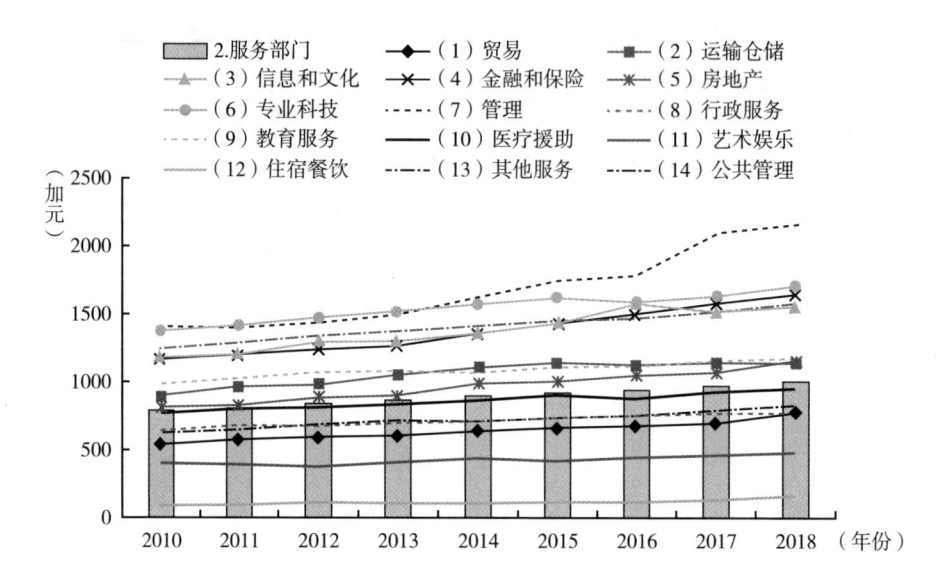

图15 2010~2018年加拿大按年度计算的服务部门各行业平均周收入

注："房地产"指"房地产和租赁业"、"专业科技"指"专业、科技服务业"、"管理"指"公司、企业管理"、"行政服务"指"行政和支持、废物管理和补救服务"、"医疗援助"指"医疗保健和社会援助"、"艺术娱乐"指"艺术、招待和娱乐业"、"住宿餐饮"指"住宿、招待和餐饮业"、"其他服务"指"除公共管理外的其他服务业"的平均周收入。

资料来源：根据 Statistics Canada 数据制图 - Data，Table：14 - 10 - 0204 - 01（formerly CANSIM 281 - 0027），Average weekly earnings by industry, annual, 2019 - 04 - 26, https://www150.statcan.gc.ca/t1/tbl1/en/cv.action?pid=1410020401#timeframe。

一方面员工收入增加，但另一方面公司利润增长大幅放缓，名义总营业盈余比上一年增长1.8%，而2017年增长9.1%；整体商业投资增长放缓，为0.3%，2017年增长2.3%。

从图16可见，公司税前利润总计2017年第一季度和第二季度同比增长均高达35%以上，其中非金融公司增长率第一季度达到47.76%，第二季度达到38.84%；不过，第三、第四季度公司利润总计同比增幅下降，其中金融公司第四季度利润为负增长。2018年第一季度公司利润总计同比下降2.53%，其中非金融公司同比下降3.25%，金融公司下降0.06%；第二季度公司利润总计同比增长3%以上；第三季度同比增长达到13.34%，其中非金融公司同比增长19.43%，金融公司下降6.69%；第四季度，无论是非金融公司还是金融公司都为负增长，因此公司利润总计下降9.07%。

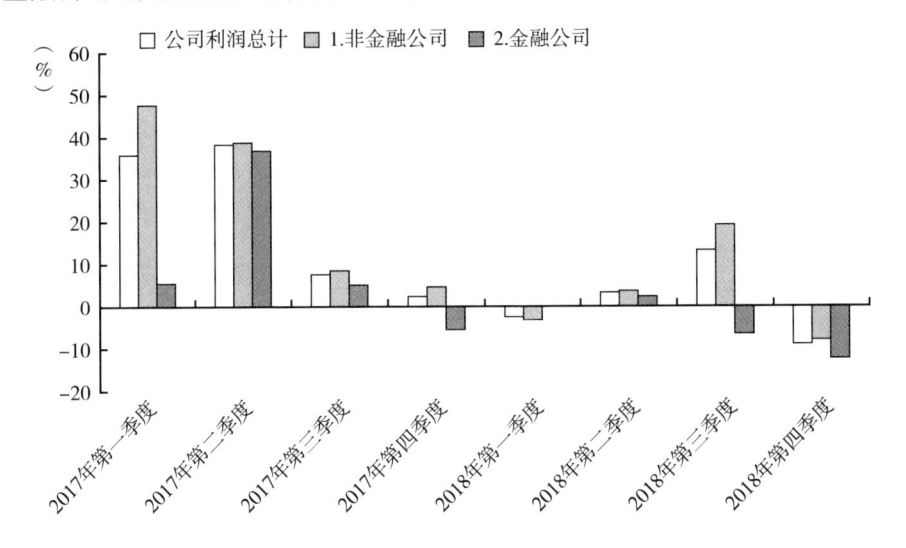

图16 2017~2018年加拿大公司税前利润各季度同比增长状况

注：①按原始成本计算的公司税前利润的同比增长情况，不包括加拿大政府企业；②税前利润按年度利率进行季节性调整。

资料来源：根据 Statistics Canada 数据计算制图 - Data, Table：36 - 10 - 0125 - 01 (formerly CANSIM 380 - 0086), Corporation profits before taxes, on an original - cost - basis, excluding government business enterprises, Canada, quarterly, 2019 - 04 - 28, https://www150.statcan.gc.ca/t1/tbl1/en/tv.action?pid=3610012501。

从环比增长情况看，2018年第一季度非金融公司利润比上一季度降低2.04%，导致公司利润总计环比增长为负值（-0.81%）；第二季度金融公司环比增长也是负值（-3.72%），但因非金融公司利润比上一季度增长7.41%，所以公司利润总计环比增长4.90%；第三季度金融公司利润比上一季度降低2.75%，非金融公司则环比增长7.07%，公司利润总计环比增长5.04%；第四季度，非金融公司和金融公司利润分别比上一季度降低

18.44%和9.83%，因此该季度公司利润总计环比下降16.79%（见图17）。

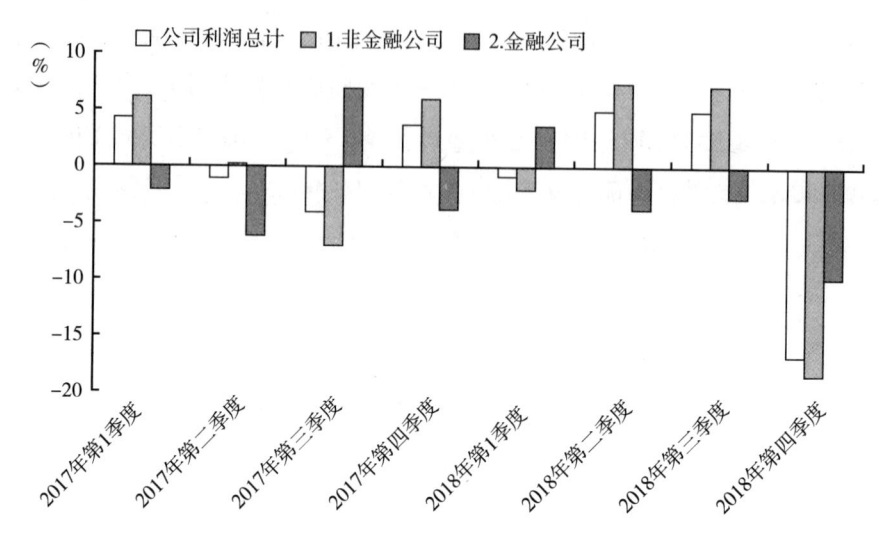

图17 2017~2018年加拿大公司税前利润各季度环比增长状况

注：①按原始成本计算的公司税前利润的环比增长情况，不包括加拿大政府企业；②税前利润按年度利率进行季节性调整。

资料来源：根据 Statistics Canada 数据计算制图 – Data, Table: 36 – 10 – 0125 – 01 (formerly CANSIM 380 – 0086), Corporation profits before taxes, on an original – cost – basis, excluding government business enterprises, Canada, quarterly, 2019 – 04 – 28, https://www150.statcan.gc.ca/t1/tbl1/en/tv.action?pid=3610012501。

4. 自然资源部门价格上涨推动 CPI 和 IPPI 的上升

2018年加拿大自然资源部门一些子行业（尤其是能源行业）价格上涨，使得自然资源行业产品整体价格上涨8.1%。虽然该年第四季度能源价格出现大幅下跌，但前三季度价格上涨11.2%；林业上半年价格上涨，下半年价格下跌，全年价格上涨9.3%。由此影响到消费价格指数和工业品价格指数。

首先，从消费价格指数（CPI）看。2018年各月 CPI 无论是指数还是同比变化都比2017年要高，其中前10个月受到能源价格上升的影响。全年 CPI 走势也受到能源相关产品及其他自然资源产品价格的影响（见图18）。

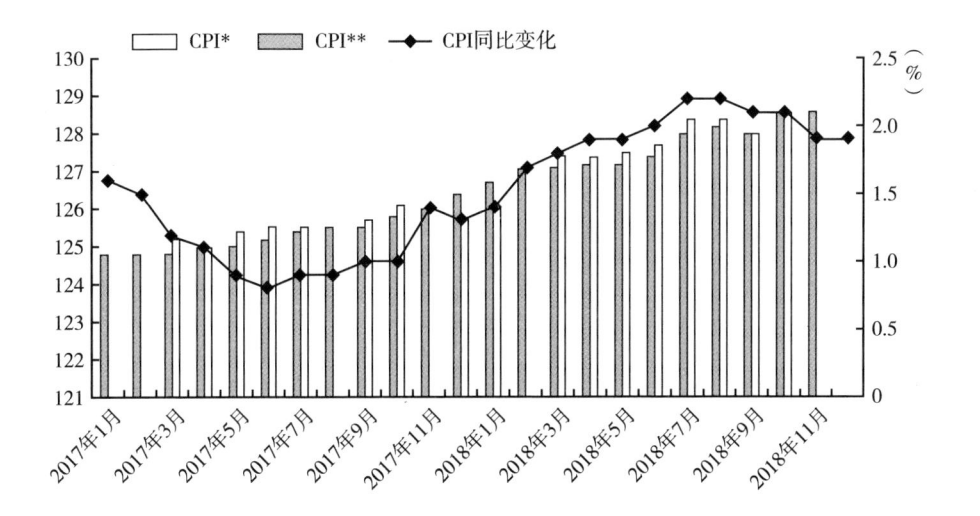

图18 2017~2018年加拿大CPI各月同比变化及指数情况（2002年=100）

注：①左轴为柱形刻度，右轴为曲线刻度；②"CPI *"不包括食品、能源和间接税影响；"CPI**"不包括食品、能源和间接税影响且作季节性调整；③"CPI同比变化"按波动性反向加权并进行调整，以排除间接税（CPIW）变化的影响；④柱形使用左轴刻度，曲线使用右轴刻度。

资料来源：根据Government of Canada Statistics，Bank of Canada 数据制图 – Data，Table：10-10-0106-01（formerly CANSIM 176-0003），Consumer Price Index（CPI）statistics，alternative measures，unadjusted and seasonally adjusted，Bank of Canada，2019-04-28，https：//www150.statcan.gc.ca/t1/tbl1/en/cv.action?pid=1010010601#timeframe。

图19是2015~2018年各月消费价格指数（CPI）状况，从中可见，2015~2016年包括汽油价格在内的CPI大部分月份都大大低于不含汽油价格的CPI，这表明汽油价格很低，拉低了CPI。但自2017年以来，直到2018年10月（除个别月份外），不含汽油价格的CPI大大低于包含汽油价格在内的CPI，这表明汽油价格的上升拉高了CPI。

其次，从工业品价格指数（IPPI）看。自然资源产品价格指数的变化对工业品总价格指数变动产生较大影响。图20显示的是2018年各月自然资源部门中能源、林业、矿业产品工业品价格指数（IPPI）变动情况。从中可见，能源及石油产品的IPPI从1月的121.1上升到10月的131.3，其后连续下跌，12月为113.1；林业产品IPPI前8个月上升，从118点多上升到127~129点，其后2个月下降，11月和12月又出现上升，其中纸浆和纸制

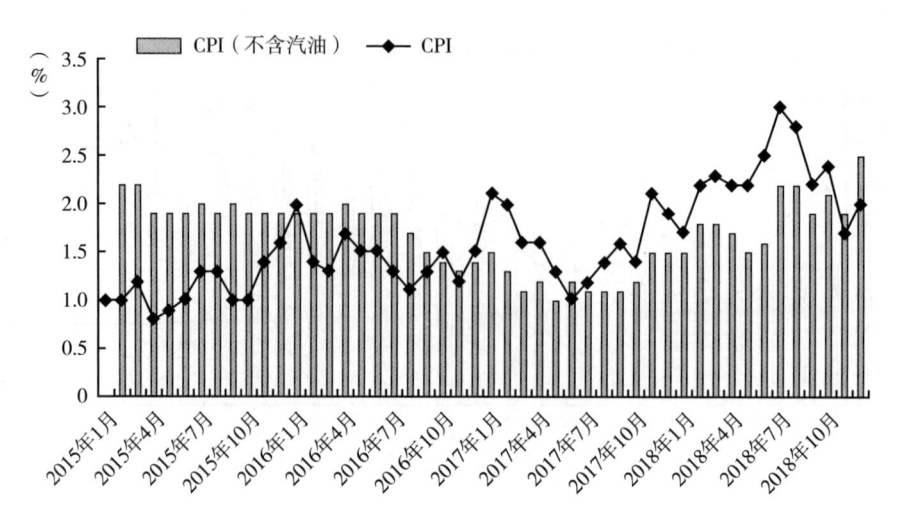

图19 2015~2018年加拿大CPI各月同比变化情况

资料来源：根据Statistics Canada数据制图 - Table 18 - 10 - 0004 - 01，The 12 - month change in the Consumer Price Index（CPI）and the CPI excluding gasoline，12 - month % change，2019 - 03 - 22/2019 - 04 - 06，https：//www150.statcan.gc.ca/n1/daily - quotidien/190322/cg - a001 - eng.htm。

品指数达到131.4；矿产品指数上半年增长迅速上升，下半年走向平缓，全年指数增加16.2。由于在加拿大自然资源部门中，能源行业约占2/3比重，采矿业占20%以上比重，林业占8%比重，狩猎、捕鱼和水域占4%比重，因此2018年能源及石油产品后两个月价格的下降，影响到11月和12月工业品总价格指数。不过，又因为林业产品、矿产品以及其他产品（如塑料和橡胶、金属制品和建筑材料、车辆、机械设备、电气 - 电子 - 视听和电信产品等）价格指数依然保持上升，为此一定程度平缓了能源和石油产品价格指数大幅下降的冲击，该年第四季度不包括能源和石油产品在内的工业品总价格指数依然微有提高。不管怎么说，2018年自然资源部门各行业工业品价格的上升使该部门总体扩张，自然资源部门增值在GDP中的份额从前一年的10.9%上升到11.7%。

5. 就业岗位增加且失业率下降

2018年加拿大就业岗位从年初到年末增加26万个，其中自然资源部门

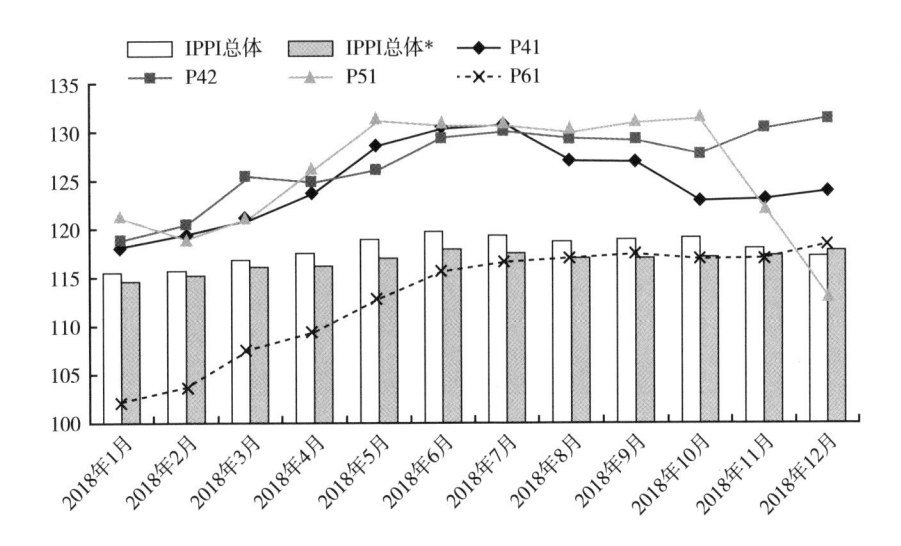

图 20　2018 年各月能源和相关产品及自然资源产品 IPPI 变动情况
（2010 年 =100）

注：①按北美产品分类系统；②"IPPI 总体"指"工业品总价格指数"；"IPPI 总体 *"指不包括能源和石油产品的工业品总价格指数；③P41－木材及其他木制品；P42－纸浆和纸制品；P51－能源和石油产品；P61－有色金属初级产品。

资料来源：根据 Statistics Canada 数据制图 – Data，Table：18 – 10 – 0029 – 01（formerly CANSIM 329 – 0074），Industrial product price index，by major product group，monthly，2019 – 04 – 30，https：//www150. statcan. gc. ca/t1/tbl1/en/cv. action？pid =1810002901#timeframe。

增加 8400 个工作岗位，较上一年增长 1.4%。自然资源部门中能源行业增加 4100 个工作岗位，同比增长 1.6%；矿产和采矿业增加 3300 个工作岗位，同比增长 1.8%。该年失业率从 1 月份的 5.9%下降到 12 月份的 5.6%（见图 21）。

当然，2018 年就业岗位的增加和失业率的下降因一些部门某些月份市场价格变动出现波动，比如自然资源部门在连续七个季度增长后，2018 年第四季度就业岗位减少 900 个，其中因价格波动，采矿业就业岗位增加 1600 个，而能源行业工作岗位减少 1900 个。

图 22 显示的是 2015~2018 年加拿大失业率变化状况，从中可见，加拿大的失业率从 2015 年 1 月的 6.6%上升到 2016 年 2 月最高点 7.3%后，总趋势不断下降，到 2018 年 12 月降到 5.6%。

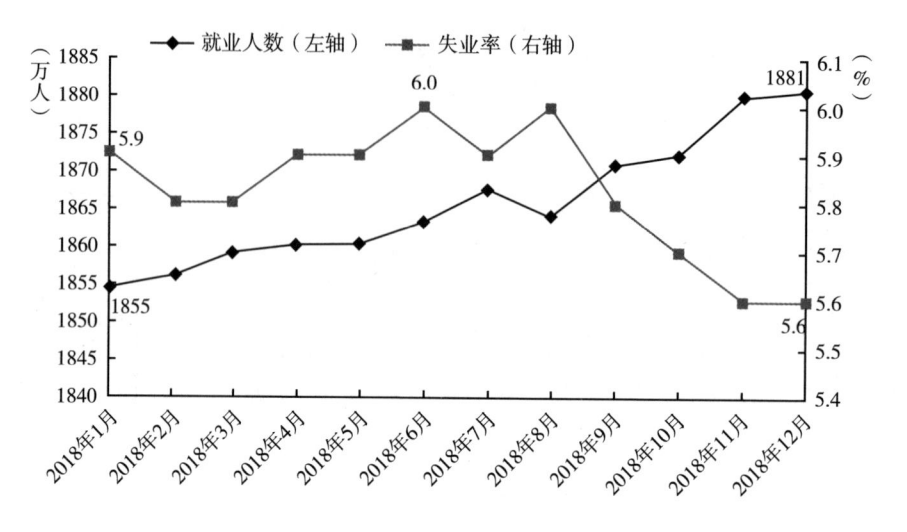

图 21　2018 年 1~12 月就业人数及失业率

资料来源：根据 Statistics Canada 数据制图 – The Daily, Table 14 – 10 – 0287 – 01 (formerly CANSIM table 282 – 0087), Chart 1 Employment & Chart 2 Unemployment rate, 2019 – 04 – 05, https://www150.statcan.gc.ca/n1/daily – quotidien/190405/dq190405a – eng.htm?HPA=1&indid=3587 – 2&indgeo=0。

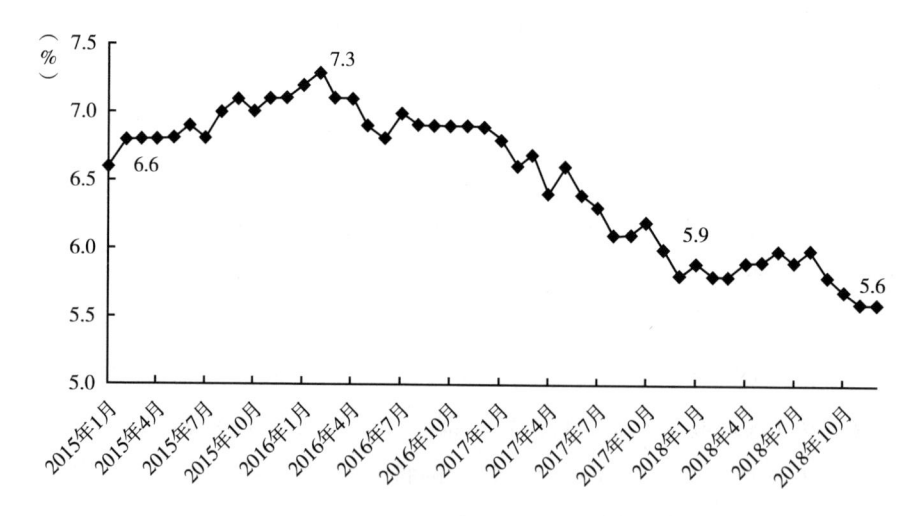

图 22　2015~2018 年加拿大各月失业率变化情况

资料来源：根据 Statistics Canada 数据制图 – The Daily, Table 14 – 10 – 0287 – 01 (formerly CANSIM table 282 – 0087), Chart 2 Unemployment rate, 2019 – 04 – 05/ 2019 – 04 – 06, https://www150.statcan.gc.ca/n1/daily – quotidien/190405/cg – a002 – eng.htm。

从图23可见，2011~2018年加拿大失业人口已经从140.39万人下降到115.98万人，职位空缺从23.71万个增加到34.09万个，这意味就业概率提高，失业-职位空缺比从5.9下降到3.4，即一个空缺岗位由过去的平均5.9人竞争下降到3.4人竞争。

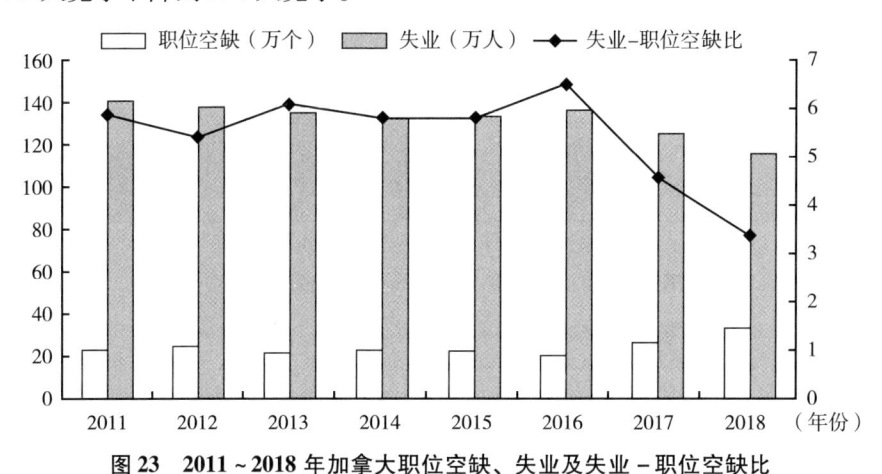

图23 2011~2018年加拿大职位空缺、失业及失业-职位空缺比

注：左轴为柱形数据刻度，右轴为曲线数据刻度。
资料来源：根据Statistics Canada数据制图-Data, Table：14-10-0227-01 (formerly CANSIM 284-0004), Job vacancies, unemployed and unemployment-to-job vacancies ratio, annual, 2019-5-4, https://www150.statcan.gc.ca/t1/tbl1/en/cv.action?pid=1410022701#timeframe。

2018年加拿大几个人口大省的就业状况进一步改善，失业人口减少。从图24可见，2018年安大略、魁北克、阿尔伯塔、不列颠哥伦比亚省的失业人口进一步减少，2014年四省失业人口合计达114万，在全国失业人口中占比85.87%，2018年减少到96.5万，占比下降至83.20%。

2018年加拿大全国大部分省份和地区的就业状况都有所改善，失业人口数在减少，除了少部分地区外，比如，马尼托巴省和西北地区2018年失业人口分别比上一年增加11.7%和13.3%。表3是2014~2018年加拿大各省份、地区失业-职位空缺比状况，从中可见，西北地区职位空缺情况没什么变化（依然为400个左右），但失业人口增多（比上一年增加了200人左右）导致其失业-职位空缺比上升（从上一年3.6上升到4.1），除此之外其他省份和地区的失业-职位空缺比都有所下降。

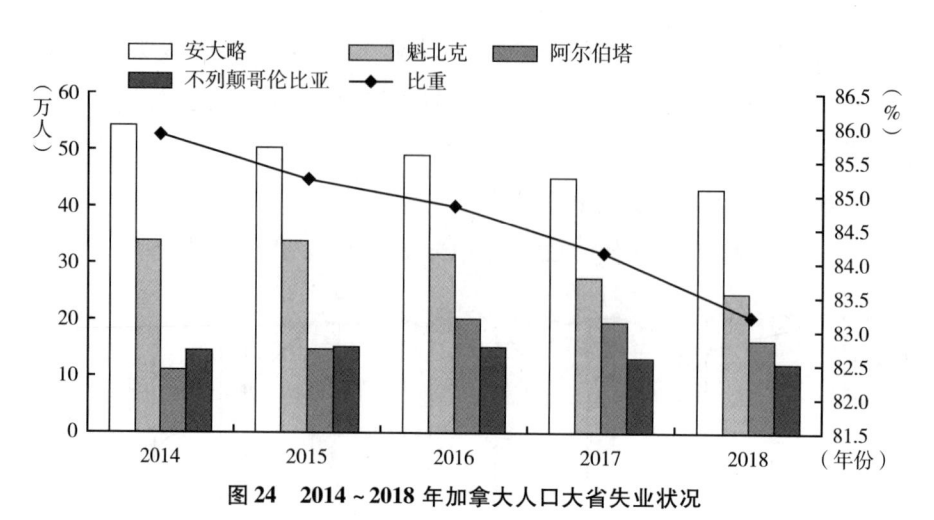

图 24 2014～2018 年加拿大人口大省失业状况

注：左轴为柱形数据刻度，右轴为曲线数据刻度。

资料来源：根据 Statistics Canada 数据制图 – Data, Table：14 – 10 – 0227 – 01 （formerly CANSIM 284 – 0004）, Job vacancies, unemployed and unemployment – to – job vacancies ratio, annual, 2019 – 5 – 4, https：//www150. statcan. gc. ca/t1/tbl1/en/cv. action? pid = 1410022701 # timeframe。

表 3　2014～2018 年加拿大各省、地区失业 – 职位空缺比

年份	纽芬兰和拉布拉多	爱德华王子岛	新斯科舍	新不伦瑞克	魁北克	安大略	马尼托巴
2014	na	9.3	8.4	10.2	8.1	7.1	3.7
2015	13.6	8.4	8.5	11.6	6.6	6.3	4.7
2016	20.4	11.2	8.9	10.7	7.6	6.2	5.3
2017	17.5	8.1	7.8	7.9	4.5	4.3	4.7
2018	15.3	7.0	6.6	4.9	3.2	3.2	4.3

年份	萨斯喀彻温	阿尔伯塔	不列颠哥伦比亚	育空地区	西北地区	努纳武特地区	全国
2014	2.5	2.3	4.5	3.2	4.5	18.1	5.8
2015	4.7	4.4	3.9	3.9	3.7	19.0	5.8
2016	6.4	7.7	3.9	4.2	4.9	18.6	6.5
2017	5.9	5.9	2.9	2.6	3.6	na	4.6
2018	5.4	4.3	2.2	1.4	4.1	11.7	3.4

资料来源：根据 Statistics Canada 数据制表 – Data, Table：14 – 10 – 0227 – 01 （formerly CANSIM 284 – 0004）, Job vacancies, unemployed and unemployment – to – job vacancies ratio, annual, 2019 – 5 – 4, https：//www150. statcan. gc. ca/t1/tbl1/en/cv. action? pid = 1410022701#timeframe。

6.国民经济核算中纳入大麻生产数据

2018年10月17日，加拿大大麻合法化，大麻合法生产和非法生产数据开始被列入国民经济核算中。该数据包括与大麻生产、分销和非医疗和医疗用途消费有关的合法和非法经济活动的估计数。而此前，统计数据中只记录与合法医疗用途相关的大麻经济活动。从2018年第四季度统计来看，该季度家庭大麻名义消费总额为59亿美元，其中非法大麻占47亿美元，合法大麻占12亿美元。该季度大麻占家庭总支出的0.5%，非医疗大麻占酒精、烟草和大麻支出的11.2%。①

（二）影响经济增长因素的分析

2018年加拿大经济有了一定的增长，商品进出口贸易增长，对外贸易逆差收窄，大部分省份和地区就业岗位增多，失业率下降。但由于该年存在诸多拉低增幅因素的影响，全年经济增长低于前一年。比如，员工工资增高，使得公司利润增长大幅放缓；自然资源部门价格上涨，使得工业成本上升，消费物价指数（CPI）和工业品价格指数（IPPI）上升，消费者支出增多；某季度尤其是第四季度或第三季度不少指标的回落，影响全年增幅，比如企业固定资本形成额除了第一季度增长（环比只增长0.2%）外，其他三个季度均为负增长，尤其是第三、第四季度住宅建筑、非住宅建筑、机械和设备固定资本形成额都在下降。2018年加拿大经济增长也受到国外一些因素的影响。

1.全球经济形势的影响

加拿大经济受到2018年全球经济形势的影响。根据国际货币基金组织（IMF）和世界银行预测数据以及一些国家报道的本国实际数据，2018年全球经济增长与上一年持平，为3.7%，其中发达经济体比上一年增长0.1个百分点，即增长2.4%，而这一增长主要来自美国经济的增长，即美国

---

① Statistics Canada, The Daily, Cannabis (legal and illegal) is now included in the national economic accounts, 2019 – 03 – 01, https://www150.statcan.gc.ca/n1/daily – quotidien/190301/dq190301a – eng.htm? HPA = 1&indid = 3278 – 1&indgeo = 0.

实际 GDP 增长从 2.2% 上升到 2.9%；欧元区经济增幅下降，从 2.4% 下降到 2.0%。德国增幅下降 0.6 个百分点、法国下降 0.7 个百分点、意大利下降 0.3 个百分点、西班牙下降 0.3 个百分点。日本经济增长继续低迷，从上一年的 1.7% 下降到 0.7%；拉美从 1.3% 下降到 1.2%。金砖五国中，中国和南非经济增幅都有所下降，但印度上升，近年经济衰退的俄罗斯、巴西经济增幅也有所上升（见图 25）。经济增幅的下降影响到贸易规模的扩大。

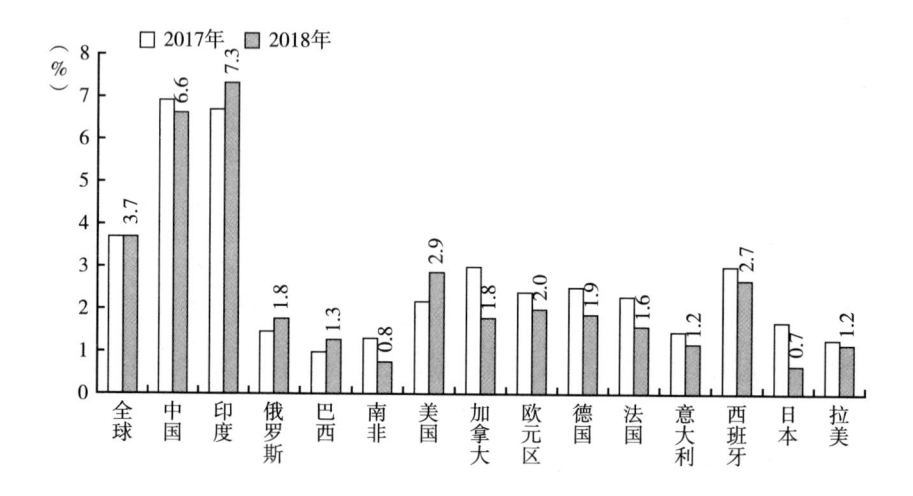

图 25　2017~2018 年全球及主要经济体经济增长状况

注：①欧元区 19 国；②IMF 2018 年 10 月预测数据，并根据一些国家 2019 年公布的实际数据进行调整。

资料来源：国际货币基金组织（IMF）：《世界经济展望》2018 年 10 月，南方财富网，2019 年 3 月 10 日。

2018 年加拿大八大贸易伙伴[①]中有六个伙伴经济增长比上一年有所下降，由此限制了加拿大与这些贸易伙伴双边贸易和投资规模的扩大，甚至出现下降的状况。比如，该年加拿大对英国的出口额和进出口额比上一年分别下降 7.63% 和 3.94%，从日本的进口额下降 3.93%；来自日本、中国、德

---

① 按 2017 年排名依次为：美国、中国、墨西哥、日本、英国、德国、韩国、意大利。

国、韩国等国的外商直接投资在加拿大国内全部外商直接投资中的比重也有所下降。2018年加拿大与八大贸易伙伴商品进出口合计额在加拿大全部对外贸易进出口总额中的比重从上一年的85.13%下降到84.57%，加拿大从这些国家引进的外商直接投资合计额在加拿大全部外商直接投资总额中的比重从60.08%下降到59.97%（见表4）。

表4 加拿大与主要贸易伙伴双边贸易与投资比重

单位：%

国别	经济增长 2017年	经济增长 2018年	对外贸易 2017年	对外贸易 2018年	对外直接投资 2017年	对外直接投资 2018年	外商直接投资 2017年	外商直接投资 2018年
美国	2.2	2.9	63.42	62.94	44.89	46.16	46.35	46.31
英国	1.7	1.4	2.40	2.17	8.36	8.48	5.63	5.74
墨西哥	2.0	2.2	3.92	3.82	1.67	1.75	0.32	0.31
日本	1.7	0.7	2.53	2.53	0.56	0.59	3.37	3.29
中国	6.9	6.6	8.54	8.77	0.96	0.99	1.94	1.93
德国	2.5	1.9	1.98	2.02	0.78	0.81	1.99	1.94
韩国	3.2	2.7	1.27	1.30	0.16	0.18	0.31	0.27
意大利	1.5	1.2	0.94	1.02	0.089	0.088	0.171	0.172
合计	—	—	85.13	84.57	57.56	59.05	60.08	59.97

注：①"对外直接投资"指加拿大对外直接投资，该栏的比重是加拿大对各国的直接投资在加拿大全部对外直接投资额中所占比重；②"外商直接投资"指加拿大国内的外商直接投资，该栏的比重是各国对加拿大的直接投资在加拿大全部外商直接投资额中的比重。

资料来源：根据下列原始计算制表——经济增长数据来自IMF，出处同图25；贸易原始数据来自UN Comtrade Database，出处同图28；对外直接投资和外商直接投资数据来自Statistics Canada，出处同表3-5。

此外，加拿大能源出口受到世界经济气候的影响。能源是加拿大主要的出口商品，当世界经济繁荣时，能源价格上升，加拿大的出口收入增多；反之，世界经济不景气时，能源价格大跌，加拿大收入便会减少。根据世界银行预测数据，2018年世界经济全年增长3.7%，虽然与2017年相同，但上半年美国经济的增长（第二季度GDP增长达到4.2%），使得投资者对市场预期较高，能源价格不断上涨。然而第三季度开始美国等一些经济体经济增长速度放慢，第四季度进一步下降（美国四个季度的GDP增长分别为2.2%、4.2%、3.4%、2.2%），投资者担心经济下行风险，能源价格出现下跌，由此给主要能源出口国家加拿大带来影响，导致加拿大石油行业增长放缓。图26显示的是国际能源署统计的汽油价格各月波动情况，从中可见，2018年11月~2019年1月包括加拿大在内的各成员国汽油价格均出现下跌。

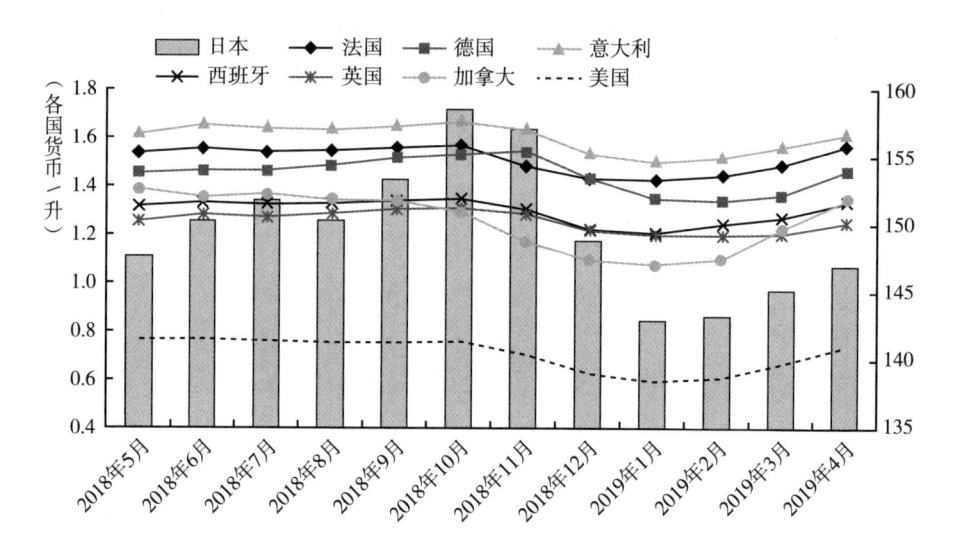

图26　2018年5月~2019年4月各国汽油价格

注：左轴为曲线刻度，右轴为柱形刻度。
资料来源：根据International Energy Agency 数据制图 - Monthly oil price statistics, Table 3: IEA end - use prices for selected oil products, April 2019, https://www.iea.org/statistics/monthly/。

2. 美国因素

美国是加拿大最大的贸易伙伴（见表4）和投资者（见表5），美国国内经济周期波动和内外政策的变动对加拿大经济产生一定的影响。2018年美国实际GDP增长2.9%，高于前一年，国内消费需求的扩大促进加拿大对美国的出口和进口以及对美国的直接投资。

表5 2014～2018年加拿大对外直接投资和引进外商直接投资

单位：亿美元

对外投资与引进外资	地区/国家	2014年	2015年	2016年	2017年	2018年	2018年比重
加拿大对外直接投资	北美	5100	6378	6838	7190	8077	62.67%
	美国	3465	4483	4902	5250	5950	46.16%
	墨西哥	138	168	176	195	225	1.75%
	欧洲	2155	2714	2770	2878	3178	24.66%
	英国	748	925	929	976	1093	8.48%
	中南美洲	524	571	584	679	672	5.21%
	巴西	140	119	121	140	141	1.10%
	亚洲/大洋洲	639	730	795	852	889	6.90%
	中国	80	103	102	112	127	0.99%
	日本	58	45	49	65	76	0.59%
	非洲	33	44	65	73	72	0.56%
	全部	8452	10438	11052	11672	12889	100.0%
加拿大引进外商直接投资	北美	3643	3972	4054	4168	4384	50.00%
	美国	3518	3695	3768	3869	4061	46.31%
	墨西哥	15	18	28	26.96	27.30	0.31%
	欧洲	2759	2829	3054	3140	3294	37.57%
	英国	392	468	467	470	504	5.74%
	亚洲/大洋洲	811	790	798	863	899	10.25%
	日本	222	265	279	282	289	3.29%
	中国	156	138	152	162	170	1.93%
	中南美洲	201	199	176	157	173	1.98%
	巴西	198	192	159	132	146	1.67%
	非洲	32	40	24	20	17	0.20%
	全部	7447	7829	8107	8348	8769	100.0%

注：①表内金额为国际投资头寸，账面价值合计；②"2018年比重"为2018年各国或地区的金额在全部金额中所占比重。

资料来源：根据Statistics Canada数据计算制图 – Data, Table: 36 – 10 – 0008 – 01 (formerly CANSIM 376 – 0051, International investment position, Canadian direct investment abroad and foreign direct investment in Canada, by country, annual, 2019 – 05 – 11, https://www150.statcan.gc.ca/t1/tbl1/en/cv.action? pid = 3610000801。

不过，该年第三、四季度美国经济增幅的下降一定程度上也影响到加拿大，使其第四季度经济增长大幅下降。图27显示的是2015～2018年美国与

加拿大各季度实际GDP同比变动情况，从中可见，2015年第二季度至2016年第一季度、2017年第二季度至2018年第一季度、2018年第三季度和第四季度，这两个国家的变动走向是一致的。2018年美国四个季度同比分别增长2.2%、4.2%、3.4%和2.2%，加拿大分别为2.67%、2.02%、2.0%、1.47%，该年加拿大四个季度同比增幅持续下降，美国第三、第四季度经济增幅的下降一定程度上助推了这一下降趋势。

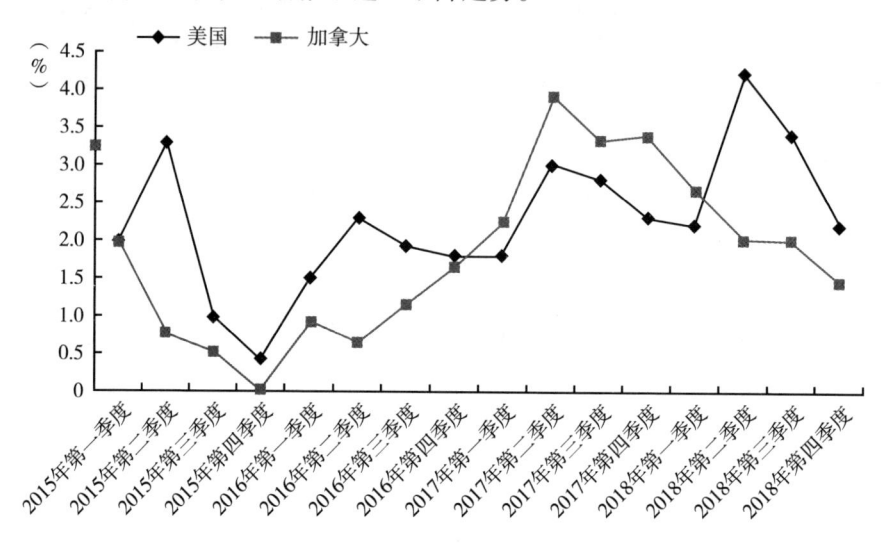

图27　2015~2018年美国与加拿大各季度实际GDP同比增长变动比较

资料来源：根据下列数据计算制图—美国数据来自 U. S. Department of Commerce, Bureau of Economic Analysis, Gross Domestic Product, Table 1. Real Gross Domestic Product and Related Measures：Percent Change From Preceding Period, 2019-05-12, https://www.bea.gov/data/gdp/gross-domestic-product；加拿大数据来自 Statistics Canada, Data, Table：36-10-0449-01, Gross domestic product (GDP) at basic prices, by industry, quarterly average, 2019-05-12, https://www150.statcan.gc.ca/t1/tbl1/en/cv.action?pid=3610044901#timeframe。

从美国外交政策影响看，2018年典型案例就是该年12月1日，加拿大警方应美方要求逮捕华为公司首席财务官孟晚舟事件。加方声称孟晚舟涉嫌违反美国对伊朗的贸易制裁，需要将其引渡至美国。消息传出，中国举国震惊，中国政府要求释放孟晚舟女士，加拿大华人和各界人士也通过各种方式表达不满，纷纷要求释放孟晚舟女士。加拿大政府则强调司法独立。两国外交发生争执，特鲁多上任总理后积极主张建立加中自贸区的谈判准备出现停顿，第四季度已经出现的一系列指标下降状况进一步加剧。12月，加拿大从中国的进口继上一个月环比下降2.23%后，进一步下跌15.19%；进出口贸易在上一个月环比下降3.07%的基础上，进一步下降7.70%。由于出口商担心加中外交形势恶化影响到双边贸易，12月加拿大对中国的出口在上一个月下跌后出现反弹，对华出口量环比增长12%（见图28）。

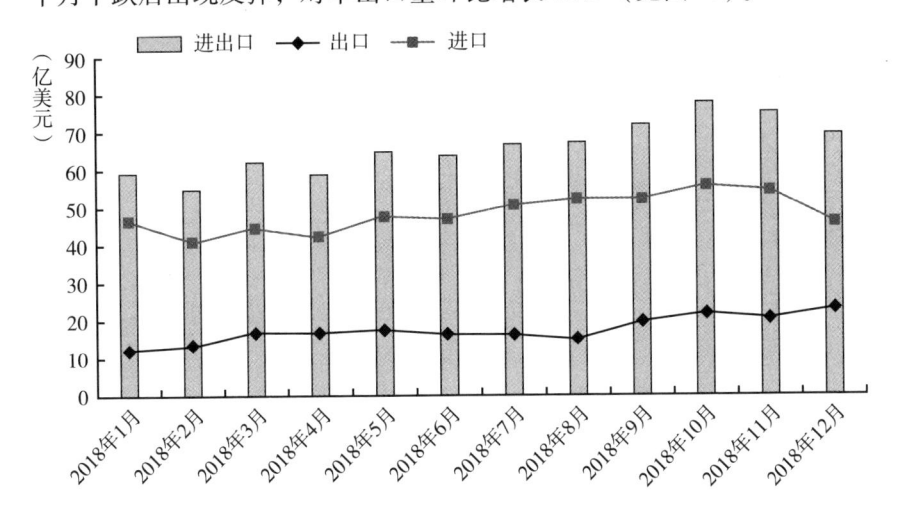

图28 2018年各月加拿大与中国双边贸易状况

资料来源：根据UN Comtrade Database数据计算制图，2019年5月11日，https://comtrade.un.org/data/。

3. 政府政策

为了减少加拿大产品（尤其是能源）对美国市场的过多依赖，近年来加拿大政府一直在推动贸易的多元化战略。2018年加拿大与北美成员国（美国和墨西哥）的双边贸易比重继续下降，加拿大与中国的双边贸易比重继续上升。图29显示的是，自2013年以来加拿大与英墨及与中国双边贸易比重的变化状况，从中可见，2013~2018年加拿大对英墨出口比重已经从87.34%下降到76.48%，从英墨进口比重从57.72%下降到57.26%，进出口比重从72.45%下降到66.77%。同期，加拿大对中国的出口比重从4.36%上升到4.75%，从中国进口比重从11.09%上升到12.70%，双边进出口比重从7.74%上升到8.77%。作为加拿大第二大贸易伙伴的中国,虽然近年经济增长幅度有所下降,但6.5%以上的经济增长率相对许多国家而言依然是很高的,特别是中国经济体量越来越大,内需的扩大、企业创新能力的增强,使得中加之间的进出口贸易规模不断扩大。此外,加拿大也积极发展与韩国等其他亚太地区国家的双边贸易。

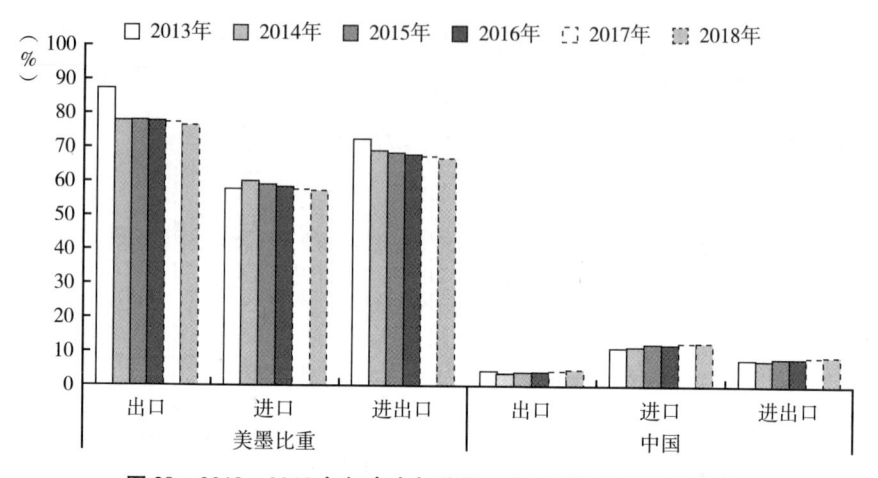

图29　2013~2018年加拿大与美墨、中国双边贸易比重变化

资料来源：根据UN Comtrade Database 数据计算制图,2019年5月11日,https://comtrade.un.org/data/。

对外贸易的多元化战略起到了平复传统贸易伙伴经济波动可能给国内经济带来冲击的作用。根据联合国贸易数据库数据计算,2018年加拿大对外贸易同比增长超过6%,其中出口增长6.78%、进口增长6.10%、进出口增长6.43%。

从上可见,就外部因素而言,2018年一方面加拿大主要贸易伙伴中一些国家经济增长速度放慢,通过双边贸易和投资渠道的传递,一定程度上影响到加拿大经济增长幅度;另一方面加拿大最大贸易伙伴美国经济的提升通过双边贸易和投资的渠道促进加拿大经济增长,当然美国第三、第四季度增长幅度下降也给加拿大这两个季度的经济带来一定的影响,影响到全年双边贸易的增长幅度;此外,作为加拿大第二大贸易伙伴的中国该年经济增长虽低于上一年,但仍达到6.6%较高的增长水平,对加拿大的出口和进口进一步扩大。总之，加拿大贸易多元化发展战略的推行，扩大与中国等发展中国家的双边贸易，一定程度上平缓了不利因素给予加拿大经济带来的影响。由此，2018年加拿大全年经济增长虽然低于上一年，但还是达到1.8%，高于英国、意大利、日本等发达国家的经济增长幅度。

三 2019年加拿大经济发展趋势

2019年加拿大经济发展趋势如何？根据国际货币基金组织（IMF）预测，经济增长率将达到2%。本文认为，能否达到或超过2%，外部需要考量世界经济形势变化、美国经济增长、国际油价变动状况等因素的影响，内部需要考量国内投资刺激和消费规模、失业率较高省份扩大就业措施、政府贸易多元化政策的进展（比如与中国等新兴经济体和发展中国家经济合作的进展）等因素的影响。

（一）世界经济增长形势与美国经济增长状况

2018年10月，国际货币基金组织（IMF）将2019年的世界经济增长预期为3.7%，2019年4月将该数据下调至3.3%。根据IMF的预测，其中发达经济体整体增长1.8%，欧元区增长1.3%，分别比上一年增幅下降0.6个百分点和0.7个百分点；新兴市场和发展中国家增长4.4%，增幅下降0.3个百分点；金砖四国除了中国经济增长速度继续放缓外，其他三国均被预测增长高于2018年，巴西2.5%、俄罗斯1.7%、印度7.5%，分别比2018年增加0.4、0.1、0.2个百分点（见图30）。

根据IMF预测，加拿大主要贸易伙伴中不少国家经济增长速度将放缓。比如，美国（排名第一）2019年增长预测为2.3%、中国（第二）6.3%、英国（第五）1.2%、韩国（第七）2.6%、意大利（第八）1.0%、荷兰（第十）2.2%，这六个国家的经济增长率较上一年分别放缓0.6、0.3、0.2、0.1、0.2、0.4个百分点（见图31）。主要贸易伙伴经济增长速度的放缓将会影响对加拿大出口商品的需求规模。

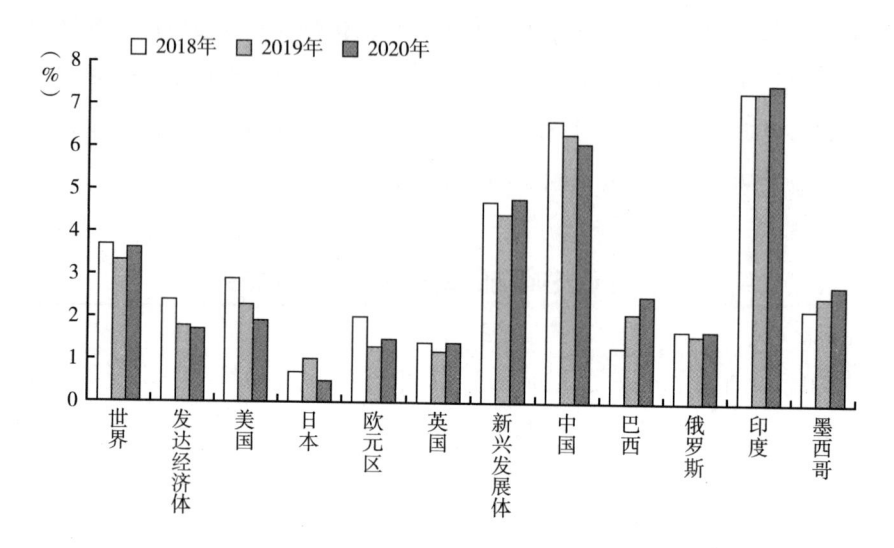

图30 2018～2020年全球经济增长及预测

注：这里"新兴发展体"指新兴经济体和发展中国家。

资料来源：中华人民共和国商务部：《国际货币基金组织将2019年全球GDP增长率预测下调至3.3%》，2019年4月13日。

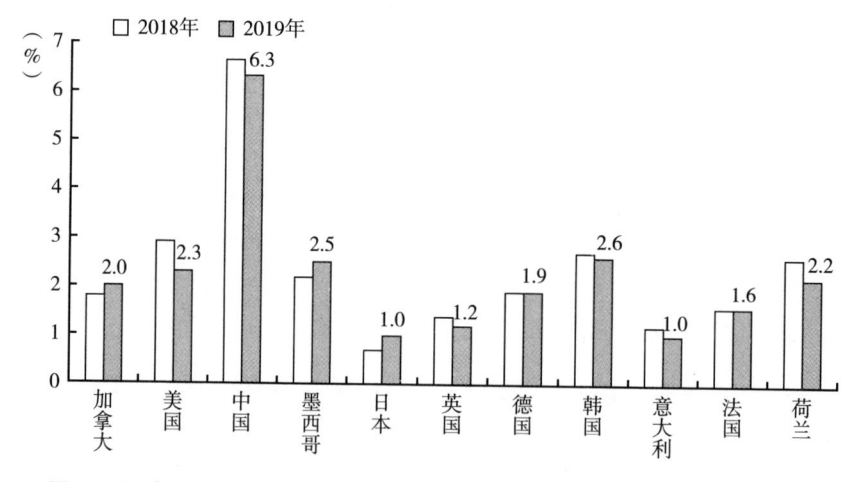

图31 加拿大及其十大贸易伙伴2018年GDP增长率及2019年的增长预测

资料来源：根据国际货币基金组织2019年4月《世界经济展望》数据制图，并根据各国政府2019年公布的2018年实际数据和2019年预测数据进行调整。

2018年以来，中美处于贸易摩擦甚至贸易战状态。2019年5月，美国对来自中国的商品加征关税，中国被迫采取反制措施，也对来自美国的商品加征关税。贸易摩擦不仅影响到两国间的双边贸易，而且也将会通过影响这两个国家的国内就业和经济增长，间接地影响到包括加拿大在内的贸易伙伴的进口需求。美国和中国分别是加拿大第一大和第二大贸易伙伴，这两大贸易伙伴经济增长出现的任何明显的波动或下降，都会影响到加拿大经济。

（二）国际油价变动和油气的出口状况

加拿大经济对资源部门尤其是对能源依赖性较高。其中就石油和天然气而言，加拿大的天然气通过管道输往美国，石油出口除了管道输送外，还通过铁路运输。一些省份炼油技术不行，或出于成本考虑，将原油出口到美国，再从美国输回石油产品。为了将加拿大主要原油产地阿尔伯塔省的原油直接输到美国主要的炼油地得克萨斯州，加拿大早在2008年就与美国商谈修建新的输油管道计划，即Keystone XL输油管线计划。2013年美国阿肯色州原油管道破裂，上万桶原油的泄露引起当地居民对环境污染的恐慌。居民认为，这些原油看似由美国能源企业经营，但实际上是来自加拿大的"脏油"，即阿尔伯塔的油砂（油页岩），油砂的开采和管道运输存在对环境破坏的可能性。为此，他们游说国会，反对Keystone XL输油管线计划，最终迫使奥巴马政府对该项计划全面冻结。2017年特朗普上台后，重启该项计划，但更换管道线路，计划2020年竣工。[①]如此，2019年加拿大原油出口能否大幅度提升，取决于该管道是否能尽快建设好。从图32可以看到，美国市场的汽油价格在比较的样本中最为便宜，加拿大其次，日本和英国较高。无论是美国还是加拿大，都希望拓展亚洲和欧洲的石油消费市场。

加拿大的天然气出口也具有一定的潜力。加拿大是世界第五大天然气生产国，也是第四大天然气出口国，但长期以来管道天然气的99%出口到美

---

① 陶短房：《加拿大经济：不可承受之重的美国依赖症》，2018年7月9日，https：//baijiahao. baidu. com/s？id＝1605487675806093678。

国。在世界各国承诺降低碳排放、鼓励清洁能源发展的形势下，加拿大联邦政府鼓励各能源省份生产液化天然气，开发海外市场，实现能源出口的多元化。数年前，大不列颠哥伦比亚省已经设立液化天然气海外出口项目，鼓励企业投资液化天然气设施建设，修建海运码头，关注亚洲市场新兴经济体对天然气的需求。2019年4月，第19届国际液化天然气会议在中国上海举行，大不列颠哥伦比亚省率加拿大液化天然气企业代表团参加了会议，期望通过该会让正在致力于清洁能源消费的中国及亚洲市场了解加拿大的液化天然气行业，推动各国间液化天然气开发领域的合作与发展。[①]

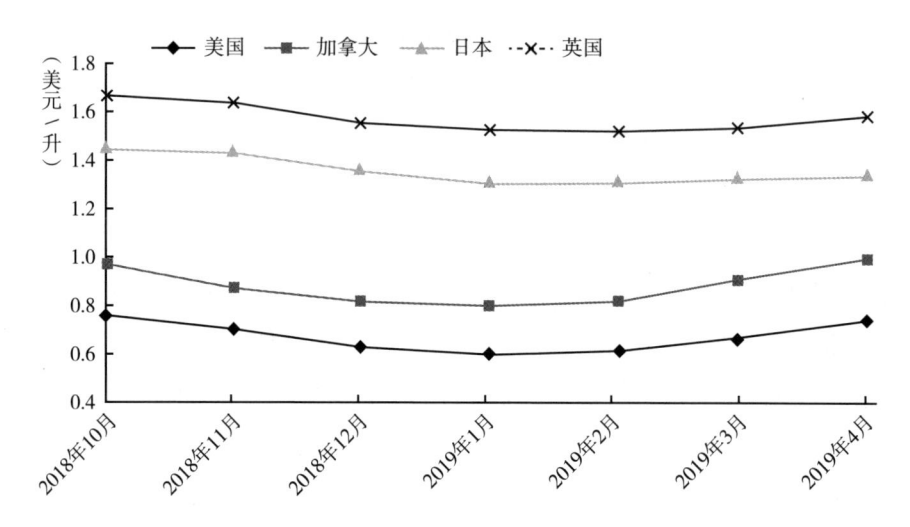

图32　2018年10月至2019年4月欧美亚市场汽油价格比较

注：按1美元=1.3431加元、1美元=109.9880日元、1英镑=1.2719美元的汇率，将各国货币折算成统一货币美元。

资料来源：根据International Energy Agency数据计算制图 - Monthly oil price statistics, Table 3: IEA end-use prices for selected oil products, April 2019, https://www.iea.org/statistics/monthly/。

（三）提高就业的措施及落实

2018年加拿大新增就业岗位增多，失业率不断下降。进入2019年，前

[①] 加拿大上海总领事馆：《加拿大亮相国际液化天然气会议》，2019年4月8日。

三个月失业率有所反弹，从 2018 年 12 月的 5.6% 回升到 5.8%，不过 4 月份失业率下降到 5.7%（见图 33）。

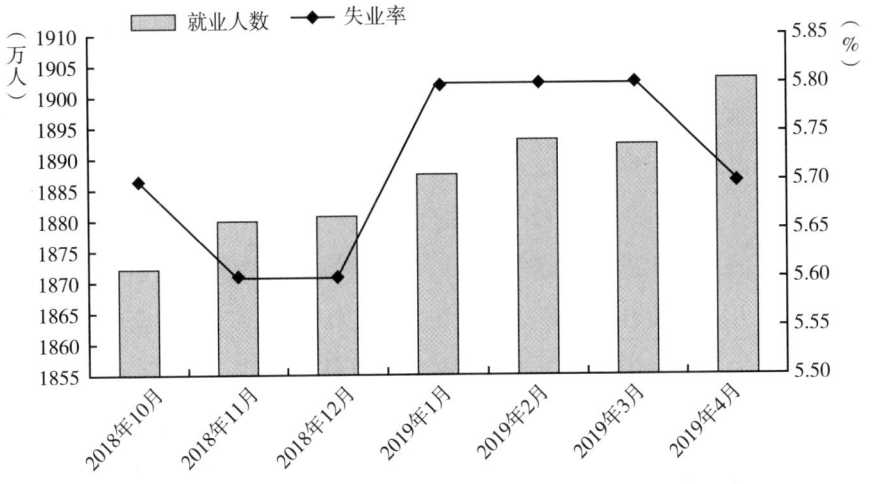

图 33　2018 年 10 月至 2019 年 3 月加拿大就业人数与失业率

注：左轴为柱形刻度，右轴为曲线刻度。
资料来源：根据 Statistics Canada 数据制图 - The Daily，Table 14 - 10 - 0287 - 01（formerly CANSIM table 282 - 0087），Chart 1 Employment & Chart 2 Unemployment rate，2019 - 04 - 05，https：//www150. statcan. gc. ca/n1/daily - quotidien/190405/dq190405a - eng. htm？HPA = 1&indid = 3587 - 2&indgeo = 0。

观察就业人数增多的省份，主要是安大略、魁北克、阿尔伯塔和爱德华王子岛，新不伦瑞克省就业人数有所下降。比如，4 月份安大略省就业人数增加 4.7 万人，15～24 岁的人兼职工作有所增加，但失业率依然为 6.0%，高于全国平均数；魁北克就业增加 3.8 万人，失业率从 5.2% 下降至 4.9%，降到自 1976 年以来的最低水平；阿尔伯塔省就业人数增加 2.1 万人，服务生产行业就业增加，但该省失业率依然较高，为 6.7%；新不伦瑞克省就业下降 3900 人，因为兼职工作的增长被全职工作的减少所抵消，失业率变化不大，为 8.0%。[①]就业岗位增加，有助于消费增加，促进经济发展。

---

① Statistics Canada，The Daily，Labour Force Survey，April 2019，2019 - 05 - 10，https：//www150. statcan. gc. ca/n1/daily - quotidien/190510/dq190510a - eng. htm？HPA = 1&indid = 3587 - 2&indgeo = 0.

（四）中加经贸合作动向

2018年12月孟晚舟事件一度影响了中加关系的正常发展，2019年5月加拿大总理特鲁多表示加拿大政府致力于为加中争议降温。该月在北极会议上，面对美国国务卿蓬佩奥声称中国不是北极国家，在北极没有任何权利，中国可能会以科学研究为借口，在北极进行军事扩张的言论，加拿大代表则表示，加拿大"欢迎"在北极与中国合作的机会。[①]显然，加拿大希望缓解与中国之间的矛盾，进行经贸合作。而应对美国贸易战的中国也希望通过与更多的国家开展经贸合作和建立自贸协定来打破以美国为首的全球新贸易保护主义逆流。为此，中加双方都有恢复合作交往的意向。

虽然中美贸易摩擦为中加经贸合作带来契机，但未来中加双边自由贸易协定的谈判或双边合作依然会面临来自美国对外政策和在对外自贸协定中推行新规则的障碍。比如，特朗普上台后要求重开《北美自由贸易协定》谈判，2018年美、墨、加达成新协议（被称为《美墨加三国协议》，即USMCA），新协议规定了汽车生产中，北美原产地零部件比重从62.5%提高到75%，规定至少40%的零部件由平均每小时薪酬不低于16美元的工人制造生产。这种针对发展中国家竞争力、排他性的区域贸易协定对于劳动力价格便宜的国家而言，意味着将遏制汽车零部件大量外包给包括中国在内的非协议成员国企业生产的可能性。此外，2018年7月在世界贸易组织（WTO）关于中国第七次贸易政策审议中，美国等发达国家就国有企业、知识产权、技术转让、产业政策、补贴政策等诸多议题上对中国提出质疑。体现出美国通过与他国之间的自贸协定正在力图将其规则标准和上述议题纳入WTO的改革中。这不仅打破了通过多边谈判已建立的WTO规则，而且也削弱了中国等发展中国家的话语权，这将给未来中加自贸协定的谈判和双边合作带来一定的干扰。

---

① 英国广播公司（BBC）中文台：《中美贸易战：不甘做牺牲品 加拿大向中国示好》，中国经济网，2019年5月13日，http://sh.qihoo.com/pc/9cf2b5d2deae07504? cota = 3&sign = 360_ e39369d1&refer_ scene = so_ 1。

B.4 2018年加拿大外交形势

刘 丹[*]

摘　要： 面对国际舞台上中国不断崛起的影响力以及美国不断保守的姿态，作为强调国际主义和多边主义的中等国家，在全球政治的重新调整过程中，小特鲁多带领下的加拿大在过去的一年里外交失误不断，与主要大国和新兴大国的关系都相继恶化。继2018年小特鲁多出访印度遭到国内外媒体群嘲以及国内反对党和印度官方的批评之后，加拿大政府又因为人权问题弄僵了与沙特阿拉伯的关系。此外，加拿大与俄罗斯的关系也因为顾忌选票以及对俄罗斯的不信任而恶化。更严重的是，因为加拿大政府在孟晚舟与华为事件上的处理失当，中加关系降至冰点。至于一直被加拿大视为最重要的加美关系，也同样因为加美之间的贸易协定与关税问题以及中美加三边关系问题而变得更加不确定。2019年10月联邦大选之后，无论是贾斯汀·特鲁多（Justin Trudeau）领导自由党继续执政，还是安德鲁·希尔（Andrew Sheer）领导保守党夺回大权，加拿大都将面临外交上的重大挑战。

关键词： 加拿大　沙特阿拉伯　俄罗斯　美国　中国

---

[*] 刘丹，博士，讲师，广东外语外贸大学加拿大研究中心，研究方向为加拿大政治与外交。

2019年10月，加拿大将迎来新的联邦大选。相比经济、社会福利等，外交虽然一直都不是选民们关注的首要议题，但选民们却也是十分重视加拿大的国际形象与影响力，而这一切则由联邦政府的外交实力与能力所决定。小特鲁多领导自由党上台以来，秉承多边主义与国际主义的原则，一直寻求在国际社会提升加拿大的影响力。同时，出于贸易与合作多元化的诉求，加拿大也不断争取与其他国家完善或改善双边关系。然而，小特鲁多的全方位外交并没有在其任期内给出一份满意的成绩单，纵观其第一任期的最后一年，加拿大的双边外交进入了一个困境，尤其是在与传统大国和新兴大国的关系处理方面。

一　加拿大-沙特：人权外交危机

众所周知，人权、女权等议题素来被视为加拿大价值观中引以为傲的组成部分，这也经常体现在加拿大的外交政策中。而在2018年8月，这两个议题却在一夜之间引发了一场加拿大与沙特阿拉伯之间的外交危机，使得这两个素来在国际社会看似交集并不多的国家突然出现了激烈的外交对抗，给两国在贸易、教育等多个领域造成了停滞与损失。同时，这场危机也凸显了各国对于价值观与外交之间的立场与态度。

事情的起因是一则声称沙特有关部门在7月30日逮捕了一位名叫萨马尔-巴达维（Samar Badawi）的女权活动者的报道。在没有得到沙特官方的确认之前，加拿大外长方慧兰（Chrystia Freeland）就于2018年8月2日发表推文，表示关注此事，并强调加拿大对巴达维家族的支持，并呼吁释放巴达维兄妹。[①] 随后8月3日加拿大外交部也发布了推文，以官方立

---

① 参见加拿大外交部部长方慧兰的个人推特账号 Chrystia Freeland @ cafreeland 于2019年8月2日所发推文，原文为："Very alarmed to learn that Samar Badawi, Raif Badawi's sister, has been imprisoned in Saudi Arabia. Caanda stands together with the Badawi family in this difficult time, and we continue to strongly call for the release of both Raif and Samar Badawi."

场敦促利雅得"立刻释放"马尔-巴达维和纳西玛-萨达（Nassima al-Sadah）。①加拿大政府的这种质疑与指责引起了沙特政府的强烈反弹。沙特官方发表态度强硬的声明，认为加拿大外交部的推文是"没有任何准确或真实"依据的；加方这种行为属于"公然干涉沙特内部事务"，是对沙特法律和司法的"严重冒犯"。②随即沙特方面立刻在外交层面做出回应。2019年8月5日，沙特政府将加拿大驻沙特大使列为"不受欢迎"的人，限其在24小时内离境。同时，沙特政府也召回其驻加拿大大使。除此之外，沙特方面还陆续公布了一系列更加强硬的措施以回应加拿大的干预，包括停售往返多伦多机票，停飞往来多伦多的所有航班、停止在加拿大的所有医疗项目，并协调转移正在加接受治疗的病患、转移留学生至美国、英国、澳大利亚和新西兰等国。

实际上，这一事件的发生十分符合加拿大的国家形象与内政外交的特点。首先，作为一个中等强国，加拿大一直以来都十分积极地开展软实力外交，重视通过推广文化、维护人权、参与全球治理、维和及斡旋等方式来提升加拿大的话语权与传播加拿大的国家价值。其次，人权外交素来是加拿大外交的重要组成部分，在与不少国家的交往过程中加拿大都十分强调这一内容。以沙特为例，早在2015年12月，加拿大时任外长狄安就已经与沙特外交大臣朱拜尔进行过有关人权问题的会谈，其中就曾提及过拉伊夫·巴达维的案子。而拉伊夫·巴达维本人及其家人也都与加拿大关系匪浅，其妻子与三个孩子更是已经成为加拿大公民。③所以，两国因为"人权"问题产生的矛盾由来已久，加拿大此次发难成为

---

① 参加加拿大外交部官方推特账号 Foreign Policy CAN @ CanadaFP 于2019年8月3日所发推文，原文为："Caanda is gravely concerned about additional arrests of civil society and women's rights activists in #SaudiArabia, including Samar Badawi. We urge the Saudi authorities to immediately release them and all other peaceful #humanrights activists."

② Saudi Arabia expels Canada envoy: full statement from Riyadh, The National, updated: August 6, 2018. https://www.thenational.ae/world/mena/saudi-arabia-expels-canada-envoy-full-statement-from-riyadh-1.757333（上网时间：2019年3月1日）。

③《加拿大与沙特关系仍留有余地》，新华网，2018年8月20日，http://www.xinhuanet.com/world/2018-08/20/c_129935699.htm（上网时间：2019年3月1日）。

外交危机的导火索。最后,加拿大总理小特鲁多向来都强调自己是"女权主义者",尤其是在2019年10月即将迎来联邦大选的时候,性别平等议题是选民颇为关注的一项内容,① 小特鲁多更是比以往更加不遗余力地在各种场合倡导这一价值观。

由此可见,此次外交危机并非偶然,加拿大对沙特人权问题的指责也并不意外,只不过加拿大政府在这一过程中存在一些评估上的失误。首先,加拿大没有准确评估沙特的政党政局,因此也无法预估到沙特的态度会如此强硬。沙特王储萨勒曼(Mohammed bin Salman)是一名具有改革精神的"80后",他在保守的沙特已经算是一位力推妇女权益的领导人,例如开放妇女驾车和进入球场观看比赛的权利等。② 但毫无疑问,这些始终被西方国家认为与其概念中的性别平等或女权主义仍然是有差异的,但改革也只能是缓慢推进,而且这一过程必然会在沙特同时遭受来自女权主义者不满的压力以及来自保守派强大的阻力,萨马尔·巴达维事件就是一个典型的例子。面对如此困境,萨勒曼不可能不顾政权稳定去推行西方式的女性权利改革,他需要妥善应对并且思考更符合国情的改革政策。其次,作为一次官方的对外行动,加拿大也没有准确评估外部环境,即国际社会对此的态度及其带来的压力。虽然人权一直是西方国家用以指责他国的主要手段,但这次加拿大对于沙特的指控却并未得到一边倒的支持。一方面,同为阿拉伯国家的也门哈迪政府、阿联酋、巴林、巴勒斯坦、约旦、吉布提、毛里塔尼亚、苏丹、埃及、科摩罗、黎巴嫩等都力挺沙特,重要的地区组织如海湾阿拉伯国家合作委员会、阿拉伯联盟也都支持沙特采取的举措。而作为域外大国的俄罗斯则

---

① Over half of Canadians say a federal party's stand on international aid will be important or somewhat important for how they cast their vote in the federal election; Canadians say that international aid being able to make a difference in the lives of those in less developed countries is the most appealing reason for Canada to increase spending, Nanos, November 2018. https://www.nanos.co/wp-content/uploads/2019/03/2018-1266-Engineers-October-Omni-Populated-Report-with-Tabs.pdf(上网时间:2019年3月5日)。

② Alexanderia Gouveia, Rare Interview: Saudi Prince Champions Women's Rights, Emirates Woman, April 7, 2016. https://emirateswoman.com/saudi-prince-mohammed-bin-salman-talks-womens-rights/(上网时间:2019年3月5日)。

对加拿大提出了批评。① 另一方面，同为西方大国以及盟友的美、英等国此次也没有对加拿大表示支持。与沙特利益关系匪浅的美国明确表示不会卷入两个盟友间的"掐架"。美国国务院发言人希瑟·诺尔特（Heather Nauert）2018年8月7日称，争端的解决取决于沙特阿拉伯政府和加拿大政府，双方需要在外交上共同解决这个问题，"我们无法代劳。"② 英国也在同一天表达了模棱两可的态度，"加拿大和沙特都是英国的亲密伙伴，目前情况下我们敦促双方保持克制。英国政府将继续在私下推动（沙特的）改革，特别是在人权领域进行的改革，但是会试图阻止其政府机构对沙特公开提出批评，取而代之的是通过现有的外交渠道。"③ 盟友的不支持让加拿大显得格外"孤单"，④ 也令其谴责的立场有些没底气，但也不难理解，毕竟美英两国也都是各有各忙。特朗普素来视盟友为负担或棋子，并且现在还忙于与中国进行贸易战以及应付国内日趋严峻的大选局势，而英国则是陷入脱欧的漩涡中欲罢不能。

实际上，英国的表态也说明了一个问题，即加拿大政府的公开批评并非是一个很好的选择。如果是通过其他的外交渠道进行私下的沟通，恐怕会更有效果，并且能避免很多不必要的麻烦。一来是不会刺激沙特对于西方国家在人权方面强势态度的反感和反弹，二来也可以不必因为筹码不足而折损其人权外交的效用。虽然历史上有过瑞士、德国等对沙特人权问题施压并产生一定影响的案例，但毕竟加拿大与沙特之间的贸易量十分有限，大约才三四十亿美元，即便是有着军售方面的关系，但也同样不是特别重要。因此，加拿大对于沙特来说，影响力是比较有限的。加之国家社会的支持也同样有

---

① 《遭沙特逐大使 加拿大：支持沙特"维权人士"》，新华网，2018年8月8日，http://www.xinhuanet.com/world/2018-08/08/c_129928408.htm（上网时间：2019年3月2日）。
② 方华：《加拿大在与沙特冲突中形单影只》，加拿大国际广播，2018年8月10日，http://www.rcinet.ca/zh/2018/08/10/150597/（上网时间：2019年3月2日）。
③ 李怡清：《沙特高调回应加拿大对其人权批评，以一儆百给西方"做规矩"》，澎湃新闻，2018年8月9日，https://www.thepaper.cn/newsDetail_forward_2331659。
④ "We don't have a single friend": Canada's Saudi spat reveals country is alone, the Guardian, 11 Aug 2018. https://www.theguardian.com/world/2018/aug/11/canada-saudi-arabia-support-us（上网时间：2019年3月10日）。

限，沙特国内的政局也决定了其强硬到底的态度，所以加拿大此举恐被视为要么是官方经验不足导致出现外交失误，要么就是重在表现其人权外交的高度而并非真正地想要解决问题。

二 加拿大－俄罗斯：选票与选举决定的危机

这看起来似乎又是一对并不热门的关系，但在大选年却也同样脱颖而出。究其原因，同样不外乎是内政、价值观与外交之间的博弈，小特鲁多政府在处理与这一大国的关系时同样面临压力，从而出现进退维谷的局面。

大选年最值得政党们关注的自然是选票。在加拿大这样一个移民国家，不同族群的选民都有着自身的关切与话语权。而这其中多达130万乌克兰裔的选票自然是各个政党都不愿意忽视的。其实早在2014年克里米亚问题发生时，加拿大就已经介入了俄罗斯与乌克兰之间矛盾。当时加拿大及其北约盟国批评普京采取的行动违反了欧洲的边界，并支持乌克兰的主权。同时，加拿大更是通过军事援助和公开声明支持北约在该地区的行动，并在拉脱维亚的北约集团中发挥了领导作用，甚至在乌克兰部署了数百名加拿大军队，作为联合行动的一部分。毫无疑问，这种情况引起了俄罗斯的反感。[1] 这一矛盾在小特鲁多上台后一直没有淡化，并且在2015年竞选期间，小特鲁多就明确表示要针对克里米亚问题与普京进行对抗。2017年7月，小特鲁多还曾公开表示，"加拿大一直毫不含糊地谴责普京与俄罗斯"（Canada has been unequivocal in our condemnation of Vladimir Putin and Russia.）。[2] 2014年开始，加拿大时任总理哈珀就随同美国、欧盟一起对俄罗斯实施了制裁，之

---

[1] Demyan Plakhov, Reviewing Russian-Canadian Bilateral Relations, NAOC, January 25, 2019. http：//natoassociation. ca/reviewing－russian－canadian－bilateral－relations/（上网时间：2019年3月5日）。

[2] Abigail Bimman, ANALYSIS：Actions speak louder than words－－Trudeau's thumbs up to Putin. Global News, November 12, 2018. https：//globalnews. ca/news/4655533/analysis－actions－speak－louder－than－words－trudeaus－thumbs－up－to－putin/（上网时间：2019年3月7日）。

后小特鲁多也同样坚定地站在这个阵营。2019年3月,加拿大外长方慧兰依据《特别经济措施法》宣布对114名俄罗斯人和15家俄罗斯实体实施制裁。①

基于这样的背景,再结合大选的需要,就不难理解这一年来加拿大将加俄关系推向更加恶劣的状况了。2019年不仅仅是加拿大的大选年,也同样是乌克兰的大选年。在已经尘埃落定的乌克兰大选过程中,加拿大十分积极地派出了单独的选举监督观察团,原因是担心俄罗斯会干预2019年3月31日举行的乌克兰总统大选,这也是一直得到保守党和自由党共同支持的行动。实际上,欧洲安全与合作组织(Organization for Security and Co-opeartion in Europe,OSCE)一直都有被广泛认可的国际选举监测民主标准,也有专门的选举监测团。作为一国单独派出的选举监测团,加拿大也是独树一帜,多年来一直在其国内因为高成本和必要性的问题引起争议。②

除了担心俄罗斯干预乌克兰的大选之外,加拿大政府目前更是开始质疑俄罗斯将会干涉加拿大10月份的联邦大选。2019年4月5日,小特鲁多在多伦多的一个新闻发布会上称,"过去几年,我们发现(对于选举的)干涉或者外国势力对于民主进程的影响是有所增加的……我们非常清楚地看到像俄罗斯这样的国家出现在很多分裂运动的背后。有很多分裂倾向的社交媒体得到传播,从而使得我们的政治更加分裂……"而在此之前,加拿大外长方慧兰也有类似的表态,称她"非常担心"俄罗斯将干涉选举。她还在法国G7外行会议上表示过,"恶意的外国势力可能已经在努力破坏我们的民主,并且判断干涉选举"是非常可能发生的。"③ 小特鲁多对于俄罗斯的指

---

① 《加拿大对俄罗斯114人和15家实体实施制裁》,俄罗斯卫星通讯社,2019年3月16日,http://sputniknews.cn/politics/201903161027936685/(上网时间:2019年4月2日)。
② Mike Blanchfield, Canadian election observers arrive in Ukraine amid fears of Russia meddling, CBC, Updated February 14, 2019. https://www.cbc.ca/news/politics/ukraine-canadian-election-monitors-1.5018489(上网时间:2019年3月7日)。
③ Canadian PM Warns of Russian Interference in Upcoming Parliamentary Elections, Radio Free Europe, April 06, 2019. https://www.rferl.org/a/canada-warns-of-russian-interference-in-parliamentary-elections/29864687.html(上网时间:2019年3月7日)。

控与警告在国际社会引起了很大的轰动，并且很明显，这种情况似曾相识，即2016年美国大选时，失败的民主党也是认定俄罗斯和特朗普联合操控了选举。事件闹得沸沸扬扬，但一直到新一届的美国大选都快开始了仍然未有任何可靠的证据。因此，这种有样学样的指控反而使得支持率节节败退的小特鲁多更加显得有些江郎才尽。

作为又一对降至冰点的双边关系，加俄之间从冷战开始就已经不甚友好。当年针对苏联的"北美防空司令部"（NORAD）依然存在，而对于是否加入美国洲际导弹防御系统，渥太华方面也一直都在犹豫，但根据渥太华独立智库麦克唐纳－劳里埃研究所2018年的调查显示，绝大多数加拿大国防和安全专家仍然希望加拿大政府考虑加入美国弹道导弹防御系统。[1] 两国如今更是在北极地区也因为领土问题、军事化问题等产生了更多的矛盾。2019年2月12日，北美防空司令部指挥官奥肖纳希（Terrence O'Shaughnessy）在渥太华出席一个防务会议时警告说，美国和加拿大应该认真考虑是否对俄罗斯北极军事行动造成的威胁采取了足够的应对措施。[2] 按照目前的趋势，也鉴于加俄之间微不足道的经贸关系，两国关系很难在短时间内出现转机，并且势必将影响到未来两国在北极地区的共存。尤其是美国的拉拢，以及中国未来与俄罗斯在北极地区可能的合作，都将给加拿大在北极地区的存在带来更多不确定的因素和影响。

三　中国－加拿大－美国：三角关系的最大危机

以往我们常常将中加关系、加美关系分开来讨论，这次没有这么做，主要是因为这一年来，这三个国家比以往任何时候都更加紧密地纠缠在了一

---

[1] 亚明：《大多数加拿大专家希望渥太华加入美国弹道导弹防御系统》，加拿大国际广播，2018年7月26日，http://www.rcinet.ca/zh/2018/07/26/149592/（上网时间：2019年4月10日）。

[2] 吴薇：《冷战高峰后的最大的威胁：北美防空司令部对俄罗斯北极军事行动提出警告》，加拿大国际广播，2019年2月12日，http://www.rcinet.ca/zh/2019/02/12/161151/（上网时间：2019年4月10日）。

起。由于中美关系的恶化,加拿大夹在两个大国之间却无法开展平衡外交,甚至是由于对外交危机处理不当而导致自己深陷泥沼。

实际上,在小特鲁多第二次访华之后,中加关系就已经开始降温。不过,此时的加美关系也不甚理想。作为加拿大最大的贸易伙伴,美国特朗普政府在2018年宣布对加拿大的钢铝产品加税,并且推翻NAFTA,设置各种苛刻的条件重新谈判。中加自贸协定其实是美墨加三国重谈NAFTA开始之后对加拿大最有吸引力的贸易协定,一直以来也都受到小特鲁多本人及其政府乃至加拿大社会的普遍欢迎,即使是在二次访华之后毫无成果、美加墨自贸协定出台"毒丸"条款的情况下,小特鲁多总理仍然表示,"毒丸"条款并没有阻止加拿大与中国的贸易谈判。加拿大将继续与中国合作,争取达成"最终的"自由贸易协定。加拿大贸易部部长也表示,加拿大政府仍然有兴趣与中国达成协议。[1] 不过这一切美好的意愿和设想都在孟晚舟事件发生之后成为泡影。有关孟晚舟事件的细节已经在媒体上有诸多报道,本文不再赘述,主要分析加拿大政府对于该事件与三角关系的处理,及其对于中-加-美三角关系的影响。

首先,加拿大并没有在事件中充分发挥"调停者"的作用,反而让自己沦为被动甚至被认为是"帮凶",这是对加拿大在三角关系中的利益以及中加关系最大的伤害。作为与中美两个大国都有着密切关系的中等国家,加拿大在历史上也一直致力于成为国际社会的"调停者",这亦是中等国家发挥影响力的重要方式。但此次孟晚舟事件之所以一夜之间给中加关系带来毁灭性的打击,其中一个主要原因就是在危机面前加拿大政府没有很好地明确自身的定位,第一时间选择了与美国为伍,在没有任何通知的情况下拘捕了

---

[1] Katsuhiko Hara, China and Canada to pursue FTA despite new NAFTA's restrictions, NIKKEI, November 15, 2018. https://asia.nikkei.com/Economy/Trade-war/China-and-Canada-to-pursue-FTA-despite-new-NAFTA-s-restrictions. Fathin Ungku, Trudeau says Canada to work with China on eventual free trade deal despite NAFTA clause. Reuters, November 15, 2018. https://www.reuters.com/article/us-asean-summit-trudeau/trudeau-says-canada-to-work-with-china-on-eventual-free-trade-deal-despite-nafta-clause-idUSKCN1NK0CU(上网时间:2019年4月10日)。

华为CFO孟晚舟。并且，拘捕程序的合法性也受到了质疑，目前华为已经将加拿大政府和皇家骑警告上法庭，① 等待法律的裁决。总的来说，作为应对一场外交危机，加拿大政府的表现是不甚理想的，其是否在最初就充分预估事件后果并做出理智而有预见性的行为，这是值得斟酌的。

其次，加拿大政界内部分歧带来更大的不确定性和负面影响。孟晚舟事件发生后，加拿大政府强调不干预司法独立的立场并没有特别令人信服，后续的过程中也出现多次微妙的状况，主要是因为：第一，加拿大政府内部对于孟晚舟事件以及中加关系的态度存在分歧。联邦政府在事发之后一直强调的是政府不能干预司法独立，但其国内政界陆续出现了不同的声音，其中最有代表性的就是前驻华大使麦家廉（John McCallum）与前总理克雷蒂安（Jean Chrétien）。麦家廉是在两次接受媒体采访时表达了对孟晚舟事件的态度，甚至提供了一些孟晚舟可以免于被引渡的抗辩方式。他认为，如果美国可以放弃寻求引渡孟晚舟，这对加拿大来说就"太棒了。"② 之后他还指出特朗普的言论给孟晚舟提供了强有力的证据去说服法官不将她引渡到美国，并举出了三种解决引渡案的方式。③ 最后，这个风波以小特鲁多将麦家廉撤职而结束。④ 至于前总理克雷蒂安，这位已经退休多年的元老在中加关系因为孟晚舟事件愈发恶化的情况下有望成为小特鲁多政府的特使出访中国，⑤

---

① 斯影：《华为孟晚舟反诉加拿大政府违宪，其所面临的引渡程序走向如何》，BBC，2019年3月4日，https：//www.bbc.com/zhongwen/simp/world-47425884（上网时间：2019年5月7日）。
② McCallum says it would be 'great for Canada' if Meng not extradited：report. Global News, January 25, 2019. https：//globalnews.ca/news/4891212/john-mccallum-meng-wanzhou-huawei-extradition/（上网时间：2019年4月8日）。
③ John Paul Tasker, Canada's ambassador to China says Meng has strong defence to fight extradition, CBC, Jan 23, 2019. https：//www.cbc.ca/news/politics/mccallum-meng-huawei-china-1.4989235（上网时间：2019年4月10日）。
④ Justin Trudeau fires ambassador to China after remarks on Huawei case, 26 Jan 2019. https：//www.theguardian.com/world/2019/jan/26/john-mccallum-canadian-ambassador-to-china-fired-huawei（上网时间：2019年4月10日）。
⑤ Former PM Jean Chrétien prepared to travel to China to help free Spavor and Kovrig, the Globe and Mail, June 7, 2019. https：//www.theglobeandmail.com/politics/article-former-pm-jean-chretien-prepared-to-travel-to-china-to-help-free/（上网时间：2019年4月1日）。

而他表示,将建议加拿大司法部长行使其法定权力,终止对孟晚舟的引渡进程,以实现中加关系的正常化。据称这是克雷蒂安咨询多位中国问题专家,以及与前顾问戈登伯格讨论的结果。在讨论中,他们指出根据《引渡法》规定,加拿大司法部长是有权力这么做的,而且中国非常清楚这一点。然而,这位高参的建议并没有得到联邦政府的认可,加拿大外长方慧兰第一时间就公开表示反对,拒绝了克雷蒂安的建议。① 并且,参考此前麦家廉的遭遇,克雷蒂安是否还将作为特使出访中国也变得更加不确定了。

再次,美国并没有因为加拿大的配合而充分为其困境考虑,反而表现出不同的立场,甚至给加拿大增加负担。事件发生后,小特鲁多总理第一时间表示,加拿大政府没有涉及孟晚舟被捕事件,此案件背后也没有任何政治动机。② 但很快,美国总统特朗普在2018年12月12日接受路透社采访时说,如果他认为是对国家有利,尤其是对与中国达成贸易协议有利,他一定会干预美国司法部对于孟晚舟的处理。③ 这一表态明显暴露了该事件的本质,即美国要求加拿大拘捕孟晚舟并将其引渡是出于为了在中美贸易谈判中增加筹码的政治目的。加拿大外长方慧兰第一时间向特朗普发出警告:不要利用孟晚舟事件作为贸易谈判的筹码。④ 然而,这个警告已经无法挽回美国将加拿大置于尴尬境地的事实,美加所谓的司法独立性也受到了严重的质疑。而且,随着事件的进一步发酵以及中美贸易摩擦的恶化,中加关系也成为牺牲

---

① Freeland rejects Chrétien's idea to cancel Meng's extradition case, the Globe and Mail, June 13, 2019. https://www.theglobeandmail.com/politics/article-freeland-rejects-chretiens-idea-to-cancel-mengs-extradition-case/(上网时间:2019年6月20日)。
② 苏玉兰:《加国总理特鲁多:扣留孟晚舟无政治动机》,《联合早报》2018年12月7日,https://www.zaobao.com.sg/realtime/china/story20181207-913890(上网时间:2019年4月10日)。
③ Steve Hollan, Jeff Mason and Roberta Rampton, Trump syas would intervene in arrest of Chinese executive, Reuters, December 12, 2018. https://www.reuters.com/article/us-usa-trump/trump-says-would-intervene-in-arrest-of-chinese-executive-idUSKBN1OB01P(上网时间:2019年4月7日)。
④ Julia Horowitz, Canada warns Trump administration against politicizing Chinese executive's arrest, CNN, December 13, 2018. https://edition.cnn.com/2018/12/12/politics/canada-huawei-meng-wanzhou/index.html。

品，加拿大油菜籽对华出口遭遇困境，给面临国内经济问题的小特鲁多政府带来较大的压力，毕竟即将迎来大选，经济问题是最为关键的。因此，小特鲁多已经向美国提出，要么出面帮忙解决中加关系的危机，要么就不要再想找加拿大帮忙。①

最后，加拿大即将迎来联邦大选，选民对于外交关系的态度也影响了政府做出的决策，同时反过来，政府对外交危机的处理继而也继续影响着选民对中－加－美三边关系的看法。孟晚舟事件发生后，中加关系降至冰点，不只体现在大面积停滞的官方沟通与交流，更体现在社会与民众层面的态度转变。以加拿大为例，大选之前的民众虽然最关心的不是外交，但鉴于加国媒体对于华为5G、孟晚舟事件、中加关系等的广泛讨论与报道，民众还是对这些议题产生了相关的判断，并且普遍是负面的（见图1～图4）。这样一来无形中给联邦政府带来了压力，出于对选票的顾虑，不敢轻易做出与选民态度相左的政策选择。然而，这种情况如果一直持续恶化下去，只会使得双方无论是社会层面的两国文化的沟通，还是官方层面的对战略意图的了解，都会变得更少，彼此的不信任程度会愈发加深。比如，根据Nanos在2019年2月进行的民意调查，超过3/4的加拿大人表示，如今前往中国的安全性比五年前要低。② 这种情况进而会对包括贸易在内的各领域产生更广泛的负面影响。这对于下一任联邦政府而言，将会是一个巨大的难题。

四　结语

加拿大一年的外交以及小特鲁多政府第一任期的外交即将在十月大选之

---

① David Ljunggren, Fed up Canada tells U.S. to help with China crisis or forget about favors, Reuters, May 5, 2019. https：//www.reuters.com/article/us-canada-trade-china-huawei/fed-up-canada-tells-u-s-to-help-with-china-crisis-or-forget-about-favors-idUSKCN1SB0IA（上网时间：2019年5月10日）。
② A majority of Canadians think travel to China is less safe today than five years ago - Divided over pursuing free trade with China, Nanos, February, 2019. https：//www.nanos.co/wp-content/uploads/2019/02/2019-1362-CTV-Jan-Populated-Report-China-w-tabs.pdf（上网时间：2019年5月15日）。

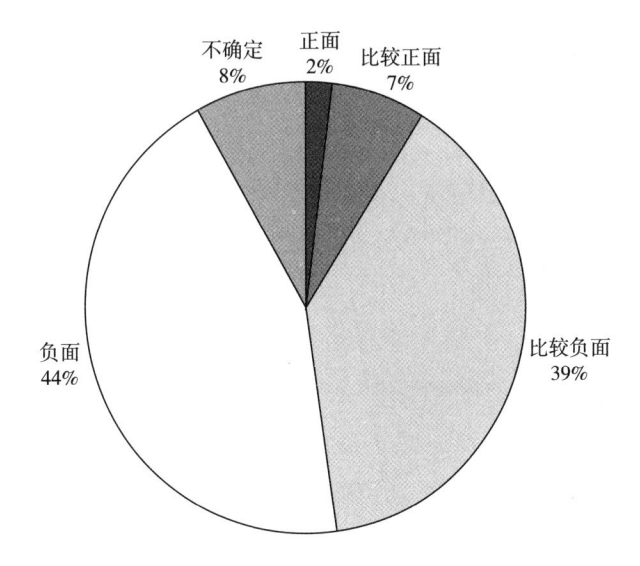

图 1　加拿大人对中国态度

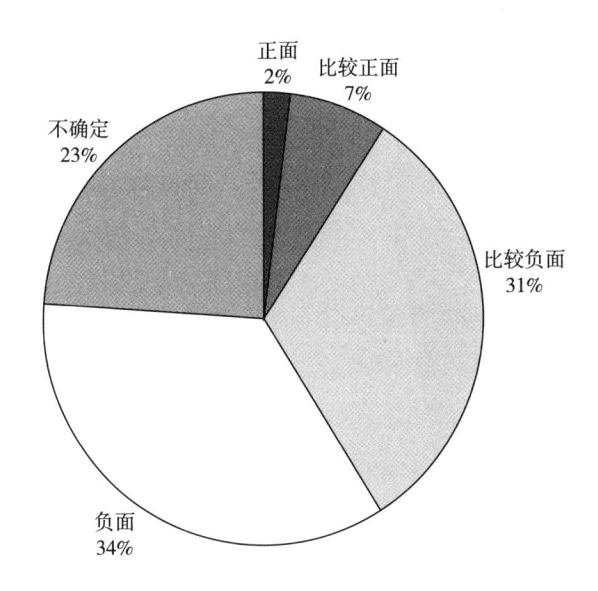

图 2　加拿大人对华为的态度

后画上一个句号，或者说可能要以"失误"告终了。双边关系和多边关系作为一国外交中的主要内容，在加拿大自由党政府第一任期的最后阶段都表现不佳。小特鲁多政府对于外交事务的处理呈现"理想有余，现实不足"

加拿大蓝皮书

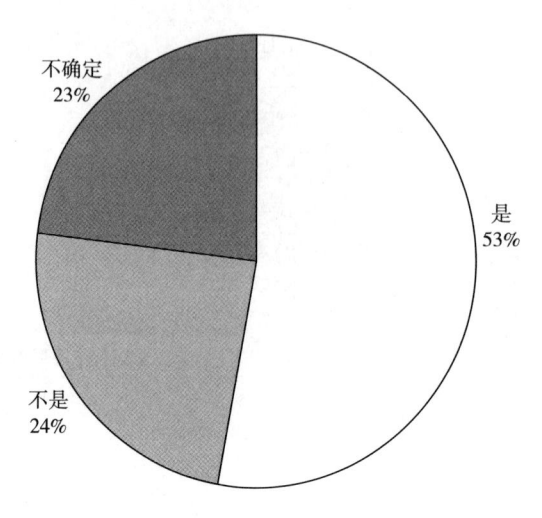

图3　中国是否是加拿大主要的国家安全威胁

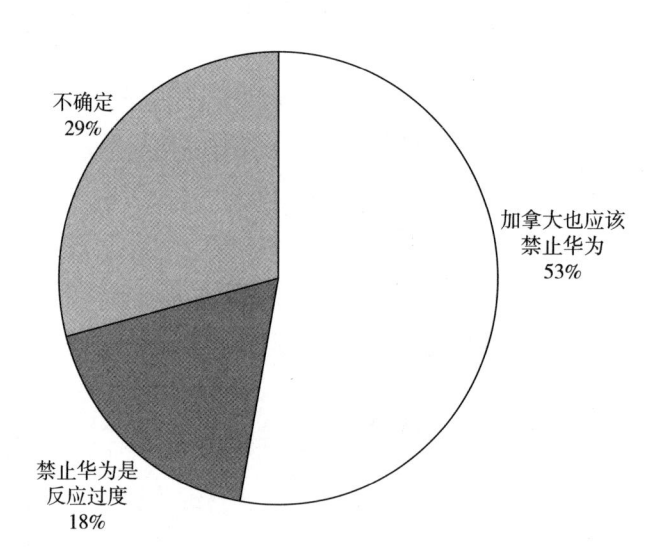

- 是 53%
- 不确定 23%
- 不是 24%

图4　是否应该禁止华为在加拿大提供5G技术

- 加拿大也应该禁止华为 53%
- 不确定 29%
- 禁止华为是反应过度 18%

资料来源：Nanos Survey。

A majority of Canadians have somewhat negative or negative impressions of the Chinese government and Huawei; over one in two Canadians think China poses a major national security threat to Canada, Nanos Survey, Jan, 2019. https://www.nanos.co/wp-content/uploads/2019/01/2018-1356-Globe-December-Populated-Report-with-Tabs.pdf（上网时间：2019年5月13日）。

的状态。这一方面是因为总理本人还比较年轻，缺乏外交经验，虽然有着其父亲老特鲁多的光环，但现实中他要面对的其实是比其父当年更为严峻的国际局势。正如英属哥伦比亚大学历史和亚洲研究所教授 Leo Shin 所言："不幸的是，加拿大政府被夹在了两股不断发展的大国力量中间"（caught in the middle of an ever-evolving power）。[1] 面对如此严峻的局面，小特鲁多政府更多的是寄希望于突出包括人权在内的加拿大文化与价值观来为其外交加分，以实现在国际社会提升话语权与影响力的目的。虽然这也同样是中等国家外交的一个重要部分，但很明显，除此之外，加拿大政府并没有能够很好地实现对外交中双边关系以及多边关系的处理。

孟晚舟事件中，作为其父的华为创始人任正非在接受加拿大 CTV News 的采访中表示，加拿大也是"受害者。"[2] 然而，导致这个身份的原因除了大国竞争的残酷之外，恐怕作为中等国家的加拿大也应该反思一下，如何在新的大国竞争局势下生存与发挥应有的作用，而不是完全处于被动状态并且随时可能被牺牲。另一方面，如前所述，小特鲁多政府的内阁成员也存在外交上的意见分歧，尤其是小特鲁多本人与外交部部长方慧兰之间。总的来看，小特鲁多本人自上台以来一直都十分重视对华外交，并对中加自贸协定以及中加未来合作寄予厚望。但加拿大外交部方面却并未表现得十分配合，尤其是在孟晚舟事件之后，方慧兰本人多次在公开场合态度强硬，甚至主动表示"中加关系在短期内不会恢复正常"。[3] 这与她此前对沙特以及俄罗斯的态度无异，都是试图通过强硬的姿态来实现加拿大的外交目标，但效果一

---

[1] John Ibbitson, Ottawa is on the wrong side of Chinese power, the Globe and Mail, January 15, 2019. https://www.theglobeandmail.com/politics/article-ottawa-is-on-the-wrong-side-of-chinese-power/（上网时间：2019 年 5 月 18 日）。

[2] Sonja Puzic, Huawei founder on daughter's arrest in Canada, U.S. opposition, CTV News, March 15, 2019. https://www.ctvnews.ca/canada/huawei-founder-on-daughter-s-arrest-in-canada-u-s-opposition-1.4335870（上网时间：2019 年 5 月 21 日）。

[3] John Ibbitson, Chrystia Freeland on NAFTA, Huawei and Canada's relationship with China, the Globe and Mail, May 26, 2019. https://www.theglobeandmail.com/politics/article-chrystia-freeland-on-nafta-huawei-and-canadas-relationship-with/（上网时间：2019 年 5 月 29 日）。

般都不太理想。

加拿大英属哥伦比亚大学研究团队最新的民意调查一定程度上验证了本文的结论（见图5）。相比2017年，2019年的民调显示，加拿大民众对于其他国家的好感度整体都在下降，中美两个最大的贸易伙伴不受欢迎的程度仅次于俄罗斯。可见，加拿大政府近年来较为失败的双边关系外交已经逐渐影响了民众对于其他国家的态度，如上所述，这种态度反过来也将可能继续影响政府未来的外交政策走向。

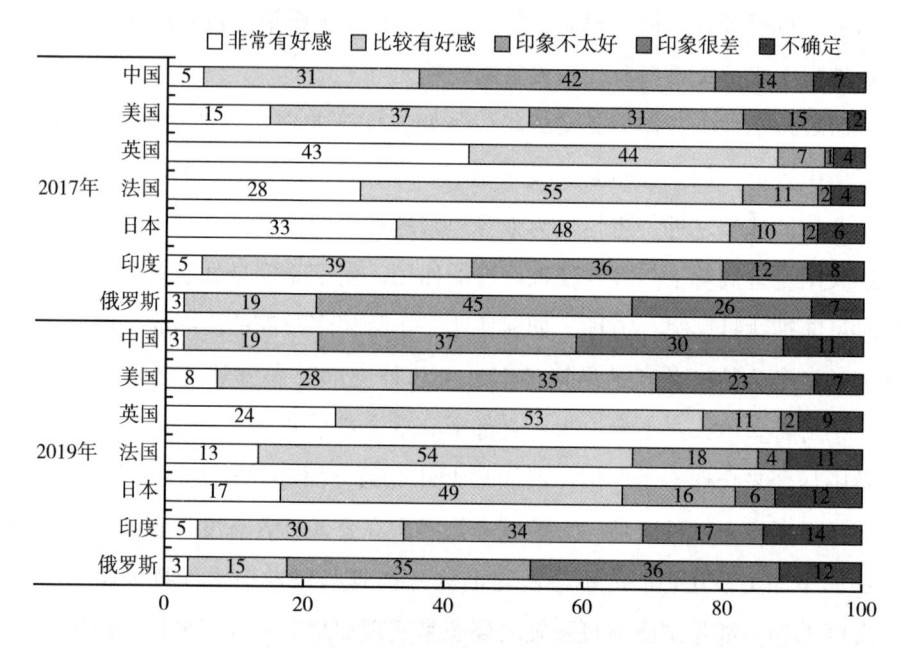

年份	国家	非常有好感	比较有好感	印象不太好	印象很差	不确定
2017年	中国	5	31	42	14	7
2017年	美国	15	37	31	15	2
2017年	英国		43	44	7	4
2017年	法国	28	55	11	2	4
2017年	日本	33	48	10	2	6
2017年	印度	5	39	36	12	8
2017年	俄罗斯	3	19	45	26	7
2019年	中国	3	19	37	30	11
2019年	美国	8	28	35	23	7
2019年	英国		24	53	11	2	9
2019年	法国	13	54	18	4	11
2019年	日本	17	49	16	6	12
2019年	印度	5	30	34	17	14
2019年	俄罗斯	3	15	35	36	12

图5 加拿大人对其他国家的好感度排名（2017年、2019年）

注：数据从左至右分别表示"非常有好感"、"比较有好感"、"印象不太好"、"印象很差"、"不确定"。

资料来源：Paul Evans and Xiaojun Li. "The Meng Factor in Canadian Views on China". The University of British Columbia School of Public Policy and Global Affairs, March 13, 2019.

B.5
2018年加拿大社会形势分析

于茗卉*

摘　要： 2018年，加拿大的社会治理在平稳中出现略微下滑迹象，面临着就业市场略饱和、中产阶层持续萎缩、老龄化严重、贫富差距扩大和其他社会不公平等挑战。对此，加拿大联邦政府继续加大对各省、地区的财力支持，并对于中产阶层、老龄人口、少数群体等提出一系列具有针对性的举措，包括增加就业机会、加强医疗福利、调整养老计划等。目前，加拿大联邦政府的社会政策，充分体现了其保护、保障和平衡三个功能。未来其社会政策的稳定发展，需要格外关注三个方面的潜在问题：财政是否持续、贫富差距扩大带来对国际援助等的负面反应以及如何合理调整税制。

关键词： 加拿大　中产阶层　贫富差距　社会结构

长期以来，加拿大以拥有较高的生活水准、较富有的社会、发达的经济体制和稳定的地方治理闻名，且在教育、政府透明度、社会自由度、生活品质等多个指标上名列世界前茅。但是，由联合国公布的《2019年世界幸福报告》[1]中指明的前十个全球幸福指数最高的国家中，加拿大排名第9，比上一年下降2名，展示了相对负面的信号。

更深层次的是，2018年的加拿大社会呈现了不稳定的就业市场、持续

---

* 于茗卉，博士，助理研究员，华南理工公共政策研究院，研究方向为国家治理、基层社会发展。
[1] UN, "World Happiness Report 2019", March 20, 2019. https://worldhappiness.report/ed/2019/.

的中产阶层萎缩、日益严重的老龄化、扩大的贫富差距和社会不公平等现象，这给加拿大联邦政府的公共治理提出了更为严峻的挑战。对此，加拿大联邦政府发布了一系列旨在巩固和强化中产阶层的财政和社会政策，并从就业、医疗、养老、居住多方面采取了积极的措施，以期保持强劲的经济可持续发展和维护长久的社会稳定。

一 加拿大社会发展现状

1. 就业市场

据加拿大官方数据，截至 2018 年 12 月，加拿大总就业人数达到 1881 万，实现了全年就业人数的持续增长，尤其是失业率在 8 月之后出现断崖式下降，整体就业形势日趋好转。但值得注意的是，当年新增就业机会的增长趋势略微放慢，表明现有就业市场开始出现饱和，而这也直接造成了 2019 年就业市场的新变化。在 2019 年前四个月，总就业人数实现了持续性的增长，但增长速度明显变缓，且在 2~3 月出现了半停滞现象，同时，第一季度出现了小规模的失业率反弹，失业率增长了 0.2 个百分点（见图 1）。

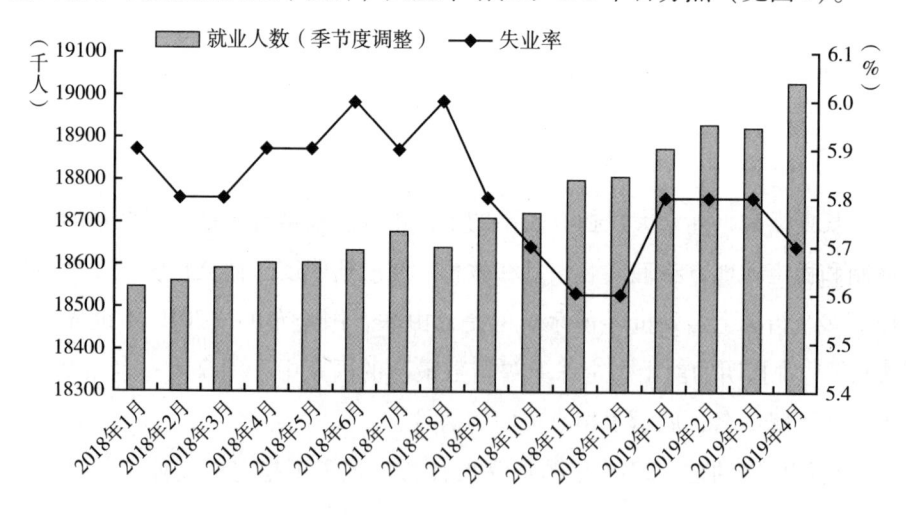

图 1　2018~2019 年加拿大就业状况

资料来源：加拿大统计部，Statistics Canada。

2. 持续性中产阶层萎缩

一个强大而繁荣的中产阶层,一直是加拿大经济发展的中流砥柱,也是其社会政策中需要重要考虑的群体,尤其是知识型中产阶层的稳步增长,意味着高素质的劳动力市场、稳定的消费推动和稳健的经济增长。同时,中产阶层一般享有较高的社会信任感和生活满意度,对政治稳定和社会治理都有着重要的作用。但近年来,加拿大劳工市场的高流动率、国家经济构成的变化、高额的教育和医疗消费等,都给中产阶层带来了前所未有的压力。

经合组织(OECD)在2019年4月发布名为《重压下:被压缩的中产阶层》[①]的研究报告,中产阶级被定义为每个国家中位数收入的75%至200%的公民,根据此定义,在该组织的36个成员国中,中产阶级的公民规模出现了持续的下降,占人口比例从20世纪80年代中期的64%下降到目前的61%。其中,加拿大的中产阶层收缩率略高于经合组织国家的平均收缩率。

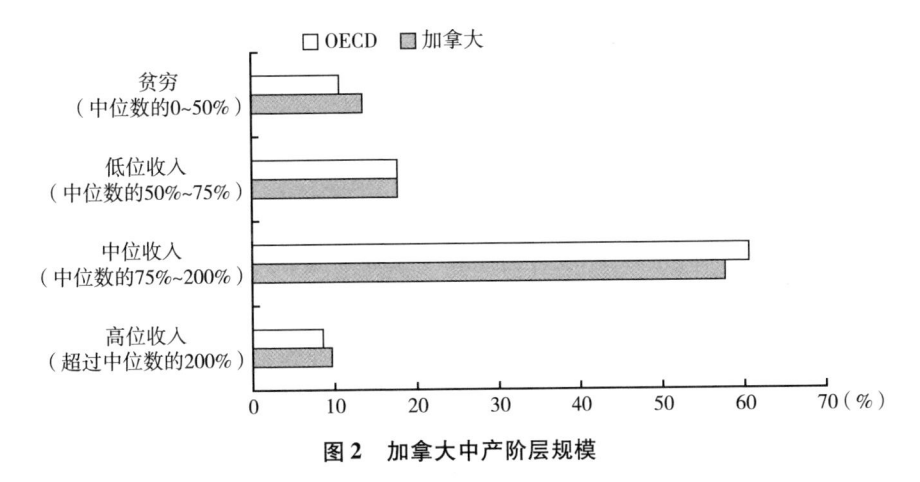

图2 加拿大中产阶层规模

资料来源:OECD:《重压下:被压缩的中产阶层》,2019。

[①] OECD (2019), *Under Pressure: The Squeezed Middle Class*, OECD Publishing, Paris. https://doi.org/10.1787/689afed1-en.

更为严重的是，由经济社会形势变化所带来的阶层固化现象突出，年青一代提升或者巩固其阶层地位的难度在提高。经合组织报告显示，与之前年代不同的是，在同样的年龄段，千禧一代达到中等收入水平的可能性明显低于婴儿潮和X一代，而这一现象在加拿大格外突出。可以预见，中产阶层的萎缩将在一定的时期内持续发生，这是加拿大未来社会政策的重点，也是难点。

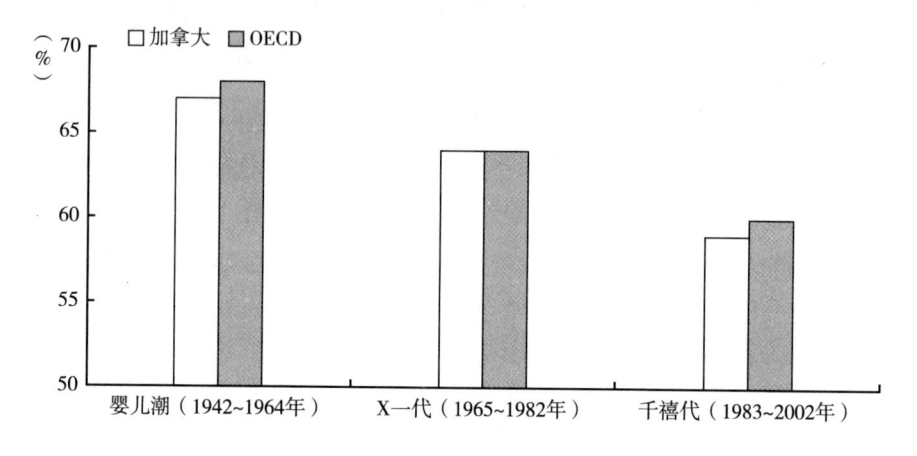

图3　加拿大中产阶层的代际区分

资料来源：OECD：《重压下：被压缩的中产阶层》，2019。

3. 老龄化严重

加拿大的人口老龄化问题日益严重。据加拿大统计数据，其65岁以上人口数量早已在2016年超过14岁以下少年儿童数量，并且这一问题不断恶化。2018年加拿大老年人口达到635.822万人，占总人口比例已经高达17.16%，并在持续增长之中，根据相关预测，加拿大老年人口占总人口比例到2061年将高达24%～28%[①]。

[①] Canada is not ready for the needs of its aging population, The HAMILTON Spectator, https://www.thespec.com/opinion-story/8397761-canada-is-not-ready-for-the-needs-of-its-aging-population/ 检索日期：2018年5月15日。

表 1　加拿大人口年龄结构

单位：人

年龄	2014 年	2015 年	2016 年	2017 年	2018 年
0～14 岁	5752008	5793833	5865824	5913180	5972733
	16.23%	16.23%	16.24%	16.18%	16.12%
15～64 岁	24143101	24186838	24322695	24491121	24727903
	68.13%	67.74%	67.36%	67.03%	66.73%
65 岁以上	5542326	5722237	5920968	6135967	6358220
	15.64%	16.03%	16.40%	16.79%	17.16%
总人口	35437435	35702908	36109487	36540268	37058856

资料来源：加拿大统计部，Statistics Canada。

4. 贫富差距和社会不平等现象突出

与就业市场不稳定和中产阶层萎缩密切相关，加拿大也正面临着日益扩大的贫富差距和随之而来的社会不平等问题。根据加拿大另类政策研究中心（The Canadian Centre for Policy Alternatives）最新报告，在 2012 年至 2016 年期间，加拿大富裕家庭的净资产增加了 37%，而中产家庭的净资产仅增加了 16%，贫富差距越来越大。经合组织的研究也显示，加拿大的收入差距增幅较大，是仅次于美国的国家。更为严重的是，这种贫富差距在不同的省份、社区当中体现得更为明显，在多伦多、蒙特利尔、温哥华和卡尔加里这四个加拿大最大的城市中，贫富两极的社区呈现爆炸式增长，低收入地区占比将近一半[1]。

经济不平等加剧、贫富差距加大等问题不仅仅是一个经济现象，而更是各国政府面临的严重的社会问题。在加拿大，由此而导致的社会碎片化现象日益突出，不同群体之间缺乏信任，也很难找到沟通点，这就引发了一系列群体冲突事件、社会治安事件等。

---

[1] Ian Hudson, Benita Cohen, "Manitoba Inequality Update, Low Income Families Left Behind", Canadian Centre for Policy Alternatives, June 6, 2018.

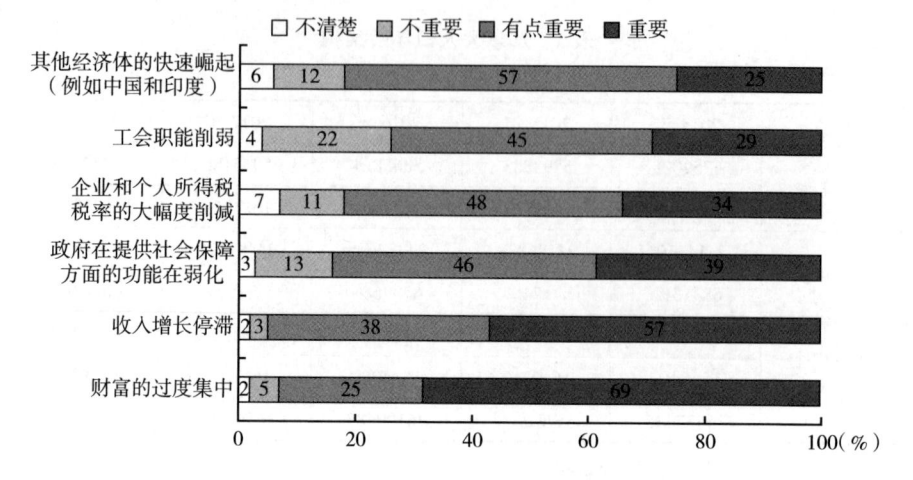

图 4 加拿大中产阶层关注点民调结果

资料来源：OECD，《重压下：被压缩的中产阶层》，2019。

二 2019年加拿大社会发展政策最新调整

加拿大的社会政策主要是通过加拿大联邦政府和各省、地区政府的共同协作进行的。2019年，联邦政府进一步加大对各省的转移支付，用以提高公共福利服务的覆盖面。最新数据显示，联邦政府对省政府的转移支付总额度为786亿加元，比2018财年增加了32亿加元，增长率4.3%，较为平稳。其中，医疗转移支付和社会转移支付等社会项目占比约为70%，而这也表明加拿大社会政策的具体着力点（见表2）。

表2 加拿大联邦政府对各省和地区的主要转移支付

单位：百万加元

项目	2016~2017年	2017~2018年	2018~2019年	2019~2020年
医疗转移支付 Canada Health Transfer	36068	37150	38584	40373
	50.84%	50.98%	51.16%	51.31%
社会转移支付 Canada Social Transfer	13348	13748	14161	14586
	18.82%	18.87%	18.78%	18.54%

续表

项目	2016~2017年	2017~2018年	2018~2019年	2019~2020年
均衡转移支付 Equalization	17880	18254	18958	19837
	25.20%	25.05%	25.14%	25.21%
离岸补偿支付 Offshore Offsets	44	36	-72	-64
	0.06%	0.05%	-0.10%	-0.08%
地区财政补偿 Territorial Formula Financing	3603	3682	3785	3948
	5.08%	5.05%	5.02%	5.02%
联邦总转移支付 Total Federal Support	70943	72870	75416	78680
人均分配 Per Capita Allocation	1959	1997	2038	2097

资料来源：Department of Finance Canada, "Federal Support to Provinces and Territories"。

鉴于加拿大目前出现的中产阶层萎缩、贫富差距日益加大、老龄化严重、就业形势略微恶化等社会发展失衡状况，加联邦政府采取了积极、稳健的社会政策进行调整，并将强化中产阶层群体和追求公平正义作为政府工作的重点。

1. 壮大中产阶级力量

自2015年开始，加拿大联邦政府旨在通过一系列积极稳健的政策调整，帮助缓解中产阶层压力，主要举措包括税收减免、稳定就业和房产优惠等。

第一，在税收调整方面。政府针对富有阶层增加1%的税收，相对应地减少中产阶层税收。据测算，在此政策调整下，单个加拿大中产阶层居民每年可以节省330加元，一对夫妇可以平均受益540加元。同时，伴随着加拿大儿童福利政策，大约有九成的加拿大家庭可以受益更多。2019年，平均每个中产家庭大约受益6800加元，用以缓解日益增长的儿童抚养压力。据加州政府测算，仅仅这两项调整，就可以使一个典型的四口之家每年增加接近2000加元的收入。

第二，在稳定就业方面。加联邦政府在资金、技术、政策方面对中产阶层的就业提供支持，以保证就业市场的稳定健康发展，具体措施包括：①在联邦政府与州政府之间签订劳动力市场发展协议，在就业保险框架下提供就业培训和就业协助等；②签订劳动力发展协议，提供囊括

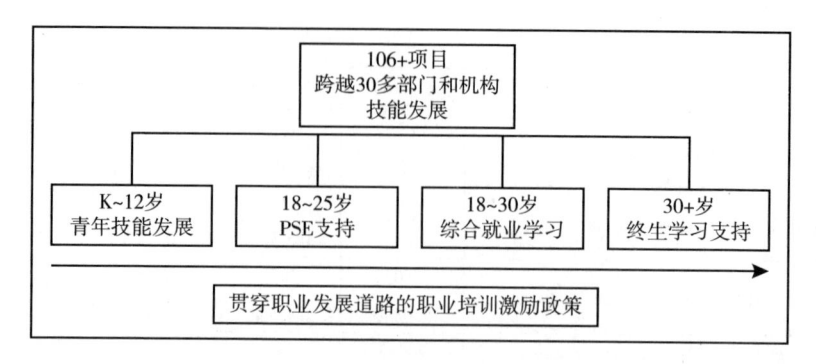

```
         ┌─────────────────────┐
         │     106+项目        │
         │ 跨越30多部门和机构  │
         │     技能发展        │
         └─────────────────────┘
    ┌────────┬──────┴──┬────────┐
┌───┴───┐┌───┴───┐┌────┴───┐┌───┴────┐
│K~12岁 ││18~25岁││18~30岁 ││30+岁   │
│青年技能││PSE支持││综合就业││终生学习│
│发展   ││       ││学习    ││支持    │
└───────┘└───────┘└────────┘└────────┘
    ────────────────────────────────▶
         ┌─────────────────────────────┐
         │贯穿职业发展道路的职业培训激励政策│
         └─────────────────────────────┘
```

图 5　加拿大政府技能发展计划

职业培训、工作经验或创业等方面一系列的就业机会；③技能培训，主要通过增加加拿大学生贷款的方式来增加兼职学生接受职业培训的机会；④潜在技能培训，主要是针对未来就业市场的变化，提供创新、高科技等相关方面的职业培训。

为了进一步鼓励民众加入培训计划，加州政府持续提高就业相关培训福利，主要包括培训奖励、就业保险培训福利和培训休假福利三个方面。此外，加拿大联邦政府持续提高工薪税收福利（Working Income Tax Benefit，WITB），以期望帮助200万加州居民进入中产阶层。加州政府从2019财年开始，预计在未来5年提供500万加元的资金支持，用以改善就业市场中的性别不平等与收入不平等现状。

第三，通过一系列的房产优惠政策来进一步缓解中产阶层日益增加的居住压力。2019年加州联邦政府主要通过三个措施来缓解中产阶层日益增加的居住压力：一是首次购房优惠（First-Time Home Buyer Incentive），加拿大Canada Mortgage and Housing Corporation（CMHC）预计于2019年9月开始通过建立专项资金，用以帮助符合规定的购房者缓解分期贷款压力（首次符合规定的购房者可以获得5%～10%购房价格的贷款减免），同时，加联邦政府允许购房者动用其注册养老退休计划资金（最高25000加元），用以缓解购房首付压力；二是房地产和租赁市场的供应，尤其是在例如多伦多等人口密集地区，加联邦政府预计在未来九年通过住房建设融资计划（Rental

Construction Financing Initiative)①增加100亿加元资金,用以增加42500处新住房建设,同时,加拿大建设部、加拿大贷款和加拿大住房部门等将联合发起计划房屋供应挑战计划(The Housing Supply Challenge),用以解决新住房建设的障碍性问题;三是增加房地产市场的公平性,进一步调整住房市场的规章制度,打击房地产市场的金融犯罪,管控房地产市场的购买行为。

2. 稳定老年人社会福利

一方面,加拿大联邦政府采用积极稳健的政策来逐步提高老年人养老金福利,对于有意愿推迟领取养老金的老年人,增加其养老金福利(有部分老年人倾向于将其领取养老金的时间从65岁推迟至70岁),同时通过立法的修订进一步完善养老金覆盖人群,至2020年预计大约有4万名70岁以上的人口被纳入养老金福利计划,预计每人每月领取退休金302加元。另一方面,加拿大联邦政府也积极鼓励有就业意愿的老年人进入劳动力市场。对此,加拿大联邦政府承诺通过立法修订,进一步调整关于收入保障金(Guaranteed Income Supplement,GIS)豁免金额部分的相关规定,重点在于增加每个收入保证金获益者最低豁免金额从3500加元提高到5000加元,同时给予有收入人群其年收入部分的部分豁免(在每年5000加元豁免额的基础之上,可以最多增加年收入10000加元50%的豁免)。该项规定重点针对有就业意愿的低收入老年人群,使其在工作的同时可以尽量避免影响退休金福利,最终提高其个人收入。根据预测,此项规定预计在未来五年内会增加大约17.6亿加元的预算成本。

加拿大联邦政府进一步承诺,将执行加拿大养老福利强化政策(CCP Enhancement),估算每人将增加约7300加元。这一政策是加拿大退休收入制度三大支柱之一(另外两个分别是老年保障计划和自愿的私人储蓄计划),它的强化将从根本上减少加拿大家庭储蓄的风险,特别是对于低收入家庭和养老金未覆盖家庭来说会有极大的帮助。图6显示,加拿大养老福利

---

① 此计划起始于2017年4月,旨在通过给开发商提供优惠的贷款利率,用以支持新租赁房屋建设。

强化政策的最新调整对所有家庭收入层的未覆盖率均有减少作用。整体来看，接近退休年龄的老年人口的未覆盖率将下降6%，其中中低收入阶层的未覆盖率下降略微明显。

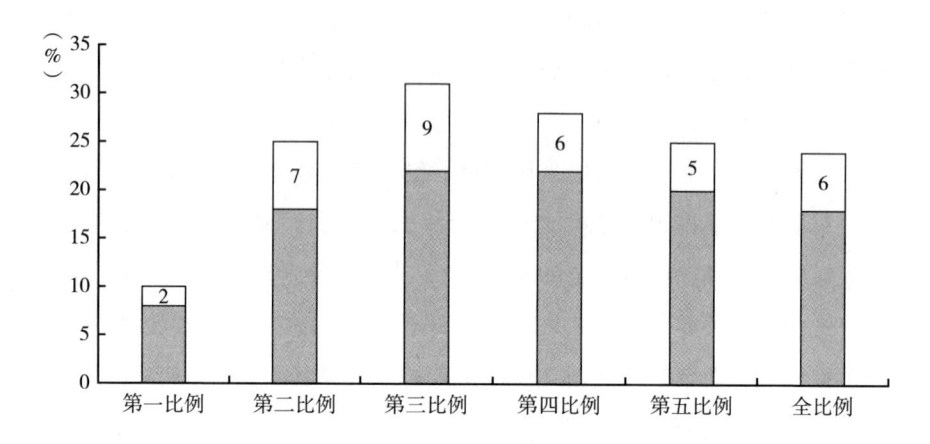

图6 加拿大养老福利强化政策未覆盖率（按收入层次划分）

资料来源：Survey of Financial Security, 2012；Department of Finance Canada calculations.

近年来，受到经济波动的影响，加拿大也出现了由公司倒闭破产而带来的养老金供给问题，增加了老年人福利风险。对此，加拿大联邦政府在2018年开始展开研究，并从工人、老年人、公司等机构获得超过4400份提案。2019年，加拿大联邦政府进一步加大对相关研究的投入，预计由国家养老中心牵头开展相关研究，3年预算15万加元，并由国家风险研究所牵头开展金融风险管理新举措的研究，10年预算125万加元。预计，加拿大联邦政府将通过一系列立法修订来推动此项问题的解决，涉及法案包括《公司债权人安排法》《破产法》《加拿大商业公司法》和《养老法案》等。

3. 从全民医保扩大到全民药保

早在2018年财政计划中，加拿大政府就宣布建立关于施行全民药保的咨询委员会，用以开启一项覆盖全体国民、单一支付的公共处方药保险计划。在过去一年中，该咨询委员会进行了广泛的磋商，主要议题是降低药物成本和扩大药保覆盖率。2019年财年，加拿大政府宣布将进一步推动该计划的执行，具体分为三个方面：①建立加拿大药品管理局以通过协调、评估和谈判等方式来持续降低药品价格，从长远来看，该计划有助于降低加拿大民众的药物成本30亿加元；②梳理出一份更为全面的国家处方药物清单，这将统一未来全国处方药物的使用和价格；③通过与各省份、地区的合作，加政府将联合建立针对罕见疾病、高成本药物的国家战略，以确保罕见疾病患者的治疗覆盖率。预计从2022财年开始，加拿大政府将对此投入20亿加元。

这一系列的政策均是为全国医药保健计划铺路，也被认为是自由党政府2019年全国大选的重要举措，然而该计划目前也存在几个方面的问题，其一是加拿大目前的财政状况是否可以承担得起该计划，这是否会进一步恶化目前的财政状况，是否会给加拿大居民带来新的税收负担，依然需要被持续关注；其二是该计划中公共药物的覆盖面，尤其是在昂贵的药物方面依然存在争议。

4. 实施公平正义的社会政策

目前，加拿大公平正义的社会政策的目标群体主要是原住居民、女性、退伍军人等相对少数群体。

第一，改善原住居民经济发展条件方面。加政府在2019年预算案中承诺，将进一步加强对于加拿大原住居民的支持和帮助，尤其是加强年轻原住民的生产和就业活动。据相关统计，今年加拿大各种原住民创业项目共获得2.459亿加元投资，包括社区机会准备项目、原住民创业项目、梅蒂斯资本公司、原住民增长基金。其中，①社区机会准备项目在未来5年将获得拨款7890加元，每年约为1580加元，主要用以帮助第一民族（First Nations）和因纽特人制定商业计划，提供资金，并成立由原住民领导的创业公司；②2019年预算案通过社会金融基金（Social Finance Fund）和加拿大商业发展银行联合为原住民增长基金（Indigenous Growth Fund）拨款1亿美元。该基金主要是政府通过向加拿大59个土著金融机构提供资金，再由这些机构为土著企业家提供资金；③梅蒂斯资本公司（Métis Capital Corporations）为专门支持梅蒂斯人而成立和发展的中小型企业，在未来5年（始于2019～20财年）它将获得5000万加元投资；④原住民创业项目在未来3年（始于

2020~2021财年）将获得1700万加元投资；⑤政府通过Futurpreneur组织①，将300万加元专门用于支持年轻的原住民（印第安人、因纽特人以及梅蒂斯人）企业家。

在公共服务方面，加拿大政府也提出了一系列具有针对性的措施：①为确保第一民族儿童的社会需求，加拿大政府承诺在未来3年提供12亿加元以持续保障社会服务供给；②受到偏远的地理位置和有限的文化服务设施的限制，因纽特儿童在医疗、教育等社会服务上面临着严重的挑战。2018年9月，加拿大政府承诺与因纽特相关组织一起，在未来5年内投资2.2亿加元，旨在提供更具有特色的、更高效的公共服务；③保护、宣传和逐步恢复具有特色的原住民语言和文化。

第二，在男女平等方面。在2018年预算案中，加拿大联邦政府承诺的制定薪酬公平法Bill C-86-已于2018年12月通过，并承诺通过各种项目资助女企业家3.65亿加元资金，包括各种区域发展机构、国际贸易商业女性项目、加拿大出口发展局和加拿大商业发展银行（BDC）的科技女性基金。2019年，加拿大联邦政府明确将采取更多措施以进一步促进性别平等，例如在未来5年内投入300万加元用于薪资透明措施，减少联邦雇员以及联邦管理机构员工的工资差异，以促使120万名员工的男女薪酬更加平等。

第三，在退伍军人福利方面，一直以来，加拿大的退伍军人都是加拿大社会价值的体现——公平、民主和人权，而如何保障退伍军人及其家庭获得相应的社会服务正是加拿大联邦政府的重要责任。针对之前在退伍军人福利方面的三个问题：一是等候政府通知的时间长，二是不同退伍军人群体所获得的待遇不一致，三是缺乏透明度和沟通②，加拿大联邦政府承诺要进一步改善退伍军人事务部的社会服务。政府承诺将从2019年4月1

---

① Futurpreneur总部位于多伦多，是一个全国性非营利组织，为18至39岁的青少年提供商业资源、创业资金和指导，帮助他们成功创办和发展公司。
② 《加拿大政府对退伍军人的待遇受抨击》，加拿大国际广播，http://www.rcinet.ca/zh/2018/09/12/152491/。

日起，提供奖金35亿加元给加拿大退伍军人，用于帮助其教育、就业和身心健康恢复。

5. 全球人才计划(Global Talent Stream)

全球人才流①最初是加拿大联邦政府推行的加拿大临时外国劳工计划，本身旨在为具备条件的加拿大雇主在雇佣信息技术、科学技术、工程和数学（STEM）等领域的外籍工人提供快速的工作签证服务②。自此试点执行起，加拿大雇主曾承诺，为加拿大和永久居民设立超过4万个新工作机会，设立超过1万个合作机构，并且投入9000万加元以用于提高员工的技能。在该试点取得阶段性进展之后，2019年，加拿大联邦预算正式公布将此项计划变为永久性试点，并承诺从2019财年开始，在未来五年内投入3520万加元用于支持全球人才流计划。

从短期来看，通过全球人才流来招聘技术工人的雇主必须与加拿大就业和社会发展部（ESDC）合作制定劳动力市场福利计划，并承担包括但不限于创造就业机会，技能和培训投资，向加拿大公民和永久居民转移知识，为当地学生创建有偿合作社或实习计划，或改善公司业绩等一系列的福利活动。该计划可以缓解加拿大目前面临的劳动力和人才市场短缺的现象，但随之而来的失业保险、养老保险等在内的一揽子福利政策会极大增加加拿大目前的社会福利成本，也为加拿大财政增加了新的风险。从社会发展来看，全球人才意味着来自不同地区的移民浪潮，这也在如何兼顾多元文化发展、民族融合和社会稳定等方面给加拿大政府提出了更为严峻的考验。

---

① 全球人才流有两类。1、A类：能够证明需要从国外招聘独特专业人才的高增长公司属于A类。此类别的雇主必须由指定的推荐合作伙伴转介给全球人才流。2、B类，适用于希望聘用某些高技能外国工人从事全球人才职业清单中的职业的雇主，这些职业已被确定为需求且国内劳动力供应不足。
② 该计划的具体执行是由雇主提交促进劳动力市场影响评估（LMIA），通过该评估发现没有加拿大工人可以完成这项工作，即可以将工作签证的申请时间缩短为10个工作日，以帮助雇主快速获得关键的高技能劳动力。

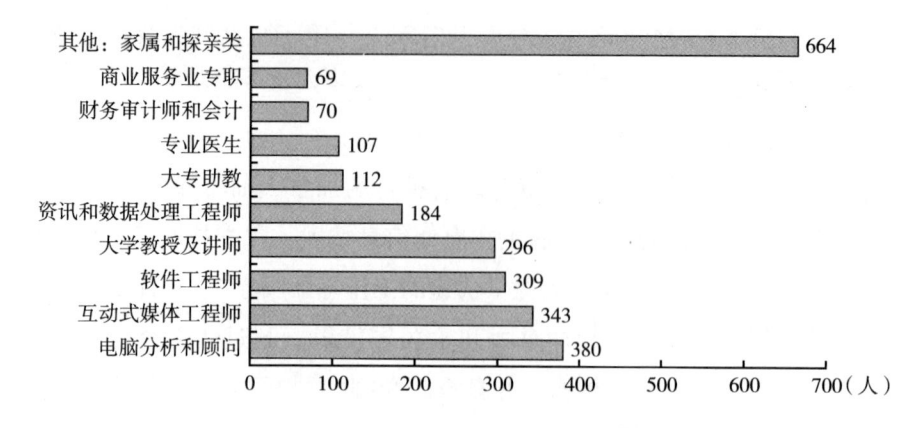

```
其他：家属和探亲类                                         664
商业服务业专职    69
财务审计师和会计   70
专业医生        107
大专助教        112
资讯和数据处理工程师  184
大学教授及讲师       296
软件工程师         309
互动式媒体工程师     343
电脑分析和顾问      380
         0   100  200  300  400  500  600  700（人）
```

图7 加拿大全球人才计划前10大职业类别统计

资料来源：Global Skills Strategy，IRCC，2017。
Immigration, Refugees and Citizenship Canada（2017），Global Skills Strategy 6 - month update.

三 加拿大社会形势的未来关注点

加拿大联邦政府的社会政策，充分体现了保护、保障和平衡三个方面：一是针对有困难的或者由于某些原因而不能自力更生或者无法获得家庭支持的人，例如残疾人，对其基本生活提供保护和帮助的政策；二是针对有风险的而又不可避免或者防备措施不足的个人，例如疾病、失业等，对其提供社会保障的政策；三是基于经济和社会持续有效发展和人文社会关怀等原因，对参与社会建设和发展的全体成员提供教育、医疗等社会公共服务的政策，与此同时也侧重平衡不同性别、不同阶层的收入差异。

中产阶层萎缩、贫富差距日益扩大等社会现象，是包含加拿大在内大多数国家所共同面临的挑战。对此，加拿大政府的社会政策一直在不遗余力地通过增加就业机会、加强医疗、教育等社会福利、调整养老计划等积极的举措来捍卫中产阶层。然而，未来加拿大社会依然不可避免地面临诸多挑战。

第一，对加拿大未来社会政策来说，财政是否可持续是其中最具有长久影响力的一个因素。目前加拿大社会政策是由各级政府共同支撑的高覆盖率和高支出额度的社会保障体系，正处于只增不减的状态，从长远来看，如何维持稳定的经济增长，缓解高额福利支出带来的财政压力也是加拿大社会福利的重点考虑因素。从目前的财政状况来看，本财年年度赤字为198亿加元，高于预期，这显示自由党政府已放弃了2015年竞选中提出的到2019年恢复预算平衡的承诺，这将影响加拿大选民密切关注的社会福利状况。例如，加拿大党政政府曾承诺在未来10年内投入70亿加元用于解决房屋可负担问题，即年均7亿加元用以建设廉租房。该承诺当时为新民主党当选赢得不少选票，但就2019财年来看，全年财政收入根本无法满足该项计划。

第二，对加拿大未来社会稳定状况来说，要关注由贫富差距扩大问题所带来的一系列社会问题。一是短期来看，贫富差距日益恶化，尤其是儿童贫困率屡创新高，而联邦政府在赤字经济的情况下，仍然动用高额资金进行国际援助，例如2017年3月，联邦政府承诺6.5亿加元用于支持全球声誉健康服务、性教育等相关计划，且在当年7月又承诺2.41亿加元用于援助19个发展中国家计划生育和生殖健康项目。2018年特鲁多联邦政府在接受难民问题上又出现较为宽容的态度，对此，加拿大民众迫切要求政府关注国内社会问题。二是从长远来看，快速拉大的收入差距、滞后的收入增长所带来的代际差异日益增大，加之目前持续增长的房屋价格，这均造成了在加拿大年青一代中出现的不满情绪和对未来的悲观情绪，如何增加年青一代的社会参与感、增加其新的工作机会、提供住得起的居住环境和更具有安全感的医疗、养老保障等都是未来加拿大社会政策的调整重点。

第三，如何缩小贫富差距的根本性举措缺乏。加拿大是G7集团当中唯一不对富人家庭征收遗产税和赠予税的国家，且对资本收益、股息征收等税款要远远低于个人所得税，而这些都成为富人合理避税的重要方式，这也在一定程度上加剧了财富分配不均的现象。虽然学界与舆论界普遍认为，加拿大目前将面临一个更为合理的、公平的税收机制调整的迫切性，但从短期来看，此税收机制是否能够实现，且其效用如何，依然是未知的。

专题报告

Special Reports

B.6
2018年加拿大移民政策分析

贾葆蘅（Bobbie Jia）*

摘　要： 本文在《2018年加拿大移民年度报告》和2016年加拿大人口普查报告基础上，分析了2018年移民政策的新动向。介绍了2018年加拿大各省提名计划的侧重点，列举了该年各省在移民政策方面的调整。从人口、政治、经济、社会、文化等角度，分析了影响联邦和省政府移民政策变化的原因，并对未来移民政策进行预测。

关键词： 加拿大　移民政策　企业家移民

2018年，特鲁多总理（Justin Trudeau）领导的加拿大联邦自由党政府所实

---

* 贾葆蘅，广东外语外贸大学加拿大研究中心，兼职研究员，研究方向为加拿大华侨华人历史。

施的移民政策，依然是增加技术移民名额，欢迎留学生移民，缩短团聚移民审理时间等。不过联邦、省及各地区政府在考虑增加移民数目、推出新的移民政策的同时，也思索如何吸收符合需要的移民。例如联邦政府一再提高投资移民所需申请条件，增加资金，促使难民审批速度加快以选出符合条件的难民。又例如鉴于近几年移民作假事件时有发生，取消或永久关闭一些省提名企业家项目。

然而总体而言，由于特鲁多政府推行开放的移民政策，2018年移民申请人依然容易进入加拿大。下面本文就2018年移民人数变化和移民政策的变动进行阐述，并对未来移民政策趋势做出一些预测。

一 2018年移民政策

加拿大是个主要由移民构成的年轻国家，移民促进了加拿大人口增加。根据2018年9月20日加拿大统计局（Statistics Canada）发出的估计资讯，截至2018年7月1日加拿大人口为37,058,856人，比2017年7月1日增加518,588人。统计局表示加拿大最近的人口增长率是G7国家中最高的。它是美国增长率的两倍（+0.7%），超过了英国（+0.6%）、法国（+0.3%）和德国（+0.3%）的增长率。[①]

与G7中其他国家相比，加拿大的人口增长主要来自国际移民。2017~2018年的人口年增长率为1.4%，是自1989~1990年增长率1.5%之后的最高值。目前加拿大仍然处于从接收移民中得到人口红利阶段，因此2018年联邦政府决定接收移民人数为310000人，而2019年为333800人，2020年则为341000人。[②]

[①] Statistics Canada: Canada's population estimates: Total population, July 1, 2018, https://www150.statcan.gc.ca/n1/daily-quotidien/180927/dq180927c-eng.htm, 检索时间: 2019年2月4日。

[②] Government of Canada, Notice - Supplementary Information 2018-2020 Immigration Levels Plan, https://www.canada.ca/en/immigration-refugees-citizenship/news/notices/supplementary-immigration-levels-2018.html, 检索时间: 2019年2月5日; Government of Canada: Notice-Supplementary Information 2019-2021 Immigration Levels Plan, https://www.canada.ca/en/immigration-refugees-citizenship/news/notices/supplementary-immigration-levels-2019.html, 检索时间: 2019年2月5日; Statistics Canada: Canada's population estimates: Total population, July 1, 2018, https://www150.statcan.gc.ca/n1/daily-quotidien/180927/dq180927c-eng.htm, 检索时间: 2019年2月4日。

（一）各类移民配额人数

2017年11月1日，加拿大联邦政府移民、难民及公民部（Immigration, Refugees and Citizenship Canada，简称IRCC）宣布，在2018年接收的新移民中，以经济类移民配额为主，约占57.26%（见表1）。

表1 2018年移民加拿大配额计划

单位：人

移民类别	移民项目	最少配额	最多配额	目标配额
经济类	联邦高技术类移民[1]（Federal High Skilled）	72700	78200	74900
	大西洋移民试点计划（Atlantic Immigration Pilot Program）	500	2000	1000
	联邦护理类移民[2]（Caregivers）	15000	20000	17000
	联邦商业类移民[3]（Federal Business）	500	1000	500
	省提名项目（Provincial Nominee Program）	53000	57400	55000
	魁北克省技术和商业移民（Quebec Skilled Workers and Business）	27900	29900	28900
	经济类移民总数	169600	188500	177500
	经济类移民所占比例	58.48%	57.12%	57.26%
家庭类	配偶、伴侣和子女移民（Spouses, Partners, and Children）	64000	68000	66000
	父母和祖父母移民（Parents and Grandparents）	17000	21000	20000
	家庭类移民总数	81000	89000	86000
	家庭类移民所占比例	27.93%	26.97%	27.74%
难民和庇护类	保护人员和海外被抚养人（Protected Persons in Dependents Abroad）	13500	17000	16000
	安置难民-政府协助	6000	8000	7500
	海外签证办公室推荐难民（Resettled Refugees - Blended Visa Office Referred）	1000	3000	1500
	重新安置的难民-私人赞助（Resettled Refugees - Privately Sponsored）	16000	20000	18000
	难民和庇护类移民总数	36500	48000	43000
	难民和庇护类所占比例	12.59%	14.55%	13.87%

续表

移民类别	移民项目	最少配额	最多配额	目标配额
人道主义和同情类	人道主义和其他移民（Humanitarian and Other）	2900	4500	3500
	人道主义及其所占比例	1%	1.36%	1.12%
	总数（Overall Planned Permanent Admissions）	290000	330000	310000

注：1. 包括联邦技术人员类（Federal Skilled Worker Program）、联邦行业熟练工（Federal Skilled Trades Program）和本人具备加拿大经验类（Canadian Experience Class）；
2. 包括幼儿看护类（Caring for Children Class）和特别医疗护理类（the Caring for People with High Medical Needs Class）；
3. 目前有两个联邦计划仍在接受新申请：自2013年开始试行的企业家移民在加拿大创业签证计划（the Start-Up Visa Program），和旨在吸收富有经验和能力并对加拿大能做出重大贡献一类人的自雇移民计划（Self-Employed Program）。

资料来源：Government of Canada：Notice – Supplementary Information 2018 – 2020 Immigration Levels Plan，https：//www.canada.ca/en/immigration – refugees – citizenship/news/notices/supplementary – immigration – levels – 2018.html，检索时间：2019年1月5日。

根据上表得知，2018年经济类目标移民人数，比2017年的172500目标人数增长了2.9%。家庭类目标移民人数比2017年的84000目标人数增长了2.4%。难民和庇护类移民人数比2017年的40000目标人数增加了7.5%。人道主义和同情类目标人数，与2017年的3500目标人数一样。[①]由此可见，政策上增加的份额是向难民和庇护类倾斜的。

（二）移民政策新措施和内容

2018年联邦政府推出新的移民政策并不多，变动较大的是省提名计划。不过这一年联邦政府在关注经济发展和社会舆论等方面，也加紧与各省政府甚至企业之间合作。为此移民政策在经济类、家庭团聚类以及难民和人道主义类方面，同往年相比还是有一些针对性变动。

---

① Government of Canada，Supplementary Information 2017 Immigration Levels Plan，https：//www.canada.ca/en/immigration – refugees – citizenship/news/notices/notice – supplementary – information – 2017 – immigration – levels – plan.html，检索时间：2019年2月5日。

1. 经济类

在经济类中，增加了高技术类移民和省提名的配额。例如与2017年省提名为51000人相比，2018年增加为55000人，增加了7.8%。[①]削减了联邦护理类移民。2017年联邦护理类移民为18000人，2018年则为17000人，减少5.6%。2018年加拿大联邦政府注重吸引更多有技术和经验的年轻移民与留学生，让急需人才更快捷地进入加拿大。

（1）2018年经济类移民除了总体数目增加外，联邦政府基本政策的微调见下表。

表2　2018年经济类移民新措施

新措施	内容	原因
缩短申请人递交时间	IRCC在2018年6月26日发出规定，即日起通过"快速移民通道（Express Entry，简称EE）"申请移民的候选人，被成功邀请后，递交准备时间由原来90天重新缩短为最开始设计的60天	IRCC此举，是希望让EE系统快速转起来
一些项目视申请人数的变化而变更审理周期	例如今年初，联邦自雇移民的周期还是52个月，到7月份审理周期变成24个月	因为申请人数不多，联邦政府处理时间相应缩短
创业签证（the Start-up Visa）成为永久性计划	2013年4月，创业签证作为一项为期五年的试点项目启动。这些企业家得到了指定的加拿大企业孵化器：天使投资集团（Angel investor group）或风险投资基金（Venture capital fund）的支持。该试点计划于2018年3月31日成为永久性计划	加拿大政府希望企业家参与该项目，促进经济发展
联邦护理类移民配额将逐年减少	2018年联邦护理类移民目标配额比2017年减少5.6%。2019年和2020年目标配额分别为14000人和5000人	收紧外籍护理类移民政策，很大程度上是外籍护理人员逐年增加，且这些人才本可循环使用。但实际情况是很多护理类移民得到身份后就转行

[①] https：//www.canada.ca/en/immigration-refugees-citizenship/news/2016/11/express-entry-improvements-fall-2016.html，检索时间：2019年2月5日。

续表

资料来源：Government of Canada：Canada Gazette，Part Ⅰ，Volume 152，Number 26；GOVERNMENT NOTICES，http：//www.gazette.gc.ca/rp-pr/p1/2018/2018-06-30/html/notice-avis-eng.html；Government of Canada ：https：//www.canada.ca/en/immigration-refugees-citizenship/news/2016/11/express-entry-improvements-fall-2016.html，检索时间：2019年2月5日；Why did processing times information change? http：//www.cic.gc.ca/english/helpcentre/answer.asp? qnum=1185&amp；top=3；Why do some application processing times change and others do not? http：//www.cic.gc.ca/english/helpcentre/answer.asp? qnum=032&top=3，检索时间：2019年2月17日；Government of Canada：2018 Annual Report to Parliament on Immigration，https：//www.canada.ca/en/immigration-refugees-citizenship/corporate/publications-manuals/annual-report-parliament-immigration-2018/report.html，检索时间：2019年2月12日；Government of Canada：Notice-Supplementary Information 2019-2021 Immigration Levels Plan，https：//www.canada.ca/en/immigration-refugees-citizenship/news/notices/supplementary-immigration-levels-2019.html，检索时间：2019年2月5日。

（2）魁北克省移民计划更加严格

自1971年魁北克省与联邦政府签署移民接收协议后，又数次续签。[①]根据协议，魁北克省拥有关于制定移民具体人数、移民挑选、接收和安置的权利与义务（家庭类和加拿大境内的难民申请人除外）。

2018年魁省推出的移民新政策以及所邀请申请人的范围，主要根据该省不同地区的劳动力市场需求来决定（见表3）。

表3　2018年魁省移民新政策

时间	新措施内容	原因
2018年8月6日	魁北克移民、多元化和包容厅（the Ministère de l'Immigration, de la Diversité et de l'Inclusion）关于移民申请和处理的新规则正式生效。根据新条例，9月18日上午8点（蒙特利尔时间），魁省正式结束原来"先到先得"申请的原则	"先到先得"即先申请先受理，但增加了后续的审核时间。因此魁省决定改革技术移民甄选制度，只有符合魁北克需求的申请人才会接到邀请。这一方式也缩短对技术移民的处理时间

---

① Cullen-Couture Agreement：The Canada-Quebec Accord，1991；Canada-Quebec Accord Relating To Immigration And Temporary Admission Of Aliens，Government du Québec Ministère des Relations avec les citoyens et de l'Immigration，2000，P.1-2.

续表

时间	新措施内容	原因
2018年8月15日至2019年3月31日	魁省投资者最多名额为1900名,企业家为60名。自雇移民最多为50名。2018年9月17日至2019年2月1日,海外难民最多为750名	投资者、企业家类和自雇类申请人可以通过提交Ministére认可的测试结果证明他们具有中级法语水平,不受最多名额限制,并且可以随时提交申请。这说明语言技能成为关键要素
2018年9月10日至2019年3月28日	魁省移民投资计划(Quebec Immigrant Investor Program,QIIP)递交申请时间。全球配额总数为1900名,中国申请人获得的配额为1235名。2018年配额总数从2017年的75%降至2018年的65%。魁省投资移民项目在2017年5月29日至2018年2月23日期间,接收1900个新申请,中国地区(含港澳)不得超过1330个。2018年9月10日起,QIIP的候选人必须满足200万加元净资产和投资120万加元。之前的要求是净资产为160万加元,投资为80万加元	魁省在选拔申请者方面更为严格

资料来源：Gouvernement du Québec：Launch of the platform Arrima, http：//www. immigration – quebec. gouv. qc. ca/en/informations/news/news – 2018/arrima – launch. html，检索时间：2019年2月5日；Gouvernement du Québec：New Immigration Application Intake Rules for 2018, http：//www. immigration – quebec. gouv. qc. ca/en/informations/news/news – 2018/new – rules – reception2018. html；Gouvernement du Québec：New Immigration Application Intake Rules for 2018, http：//www. immigration – quebec. gouv. qc. ca/en/informations/news/news – 2018/new – rules – reception2018. html；Gouvernement du Québec website：New immigration application intake rules for 2017 – 2018，http：//www. immigration – quebec. gouv. qc. ca/en/informations/news/news – 2017/intake – rules – 1718. html，检索时间：2019年2月5日；Gouvernement du Québec website：Programme des investisseurs，http：//www. immigration – quebec. gouv. qc. ca/fr/immigrer – installer/gens – affaires/demande – immigration/trois – programmes/investisseurs/index. html，检索时间：2019年2月31日。

2018年10月魁北克省选中自由党下台,由魁北克未来联盟党(Coalition Avenir Quebec)组建多数政府。2018年10月4日,魁北克省移民、多元化和包容厅厅长西蒙·乔林－巴雷特（Simon Jolin-Barrette）在国民议会上提出,魁北克省每年新入境人数将减少10000多人。特鲁多总理为此表示不满,指出现在不是减少移民的最佳时机。但是乔林－巴雷特说,这是为了帮助新移民更好地融入社会，提高法语能力并找到工作。魁北克省省长弗朗索瓦·勒格（François Legault）则指出："因为找不到一份体面的工作，每5个新移民中就有一人离开魁省。所以，以为仅凭移民可以解决魁省的劳动力短缺，是一种短视。"①不过魁省也表示，削减移民指标是暂时性的。

根据魁北克省移民、多元化和包容厅2019年移民计划，经济类移民从2018年最多31200人，减少到2019年的24300人。联邦控制的家庭团聚移民从2018年最多11700人，减少到2019年9400人。由联邦控制的难民将从2018年的9400人，减少到2019年的7500人。②魁省削减企业移民和一些申请者造假有关。③魁省政府轮替后，对申请者要求大为提高，新政府认为现有的申请条件太过宽松，投资项目必须改革。

（3）省提名计划

为了发展经济，满足加拿大各省及各地区变化的劳动力市场需求，各省或各地区每年都推出新政策，但2018年加拿大省提名计划有较大变化，例如爱德华王子岛省关闭了企业家移民项目，新不伦瑞克省暂停企业家移民项目，而卑诗省（British Columbia）则推出投资移民试点新项目。

① 阿尔伯塔（Alberta）省推出新的省提名计划

2018年1月，阿尔伯塔省（以下简称阿省）正式启动新的"快速移民通道"（Alberta Express Entry）移民计划。④该省通过"阿尔伯塔省移民提

---

① Philip Authier: Quebec confirms plan to reduce immigration by about 20%: Montreal Gazette December 4, 2018.

② Le nombre de personnes admises au Québec: Plan D'Immigration Du Quebec pour l'année 2019, P. 8.

③ Frédéric Zalac, Francis Plourde: Rich investors granted Canadian residency despite suspicions of fake documents and dubious assets, Canadian Broadcasting Corporation, September 20, 2018: 加拿大广播电台（Canadian Broadcasting Corporation）有报道指出魁省的投资移民项目有很多"黑幕"。魁省许多现任和前任公务员在不愿透露姓名的情况下与加拿大广播电台调查记者进行了交谈，讲述大约50%的申请材料有疑点：东拼西凑的经历、假文件和瞒报资产。移民官被上司要求不要过于刨根问底。魁省的投资移民项目，大部分申请者来自中国。一些中国申请者资料造假，只拿魁省作为跳板，拿到身份即迁移其他省份。

④ Alberta to Launch Express Entry Immigration Stream: Canada Immigration Newsletter, October 20, 2017.

名计划"（Alberta Immigrant Nominee Program，简称 AINP），选出符合资格的提名人，并得到加速审批的机会。省"快速移民通道"也可以从联邦政府"快速移民通道"中挑选合适的人选。

2018 年 6 月 14 日，阿省原有的雇主移民项目（Employer-Driven）、战略招聘类毕业生项目（Strategic Recruitment），被新的省机遇项目（Alberta Opportunity Stream）取代。① 2018 年 11 月 1 日阿省政府与联邦政府合作，对申请加入省机遇项目人员的要求做出 2 项修改。第一，在 2018 年 6 月 14 日之后的任何时间根据省机遇项目提交的申请，取消了收入门槛要求，但仍将检查候选人是否获得省级最低工资，以及他们是否按照其劳动力市场影响评估或符合省内该职业最低工资。第二，调整语言要求。在从事国家职业分类（NOC）C 和 D 类工作之人，申请移民加拿大语言基准（Canadian Language Benchmark）分数为 4 分，并且以后不会增加语言要求。在国家职业分类 0、A 和 B 工作之人，可以申请加拿大语基准分数为 4 分，直到 2020 年 1 月 1 日。②

阿省留学生要想申请移民，具有工作许可持有者须持有劳工市场影响评估（Labour Market Impact Assessment，简称 LMIA）的豁免，另外必须具有符合阿省公立和私立高等教育机构颁发的阿省高等教育毕业认证证书。如申请者是在 2018 年 10 月 1 日之前被录取或注册，需提供阿省高等教育认证证书或毕业证书（学制至少一年）、文凭（学制至少两年）、本科学士学位、研究生学位和博士学位。如申请者是在 2018 年 10 月 1 日之后被录取或注册的，持有的高等教育证书必须是阿省机会类别清单当中的高等教育机构授予的。申请人当前的职业必须与在阿省所学专业相关。如申请者是在 2018 年 10 月 1 日之后被录取或注册的，并且所学课程为一年制的研究生课程，要求当前的职业必须与之前在加拿大境外学习的本科及研究生专业相关。如果申请人是毕业生工作许可持有人，需满足过去 18 个月中至少具备 6 个月当

---

① Alberta Immigrant Nominee Program, Government of Alberta, Published: November 2018.
② Government of Alberta web site: Services and information, https://www.alberta.ca/ainp.aspx, 检索时间：2019 年 2 月 11 日。

前职业全职阿省境内工作经验。①

②马尼托巴省（Manitoba）新的移民项目

2018年1月，马尼托巴省首次参与提名后联邦快速通道加分。②这一年，马尼托巴省提名移民项目分为四个类别：国际学生类别（International Education Stream，IES）、商业投资类别（Business Investor Stream BIS）、马尼托巴省留学生与技工类别（Skilled Worker in Manitoba Stream，SWM）、海外技工类别（Skilled Worker Overseas Stream，SWO）。

马尼托巴省移民局于2017年11月15日公布BIS（Business Investor Stream）商业投资者类别，新的BIS类别包括两类：企业类别（Entrepreneur Pathway）和农场投资（Farm Investment Pathway）类别。与以前对比，马尼托巴省企业家移民类别的变化较大，取消了10万加元投资押金，但资产要求提升为50万加元以上（由第三方审计）。旧政策是35万加元以上。语言要求提高，CLB5以上。先申请工作签证，登陆后开始投资，符合要求后才能申请移民。③新政策于2018年5月18日正式实行。④新政策主要吸引25～49岁年龄段人群来投资，需要真实投资。

IES在2018年11月生效，而SWM和SWO在2019年2月生效。⑤

IES提名途径有三种（见表4）。

---

① Alberta Immigrant Nominee Program, Government of Alberta, Published: November 2018; Government of Alberta web site: Alberta Opportunity Stream, https://www.alberta.ca/ainp-selection-criteria.aspx，检索时间：2019年2月11日。

② Manitoba web site: MPNP Renewal, https://www.immigratemanitoba.com/immigrate-to-manitoba/mpnp-renewal/renewed-swo/，检索时间：2019年2月11日。

③ http://www.immigratemanitoba.com/immigrate-to-manitoba/mpnp-for-business/; https://www.bellissimolawgroup.com/2017/11/new-streams-and-pathways-for-manitoba-provincial-nominee-program.html/，检索时间：2019年1月12日。

④ Manitoba web site: MPNP Renewal, https://webcache.googleusercontent.com/search?q=cache:zV8-TMJLTJYJ:https://www.immigratemanitoba.com/immigrate-to-manitoba/mpnp-renewal/+&cd=2&hl=en&ct=clnk&gl=ca，检索时间：2019年1月30日。

⑤ Manitoba web site: MPNP Renewal, https://webcache.googleusercontent.com/search?q=cache:zV8-TMJLTJYJ:https://www.immigratemanitoba.com/immigrate-to-manitoba/mpnp-renewal/+&cd=2&hl=en&ct=clnk&gl=ca，检索时间：2019年1月12日。

表 4　IES 提名途径

名称	资格要求
职业就业途径（Career Employment Pathway）	过去 3 年内从该省指定的大专院校毕业（至少一年两个学期，全日制课程）。官方语言能力最低 CLB（Canadian Language Benchmark）/ NCLC（Niveaux de compétence linguistique canadiens）7（或同等学历）。在马尼托巴省就业，拥有当前合法雇主的全职工作聘书，持有至少一年的工作合同，并且从事的工作必须是在省公布的需求职业列表中列出而且与本人已完成的培训内容相符
毕业实习生途径（Graduate Internship Pathway）	在过去 3 年内完成了该省的硕士或博士学位课程，官方语言能力最低 CLB / NCLC 7（或同等学历），在省内符合资格的行业及研究企业里已完成加拿大 Mitacs 机构的"提升"和"加速"实习培训。申请时对工作聘书无要求
国际学生企业家试点（International Student Entrepreneur Pilot）	申请时需提交企业计划。获得省提名前 6 个月内必须持有合法的临时工作签证并且根据业务绩效协议（Business Performance Agreement，BPA）中的要求作为一个高级管理者从事企业每日的经营管理。企业资产至少在 51% 以上； 年龄 21～35 岁。官方语言能力至少 CLB / NCLC 7。学历方面要求在省已完成至少两年的专上学院的课程（远程教育和短期强化课程不符合要求）。加拿大境外的研究和/或工作/业务经验将被视为有益，但不是资格要求； 另外，申请时必须持有无限期工作签证或专上学院毕业生工作签证。毕业后一直在该省居住，并证明省提名后有在该省居住的意愿

资料来源：Manitoba web site：International Education Stream，https：//www.immigratemanitoba.com/immigrate–to–manitoba/international–education/#1；Mitacs web site：https：//www.mitacs.ca/en/programs/elevate#student and https：//www.mitacs.ca/en/programs/accelerate；检索时间：2019 年 1 月 13 日。

③萨斯喀彻温（Saskatchewan）省提名申请制度改革

2018 年 7 月 16 日之后，萨斯喀彻温省紧缺职业外国技术工人（International Skilled Worker Occupations In-Demand）和萨省 EE 外国技术工人（International Skilled Worker Express Entry）两个类别的申请实行 EOI（Express of Interest）制度，不再抢名额先到先得。所谓 EOI，即越来越多省份推出自己的在线申请和在线筛选系统，是省政府为了筛选适合自己省份的申请人而开发使用的评分、筛选和邀请系统。EOI 筛选系统将基于申请人在萨省省提名分数进行从高到低排序。同等分数的情况下，萨省会按照申请人与萨省的联系、工作经验、语言分数等标准，进一步对申请人进行排名。①

④纽芬兰和拉布拉多（Newfoundland and Labrador）省推出全新企业家移民项目

2018年7月30日，纽芬兰和拉布拉多省政府宣布在省提名计划（NLPNP）下引入两个新类别：国际毕业生企业家项目（International Graduate Entrepreneur Category，IGEC）和国际企业家项目（International Entrepreneur Category，IEC）。②

IGEC是专为毕业于纪念大学（Memorial University of Newfoundland）或北大西洋学院（College of the North Atlantic）人士定制的，是为了吸引新兴的企业型人才定居该省。要求年龄至少21岁，提供企业持续发展计划和及公认的第三方专业财务评估证明，提交EOI之日前两年内在纪念大学或北大西洋学院完成至少两学年课程并获得学位或文凭，持有有效的大学毕业工作许可证，打算在纽芬兰和拉布拉多居住，同时拥有并积极经营一家能为该省带来重大经济利益的当地企业。有至少连续一年的当前业务管理经验。对该企业拥有至少33.3%的所有权，证明可为当地公民或永久居民创造至少一个全职工作机会。证明该业务是以营利为主要目的通过销售商品和/或服务实现利润的经营实体，加拿大英语或法语语言基准评分至少为7分。③

IEC的主要特点是从临时居住转为永久居住的过程。申请人在获得省提名成为加拿大永久居民前必须已经在该省凭工作许可证积极经营管理自己的企业至少一年。申请人年龄在21岁至59岁。提供企业持续发展计划和公认的第三方专业财务评估证明。持有加拿大高中文凭或在提交EOI之日起过去五年内经教育证书评估机构（Education Credential Assessment，ECA）

---

① Oasis User Guide for Applicants, Government of Saskatchewan Immigration Services Branch, July 2018, P.2.
② Government of Newfoundland and Labrador web site: Provincial Government Releases Application Guides for Business Immigration Categories, https://www.releases.gov.nl.ca/releases/2018/aesl/1220n06.aspx, 检索时间：2019年2月15日。
③ Newfoundland and Labrador Provincial Nominee Program: International Graduate Entrepreneur Category-Application Guide (December 2018), P.6.

审查过的同等外国学历证书。打算在纽芬兰和拉布拉多居住，同时拥有并积极经营一家能为该省带来重大经济利益的当地企业。至少有600000加元的无负担净业务和个人资产可以随时转往加拿大。能够投入至少200000加元的自有资金在该省建立一个企业并拥有至少33.3%所有权。或者投入100万元在股权投资里。证明可为当地公民或永久居民创造至少一个全职工作机会。证明该业务是以营利为主要目的通过销售商品和/或服务实现利润的经营实体。具备过去五年中有两年积极从事自有企业（个人拥有至少25%的企业所有权）经营管理的经验。或过去十年中担任过五年及以上企业高级管理者的角色。加拿大英语或法语语言基准评分至少为5分。认可的语言测试有思培（CELPIP）、雅思（IELTS）和法语水平测试（TEF）。①

纽芬兰和拉布拉多省此举是为希望定居在该省的留学生和企业家提供机遇，为当地经济发展做出贡献。

⑤新斯科舍省（Nova Scotia）新的提名计划

新斯科舍省于2018年8月2日宣布，开辟"劳动力市场优先"类（Labour Market Priorities），从联邦EE系统中挑选符合"市场紧缺劳动力"资格的人申请该省的提名。每次挑选的标准随劳动力市场紧缺类别的变化而变化。该类于8月8日首次从符合资格的人中抽签。启动之初，是针对幼儿教育工作者，未来的职业范围将根据具体的劳动力市场需求进行定位。②启动此项目，是为了满足该省独特的劳动力市场需求。

⑥爱德华王子岛省（Prince Edward Island，PEI）企业家移民项目关闭

2018年9月20日之后，爱德华王子岛省永久性关闭企业家移民项目。③爱德华王子岛省设立这个项目，是希望通过企业家移民推进该省经济，提升

---

① Newfoundland and Labrador Provincial Nominee Program: International Entrepreneur Category-Application Guide（December 2018），P. 6.
② Government of New Immigration Stream to Address Labour Market Demands，https://novascotia.ca/news/release/? id = 20180802001，检索时间：2019年2月11日。
③ Government of Nova Scotia website：Prince Edward Island web site：100% Ownership Stream：https://www.princeedwardisland.ca/en/information/office - immigration/100 - ownership - stream，检索时间：2019年2月8日。

就业率。可是很多申请者完成投资移民后并不在爱德华王子岛省经营生意或者在当地居住，有的在申请期间也不在当地居住。2018年加拿大边境服务局（Canada Border Services Agency，CBSA）表示，2008~2015年，566名中国投资移民者使用了爱德华王子岛省省府夏洛特镇（Charlottetown）舍伍德汽车旅馆（Sherwood Motel）作为家庭地址。但实际上这些投资移民并不住在那里。①消息传开，舆论哗然，这种现象明显与该省政策初衷不一致。

⑦新不伦瑞克（New Brunswick）省暂停企业家移民项目

2018年10月17日，新不伦瑞克省宣布关闭企业家移民项目，EOI申请系统也宣告暂停。②尽管2019年初，企业家移民项目再次开启。③但这一次增加申请条件：第一，经营或管理企业期间，申请人必须住本地；第二，有25万加元个人资产可以用于创建企业。④

⑧卑诗省推出10万加元移民计划

根据BC Stats每年公布的该省各城市各区域总人口估计数（这些估计数与加拿大统计局每年7月1日公布的省级总数一致），2017年和2018年温哥华市有二百多万人口，维多利亚市有近四十多万人口，而小地方如鲁珀特王子港（Prince Rupert）、特勒斯（Terrace）和克内尔（Quesnel）等只有一两万人口。⑤

---

① Prince Edward Island Legislative Assembly，Hansard，Published by Order of the Legislature，Third Session of the Sixty-fifth General Assembly，9 May 2018，P.2466.；Immigration fraud charges stayed against Charlottetown motel operators，https：//www.news957.com/national/2018/12/14/immigration - fraud - charges - stayed - against - charlottetown - motel - operators/，The Canadian Press Dec 14，2018；检索时间：2019年2月17日。

② New Changes in Immigration to New Brunswick - some programs are temporarily closed：https：//www.anchorimmigrationservices.com/new - changes - in - immigration - to - new - brunswick - some - programs - are - temporarily - closed/，检索时间：2019年2月8日。

③ Government of New Brunswick web site：NBPNP - Entrepreneurial Stream，https：//www.welcomenb.ca/content/wel - bien/en/becoming _ an _ immigrant - entrpreneur/content/program - summary.html，检索时间：2019年2月8日。

④ Guide to the Entrepreneurial Stream，New Brunswick Provincial Nominee Program，2018，P.10.

⑤ Demographic Analysis Section，BC Stats Ministry of Jobs，Trade and Technology Government of British Columbia，Dec，2018.

针对一些地区人口数量下降、人口老龄化、年轻人迁离前往大都市的问题，2018年11月21日，卑诗省（British Columbia）与这些地区合作推出投资移民试点新项目（the Entrepreneur Immigration – Regional Pilot），旨在促进省内共同繁荣。该项目最低投资额仅需要10万加元即可申请移民。条件是申请人必须定居创业在BC省人口低于7.5万的偏远地区，创业地址必须距有7.5万人口的社区中心至少30公里。已经对该地区做过商业考察。个人净资产30万加币以上。过去5年内，拥有3年以上企业雇主管理经验，或者4年以上企业高管经验。至少拥有51%的当地企业股份。为加拿大公民或者永久居民创造至少一个就业机会。[1]

总之，2018年各省吸引移民侧重面不一，不少政策针对各省当前经济发展的需要，对申请人资格的要求更加实际和具体。例如萨省省提名技术移民有一项强制规定：申请人必须要在其特定的职业列表中（SINP In-Demand Occupations List）具有相关工作经验。并且该列表中的部分职位，还需要获得萨省指定机构的资格认证。[2]马尼托巴省新规定，即使完成了硕士或博士学位课程，官方语言能力最低也要是CLB／NCLC 7。这些表明各省政府出于发展需要增加配额人数，但都从实际出发提升要求。

当然尽管各省要求不一样，但推出的一些新政策和计划有不少共同之处。例如从2018年开始，所有省份都拥有与联邦快速通道相关联的省提名项目。各省都在简化申请程序，以便让雇主更快速地招募或聘请所需要的人才等。另外各省在人口密集之处，对投资申请人的要求大幅提高，例如提高管理经验和语言的要求，要求成立新公司等。各省还鼓励移民到生活成本

---

[1] Province of British Columbia：Entrepreneur Immigration – Regional Pilot，https：//www.welcomebc.ca/immigrate–to–b–c/bc–pnp–entrepreneur–immigration/entrepreneur–immigration–regional–pilot，检索时间：2019年2月8日；BC PNP Archived News Items 2018，卑诗省，2019年1月。

[2] Government of Saskatchewan web site：SINP In-Demand Occupation List：https：//www.saskatchewan.ca/residents/moving–to–saskatchewan/immigrating–to–saskatchewan/saskatchewan–immigrant–nominee–program/applicants–international–skilled–workers/sinp–in–demand–occupation–list，检索时间：2018年2月11日。

相对低的小社区进行创业，以此促进省内经济均衡发展。这些都表明各省希望新移民能够真正为帮助当地经济发展起到作用。

2. 家庭团聚类

家庭团聚是加拿大移民计划的核心支柱。加拿大联邦政府愿意永久居民和公民与家人团聚，以使新移民在融入加拿大和服务加拿大中发挥至关重要的作用。

（1）提高担保人最低收入

2018年，申请父母和祖父母来加名额不变，采取的方法依然是随机抽取。增加了关于申请人的经济状况、家庭成员人数等问题。不仅如此，移民部提高了担保人最低收入要求（见表5）。

表5 2017年与2018年担保人最低收入

单位：加元

担保人数	申请之日前三个报税年度最少收入	
	2018年	2017年
2人	40379	39813
3人	49641	48945
4人	60271	59426
5人	68358	67400
6人	77095	76015
7人	85835	84631
7人以上每人增加	8740	8616

注：申请人需提供加拿大税务局报税评估通知来证明其经济状况。申请时还没有收到2018年报税评估通知的要提供2015~2017年的报税评估通知。

政府此举是为了保证最后被抽中的申请人，是真正有经济能力的。

3. 难民和人道主义类

为了维护加拿大国际和人道主义传统，加拿大每年都接受来自世界各地的难民。2017年，IRCC共接受了26000名难民和15000名受保护人员，他们都有资格获得IRCC资助的定居服务。另外2017年3月，IRCC宣布捐款总额560万美元，用于支持全球重新安置举措，这笔资金将用于招募和发展难民专家团队，与联合国难民署合作，筛选和提交需要重新安置的

难民。①

根据2014~2018年加拿大移民和难民局（Immigration and Refugee Board of Canada）统计调查报告，五年中累计难民申请人数最多的国家是尼日利亚（Nigeria），为18433人，批准人数最多的国家是土耳其（Turkey），为3256人，难民申请批准率最高的国家是叙利亚（Syria），为75.17%。②2018年总申请难民是55388人，申请人数最多的国家是尼日利亚（Nigeria），为9857人。③

与经济移民相比，大多数难民适应性强，愿意做体力工作，弥补了蓝领工作空缺职位。大多数难民也愿意学习，例如取得永久居民身份的难民中有近三分之一（31.5%）通过完成加拿大最高的高等教育资格，提升了教育程度。④

近几年越来越多不寻常越境者通过美国或其他地方进入加拿大申请难民身份，2017年加拿大皇家骑警在入境口岸之间的边境线上就拦截寻求庇护者20593名。⑤2018年1月至12月，这些不寻常越境者的申请开始由加拿大边境服务局处理。2018年加拿大皇家骑警在入境口岸之间的边境线上拦截寻求庇护者19419名。⑥2018年1月至12月，CBSA在所有入境口岸（空

---

① Government of Canada：2018 Annual Report to Parliament on Immigration，https：//www.canada.ca/en/immigration–refugees–citizenship/corporate/publications–manuals/annual–report–parliament–immigration–2018/report.html，检索时间：2019年2月12日。
② 加拿大移民和难民局：Refugee Protection Claims Statistics，2014–2018。
③ The Immigration and Refugee Board of Canada web site：Refugee Protection Claims (New System) by Country of Alleged Persecution–2018，https：//irb–cisr.gc.ca/en/statistics/protection/Pages/RPDStat2018.aspx,,检索时间：2019年3月11日。
④ Government of Canada：Education in Canada：Key results from the 2016 Census，https：//www150.statcan.gc.ca/n1/daily–quotidien/171129/dq171129a–eng.htm，检索时间：2019年2月13日。
⑤ Government of Canada web site：Monthly Report–Calendar Year 2018 RCMP Interceptions，https：//www.canada.ca/en/immigration–refugees–citizenship/services/refugees/asylum–claims–2017.html，检索时间：2019年2月10日。
⑥ Government of Canada web site：Monthly Report–Calendar Year 2018 RCMP Interceptions，https：//www.canada.ca/en/immigration–refugees–citizenship/services/refugees/asylum–claims.html，检索时间：2019年2月10日。

运、陆运和海运），处理寻求庇护者27610名。① 2018年1月至12月期间，CBSA和IRCC处理寻求庇护者55020名，其中魁北克省和安大略（Ontario）省人数最多，分别为27970人和22095人。②

难民人数越来越多，引起一些接受难民的省和市反弹。2018年6月，多伦多市市长约翰·托里（John Tory，当地华人称庄德利）称，多伦多所有能安置难民的社区、学校以及其他公共场所都被难民填满了，该市无法应对更多的难民申请人。③ 2018年7月4日，在一个为移民问题而特设的政府间工作组会议上，安省社会服务厅厅长丽莎·麦克劳德（Lisa MacLeod）向到会的联邦移民部部长艾哈迈德·胡森（Ahmed Hussen）以及多伦多市市长庄德利称，安省正在取消与联邦自由党关于安置寻求庇护者的合作。④

加拿大反对派政治家和省政府批评执政党没有解决好关于寻求庇护者越过边界的问题。有不少人认为联邦政府没有解决好难民背景调查问题，筛选难民是走过场，因此质疑特鲁多政府的管理能力。

民调公司ARI（Angus Reid Institute）于2018年8月3日公布一个调查，指出2/3的加拿大人（67%）认为目前的局势是"危机"。6/10（58%）的人表示加拿大对那些不寻常越境者"过于慷慨"。⑤可以说，加拿大难民政策

---

① Government of Canada web site: Asylum Claimants processed by the Canada Border Services Agency (CBSA), January – December 2018, All Ports of Entry (Air, Land and Marine), https://www.canada.ca/en/immigration–refugees–citizenship/services/refugees/asylum–claims.html, 检索时间：2019年2月10日。
② Government of Canada web site: https://www.canada.ca/en/immigration–refugees–citizenship/services/refugees/asylum–claims/asylum–claims–2018.html, 检索时间：2019年2月10日。
③ Toronto's mayor says it can't handle more refugee claimants but some say finding housing feels impossible, CBC News, Jun 26, 2018.
④ Paola Loriggio: Trudeau, Ford clash over asylum seekers in first official meeting, The Canadian Press, July 5, 2018.
⑤ Angus Reid Institute web site: Two-thirds call irregular border crossings a 'crisis,' more trust Scheer to handle issue than Trudeau, http://angusreid.org/safe–third–country–asylum–seekers/, 检索时间：2019年2月9日。

一直饱受争议，前景未定。

面对舆论，2018年联邦政府拨给CBSA额外的750万元政府预算，[①]以支持CBSA执行任务，其中之一包括确保非法入境者在难民申请被拒绝后能够立刻被遣返。

二 移民政策变化的原因及效果

2018年，加拿大所需移民人数稳步增加，但是移民门槛部越来越高。其结果表现为：一是联邦政府提高移民申请条件。二是对于新实施的移民政策，在试点阶段相对宽松。但随着政策逐步实施，正在慢慢收紧。三是与联邦政府相比，省提名计划更加严格。有些省份要求申请者必须表明在提名后继续居住在所申请省份。例如马尼托巴省，不光要求提交就业计划，以展示在马尼托巴省成功的职业发展轨道，还要求证明留在该省发展。[②]

2018年移民政策的调整，既是因为人口老龄化加速，又是出于经济发展、人道主义、社会舆论等多方面考量。此外，因为移民筛选条例的不够完善而促使一些移民政策加以局部修正。下面就从政治、经济和文化等方面进行分析。

（一）人口老龄化对移民需求增加的影响

尽管加拿大不断吸收新移民，但仍然面临人口老龄化等问题。《2018年加拿大移民年度报告》（*2018 Annual Report to Parliament on Immigration*）介绍，2012年加国工作人员与退休人员的比例为4.2∶1，但到2036年，预测

---

① Canada Border Services Agency web site：Canada Border Services Agency Quarterly Financial Report For the quarter ended June 30, 2018, https://www.cbsa-asfc.gc.ca/agency-agence/reports-rapports/fs-ef/2018/qfr-rft-q1-eng.html，检索时间：2019年2月13日。

② Manitoba web site：Graduate Internship Pathway, https://www.immigratemanitoba.com/immigrate-to-manitoba/international-education/，检索时间：2019年1月13日。

将该比率设为2:1。①截至2018年7月1日，加拿大每100名0至14岁儿童中，就有106名65岁及以上的成年人。相比之下，在1986年，0至14岁儿童的人数是65岁及以上的两倍。②

与联邦相比，不同省份或地区人口的年龄结构差异很大。努纳武特（Nunavut）是加国人口最年轻地区，平均年龄为26.1岁。纽芬兰和拉布拉多有一半人口至少46.5岁，是加拿大中位数年龄最高省份（40.8岁），也是65岁及以上人口比例位居第二的省份（20.5%）。新不伦瑞克省65岁及以上人口比例位居第一（20.8%）。近几十年来，这两个省持续出现移民损失，因为许多年轻人迁移到其他省份和地区，从而加速人口老龄化。大多数情况下，这些变化是由于生育水平的差异，但也部分是由于内部迁移。一般来说，加拿大最年轻的人口在大草原省和地区，最年长的人口在大西洋省份（见表6）。

表6 加拿大各省和地区0~14岁和65岁及以上人口所占比例（截至2018年7月1日之前）

单位：%

加拿大各省和地区	0~14岁	65岁以上
加拿大	16.1	17.2
纽芬兰和拉布拉多	13.9	20.5
爱德华王子岛	15.7	19.6
新斯科舍省	14.1	20.4
新不伦瑞克	14.4	20.8
魁北克	15.8	18.8
安大略	15.8	16.9
马尼托巴	18.9	15.4
萨斯喀彻温	19.6	15.4
阿尔伯塔	18.9	12.8

---

① Government of Canada: 2018 Annual Report to Parliament on Immigration, https://www.canada.ca/en/immigration-refugees-citizenship/corporate/publications-manuals/annual-report-parliament-immigration-2018/report.html, 检索时间：2019年2月12日; 2018 Annual Report to Parliament on Immigration, Immigration, Refugees and Citizenship Canada, 2018, P.5.

② Government of Canada: Canada's population estimates: Age and sex, July 1, 2018, https://www150.statcan.gc.ca/n1/daily-quotidien/190125/dq190125a-eng.htm?indid=4236-1&indgeo=0, 检索时间：2019年2月12日。

续表

加拿大各省和地区	0~14岁	65岁以上
卑诗	14.2	18.3
育空（Yukon）	16.8	11.8
西北地区（Northwest Territories）	20.4	7.9
努纳武特	31.8	3.9

资料来源：Proportion of the population aged 0 to 14 years and 65 years and older, July 1, 2018, Canada, provinces and territories,%, Government of Canada：https://www150.statcan.gc.ca/n1/daily-quotidien/190125/cg-a002-eng.htm，检索时间：2019年2月12日。

2017年10月25日，加拿大统计局公布了2016年的人口普查报告，加拿大人中有21.9%是移民或永久居民，占加拿大总人口的1/5。[1] 2006~2010年，15岁以下移民儿童为124,700名。2011年至2016年5月10之前，15岁以下移民儿童增至216,320名。其中40.36%新移民的年龄在35岁以下，55岁以上新移民才占9%。[2] 由于新移民平均比加拿大出生的人口年轻，可以帮助缓解人口老龄化带来的一些挑战，因此加拿大政府希望通过移民，抵消人口老龄化并资助社会保障系统。

（二）经济发展急需各类人才

加拿大发展经济，急需各类年富力强的人才。2017年，移民主申请人从事的前五大职业分别是：信息系统分析和咨询师、软件工程师、计算机程序员和互动媒体开发者、财务审计师和会计师和行政助理。预测显示加拿大现在和未来都会在卫生、科学、技术行业、运输和设备方面劳动力短缺。[3] 移民的加入，恰好满足了劳动力市场的需求。通过省提名计划的移民对一些

---

[1] Statistics Canada：Immigration and ethnocultural diversity：Key results from the 2016 Census, https://www150.statcan.gc.ca/n1/daily-quotidien/171025/dq171025b-eng.htm，检索时间：2019年2月12日。
[2] Source：Statistics Canada, 2016 Census of Population, Statistics Canada Catalogue no. 98-400-X2016201.
[3] 2018 Annual Report to Parliament on Immigration, Immigration, Refugees and Citizenship Canada, 2018, P.6.

特别地区的劳动力需求起到缓解作用。

移民来到加拿大，进入劳动力市场后开始赋税。他们要买房、出行和消费。这都带动了加拿大经济的发展。在过去 20 年中，加拿大人均 GDP、生产率和劳动力每年都增加约 1.25%[①]，可见移民的增加起到了不小的作用。

根据 2016 年加拿大人口普查，移民的受教育程度很高（见表 7）。

表 7　25~64 岁年龄段移民身份、学历比例（加拿大 2016 年人口普查）

单位：%

人口	硕士或博士	学士及同等学历的各类文凭
加拿大出生人口	5.0	24.0
当前移民总人口	11.3	39.5
2011~2016 年移民人口	16.7	52.1

资料来源：Statistics Canada, Percentage of the population aged 25 to 64 with selected degrees, by immigrant status and period of immigration, Canada, 2016, https://www150.statcan.gc.ca/n1/daily-quotidien/171129/cg-a005-eng.htm, 检索时间：2019 年 3 月 10 日。

移民后代表现更强，移民子女的大学毕业率是加拿大出生公民子女的两倍，两者分别为 41%、24%。[②]

在就业方面，处在核心年龄段（25~54 岁）登陆不到五年的新移民，就业率从 2006 年的 67.1% 上升到 2016 年的 68.2%。[③]

2017 年，登陆 10 年后处在核心年龄段（25~54 岁）的新移民，劳动力参与率与加拿大出生的人之比是 82.0%:84.0%；2018 年，登陆 10 年后处在核心年龄段（25~54 岁）的新移民，劳动力参与率与加拿大出生的人之比是 82.1%:84.5%（见表 8）。可谓旗鼓相当。

---

① 2018 Annual Report to Parliament on Immigration, Immigration, Refugees and Citizenship Canada, 2018, P.6.

② 2018 Annual Report to Parliament on Immigration, Immigration, Refugees and Citizenship Canada, 2018, P.8.

③ Labour in Canada: Key results from the 2016 Census: https://www.statcan.gc.ca/daily-quotidien/171129/dq171129b-eng.htm, 检索时间：2019 年 1 月 13 日。

表8　25～54岁年龄段移民人口雇佣状况

单位：%

年份	2014	2015	2016	2017	2018
加拿大总人口	81.2	81.4	81.4	82.3	82.7
登陆移民总人口	76.5	77.1	77.6	78.9	79.5
登陆不到五年的新移民	66.1	66	68.2	69.8	71.3
登陆五年到十年的移民	75.5	75.6	76.1	77.2	79.5
登陆10年以上的移民	79.9	80.9	80.7	82	82.1
加拿大出生的人	83.1	83.3	83.2	84	84.5

资料来源：Statistics Canada. Table 14 - 10 - 0083 - 01 Labour force characteristics by immigrant status, annual。

从失业率方面来看，对25～54岁具有移民身份人口的调查显示登陆时间越长，失业率越低（见表9）。

表9　25～54岁年龄段移民人口失业状况

单位：%

年份	2014	2015	2016	2017	2018
加拿大总人口	5.8	5.8	6	5.4	4.9
登陆移民总人口	7.4	6.9	6.9	6.4	5.7
登陆不到五年的新移民	11.5	10.9	10.2	9.6	8.6
登陆五年到十年的移民	7.4	8	7.7	6.2	5.3
登陆10年以上的移民	6.3	5.6	5.9	5.6	5
加拿大出生的人	5.2	5.4	5.5	5	4.5

资料来源：Statistics Canada. Table 14 - 10 - 0083 - 01 Labour force characteristics by immigrant status, annual。

在收入方面，新移民登陆12年后，平均就业、收入达到加拿大出生之人的平均水平。加拿大经济类和省提名计划的主要申请人在登陆后的第一年内，平均就业和收入超过加拿大人平均水平。[1]

---

[1] 2018 Annual Report to Parliament on Immigration, Immigration, Refugees and Citizenship Canada, 2018, P. 6.

移民初期与加国出生之人在就业和收入方面的差异,尤其是新移民,就业率最低。主要还是没有加国文凭和工作经验,语言和沟通技巧能力相对较弱。还有就是职场偏见和歧视等。但随着移民时间加长,取得加国文凭和工作经验,熟悉加国工作规范,移民收入与本地人收入差距减少。另外加拿大各行业短缺的不是高层管理者,而是体力劳工和蓝领阶层,劳动力市场需要高中学历即可,一些高不成低不就的新移民,会游离于就业市场之外。

在按男女性别进行就业收入比较时,经济移民之间的男女差异也很明显。根据纳税报表,男性主申请人的平均入职和就业收入高于女性。2014年,经济主申请人纳税申报人入境后第一年的平均入职和就业收入男性为56000加元,女性为32000加元。在过去三年中,男性主申请人的收入增长了12000加元,而女性主申请人的收入只增长3000加元。[①] 企业移民也是男性多于女性。例如2017年,联邦和魁北克商业移民类的主申请人男性为78%。女性只占主申请人的22%。在四个项目类别:企业家(entrepreneur),投资者(investor),自营职业(self-employed)和初创企业(start up business)中,女性投资者占所有商业移民的16%,而男性投资者则占64%。[②]

(三)民族和文化渊源影响的多元化

加拿大是个提倡多元文化的国家,欢迎来自世界各地的移民。2017年加拿大共从185个原籍国接收了移民。移民人数最多的国家是印度,菲律宾其次,中国位于第三名。[③] 由于语言等问题,中国登陆移民所占的比例已经不如从前。例如2012年和2013年,中国人移民加拿大人数名列第一,但

---

① 2018 Annual Report to Parliament on Immigration, Immigration, Refugees and Citizenship Canada, 2018, P.16.
② 2018 Annual Report to Parliament on Immigration, Immigration, Refugees and Citizenship Canada, 2018, P.18.
③ 2018 Annual Report to Parliament on Immigration, Immigration, Refugees and Citizenship Canada, 2018, P.28.

2014年到2017年，一直处于第三和第四位。[1]

移民来到加拿大后，活跃在加拿大社会，使得加拿大具有多样化人才。2016年，共有32%的移民做过义工，61%的移民是社会组织的成员。目前已确定移民的投票率与出生于加拿大的移民相似。[2]

随着移民政策的变化，来自世界各地的移民人数增加，移民使用语言的种类也有所增加。2016年加拿大人使用214种语言及方言。[3]快速通道实行后，对移民英语的要求大幅增加，因此移民中使用官方语言能力有所提升。在2017年录取的286479名永久居民中，有76%自我认定为具有英语、法语或两种官方语言的知识，与2016年相比增加了3个百分点。2017年在所有获准入境的经济移民主要申请人中，97%的人至少掌握了一种官方语言。[4]其中女性掌握两种官方语言的能力高于男性（见表10）。

表10　2017年永久居民掌握语言情况人数

单位：人

女	95882	11722	1433	30485	6840	146362
男	94950	11701	1389	25836	6236	140112
总数	190835	23423	2822	56323	13076	286479

资料来源：IRCC, Permanent Residents Data as of March 31, 2018。

从宗教信仰上看，加拿大主张宗教信仰自由，随着移民人数的增加，非天主教人数比例逐步增加。到2036年，无宗教信仰人数预计增加到28.8%~34.6%。非基督教的人数到2036年几乎可以增加一倍，可能占加拿大人口的13%至16%。其中穆斯林、印度教和锡克教追随者数量会增多，

---

[1] Government of Canada: Publications and manuals, https://www.canada.ca/en/immigration-refugees-citizenship/corporate/publications-manuals.html, 检索时间：2019年3月10日。
[2] 2018 Annual Report to Parliament on Immigration, Immigration, Refugees and Citizenship Canada, 2018, P.8.
[3] Statistics Canada, 2016 Census of Population, Statistics Canada Catalogue no. 98-400-X2016055; Immigration and ethnocultural diversity: Key results from the 2016 Census.
[4] 2018 Annual Report to Parliament on Immigration, Immigration, Refugees and Citizenship Canada, 2018, P.27.; IRCC, Permanent Residents Data as of March 31, 2018.

它将继续代表加拿大总人口中的一小部分。[①] 虽然加拿大宗教不能直接干预政治，但宗教对信众有潜移默化的影响。比如华人教会成员，一般选保守党，因为保守党提倡"回归加拿大传统道德价值观"，受到了华人教会和华人社区的推崇。

（四）新移民分布对加拿大各省经济发展的影响

随着省提名计划的增长，加上2017年引入大西洋省份移民试点，新移民登陆定居模式逐步改变。原来新移民主要居住在温哥华、多伦多和蒙特利尔几个大城市。例如，2016年，移民占多伦多人口的46.1%，温哥华的40.8%，蒙特利尔的23.4%。[②] 实行多年的省提名计划以及大西洋省移民试点计划推动了新移民在主要城市以外的地区定居。2017年，34%的经济移民在安大略省、卑诗省和魁北克省以外地区居住，而1997年只有10%。[③]

大量新移民涌入会带动加拿大更多行业发展。例如房地产、汽车、餐饮、旅游等行业均受惠。近几年，投资者来加拿大购房方兴未艾，而中国投资者最感兴趣的城市是多伦多，其次是蒙特利尔、温哥华、渥太华和卡尔加里。不过自中国外汇管制政策出台后，中国人购房能力有所下降。

三 移民政策的未来发展趋势和预测

2018年，加拿大依然是联邦自由党执政，在继续实行开放性移民政策的情况下，吸引移民数目逐年增加。和以前一样，经济类移民仍然占主导地位。

---

① Statistics Canada：Immigration and Diversity：Population Projections for Canada and its Regions, 2011 to 2036, https：//www150. statcan. gc. ca/n1/pub/91 – 551 – x/91 – 551 – x2017001 – eng. htm, 检索时间：2019年1月14日。
② Immigration and ethnocultural diversity：Key results from the 2016 Census：Statistics Canada, October 25, 2017, P. 3.
③ 2018 Annual Report to Parliament on Immigration, Immigration, Refugees and Citizenship Canada, 2018, P. 7.

尽管未来移民中母语既不是英语也不是法语的人口会逐步增加,但预测联邦政府会提升官方语言要求。2018年2月27日财政部部长比尔(Bill Morneau)提出了2018年预算,提出支持法语移民。而拨给2018~2023年官方语言行动计划的4亿加元中的4100万加元将用于IRCC,为贯穿整个移民服务设施的"法语使用者援助(francophone pathway)"提供资金。IRCC预计将获得7.47亿加元,用于支持2018~2020移民计划。[①] 2018年3月,联邦/省/地区负责移民事务的部长和加拿大法语国家组织会晤以推进法语移民问题。部长们批准了增加魁北克以外地区法语移民行动计划。[②] 安大略省的讲法语技术人员项目(The French-Speaking Skilled Worker Stream)旨在支持法语候选人的移民,这些候选人也要具有足够的英语语言能力,才可以在安大略省的劳动力市场取得成功。

联邦政府的技术移民配额虽呈小幅增长,但来自各国的申请者却快速增长,激烈竞争会引起门槛不断抬高。

鉴于联邦政府和现有的省提名计划,成功地将移民较平均地分布在加拿大各个地区,所以联邦政府和各省及各地区会继续大力推行省提名政策。但前几年移民试点计划从实际效果上看,并没有达到期望值,加拿大某些省份陆续关停了一步到位拿永久移民的项目。有的省份限定移民申请时,必须表明现已从事或将从事紧缺职业列表上的工作,比如马尼托巴省。萨省需要申请人拥有特定行业内和职业上的工作经验。有些省份缩减移民配额,比如魁省。2019年2月7日,乔林-巴雷特举行新闻发布会,公布第9号(Bill 9)法案,该方案提高了对法语要求,必须证明愿意定居魁北克省等。同时在2018年8月2日之前递交的所有魁省技术移民申请如

---

① Government of Canada: Archiver – Newsletter – Budget 2018 and IRCC, http://www.cic.gc.ca/english/resources/enewsletter/archives/2018 – budget.asp; Immigration, Refugees and Citizenship: Government of Canada, Canada Departmental Plan 2018 – 2019: https://www.canada.ca/en/immigration – refugees – citizenship/corporate/publications – manuals/departmental – plan – 2018 – 2019/departmental – plan.html, 检索时间: 2019年6月17日。

② 2018 Annual Report to Parliament on Immigration, Immigration, Refugees and Citizenship Canada, 2018, P. 34.

果没有得到政府的确切答复,政府将不再受理。2019年5月26日从魁北克省议会官网查到九号法案仍在国民关系委员会（Committee on Citizen Relations）审核讨论之中。①但6月16日,魁北克省议会以64∶42通过了9号法案,允许政府取消大约16000份移民申请。②这些省份此举主要是希望移民符合当地就业市场需求,确保更多新移民安居乐业并为各省服务。

预测未来官方语言、年龄、加拿大留学和工作经验将是未来移民加拿大的决定性因素。预测未来出台政策,会更有利于留学生申请移民。预测未来中国经济类移民的群体,将主要来自有加拿大学历和经验的留学生。

预测未来联邦政府会根据国际形势变更、社会舆论和国内千变万化的环境调整移民政策。例如2018年家庭团聚移民还是随机抽签制度,但一直以来都备受争议,联邦政府在听取社会舆论和申请者请求后,2019年取消随机抽签方式,但此项政策仍受到争议。③ 又如2018年4月16日,联邦政府宣布放宽申请移民加拿大候选人体检。④ 这意味着今后移民或难民申请人将不再因其残疾或其他健康问题被拒绝。

随着近来中加两国关系走入低迷,部分影响了加国经济,联邦自由党执政能力受到质疑。2019年是加拿大大选年,如果这次联邦自由党失去执政权,新政府有可能对移民政策再次进行大幅调整和修改。

---

① Bill 9, Québec Official Publisher 2019; http：//www.assnat.qc.ca/en/travaux-parlementaires/projets-loi/projet-loi-9-42-1.html?appelant=MC,检索时间：2019年5月26日; Benjamin Shingler: Quebec wants to throw out 18, 000 skilled-worker applications as part of immigration overhaul, Canadian Broadcasting Corporation, 7 Feb, 2019。
② Sarah Leavitt: Quebec passes bill to reform immigration system after government invokes closure, CBC News web site; https：//www.cbc.ca/news/canada/montreal/closure-bill-21-bill-9-national-assembly-1.5177520,检索时间：2019年6月16日。
③ Government of Canada: Details of 2019 Parents and Grandparents Program coming soon, https：//www.canada.ca/en/immigration-refugees-citizenship/news/notices/pgp-2019-details-coming-soon.html?utm_source=social%20media&utm_medium=smac&utm_campaign=PGP,检索时间：2019年2月16日。
④ Government of Canada: Government of Canada brings medical inadmissibility policy in line with inclusivity for persons with disabilities, https：//www.canada.ca/en/immigration-refugees-citizenship/news/2018/04/government-of-canada-brings-medical-inadmissibility-policyin-line-with-inclusivity-for-persons-with-disabilities.html,检索时间：2019年2月15日。

B.7
加拿大人权外交与军售政策的矛盾与调适
——以对沙特军售案为例

刘江韵[*]

摘　要： 特鲁多从2017年开始大力推动以女权为核心的人权外交政策，希望通过女权外交巩固其作为中等国家在国际社会中的地位。然而，这与加拿大长期以来忽视人权因素的军售政策存在矛盾。在沙特政府抓捕女权活动分子以及沙特联军在也门引发人道主义危机后，加拿大对沙特的军售政策招来国内以及国际社会的猛烈批评。特鲁多通过加入《武器贸易条约》、暂停审批武器出口许可、制裁沙特涉案人员等方式进行调适，希望能在继续履行对沙特军售合同的同时实现人权外交的目标。但事与愿违，加拿大的政策调整导致沙特实施史无前例的报复措施，双边关系跌至历史低点。本文就导致人权外交和军售政策矛盾加剧与爆发的因素进行分析，并预测自由党或保守党在2019年10月联邦大选前后可能做出的政策调整。

关键词： 加拿大　人权外交　沙特军售案

---

[*] 刘江韵，博士，上海外国语大学国际关系与公共事务学院加拿大研究中心，研究方向为加拿大外交。

前　言

2018年8月2日和3日，加拿大外交部长方慧兰（Chrytia Freeland）和外交部分别发表推文谴责沙特政府抓捕和拘禁两名女权活动分子，要求沙特立即释放她们。8月5日，沙特外交部部长予以激烈回应，称"加拿大的立场是对沙特内政的粗暴和公然干预，违反了基本的国际准则和所有国家间关系的规则"。随后，沙特决定驱逐加拿大驻沙特大使，终止对在加15000名沙特留学生的资助，要求国内采购商停止购买加拿大小麦，沙特航空宣布从8月13日开始停飞往返多伦多的航班。加拿大与沙特关系陷入冷战以来的低点。

加拿大方面，国内舆论除了支持政府要求沙特释放女权活动分子之外，还出现了终止与沙特军售合同的强烈呼声。批评者认为，既然特鲁多上台后强调要将人权（特别是女权）作为所有对外政策的指导原则，而现时有证据显示加拿大出售给沙特的武器被用于镇压国内反对派以及在也门进行的非人道战争，因此加拿大应当终止与沙特的军火交易。特鲁多政府并未马上做出决定。然而，与沙特的争端因2018年10月2日记者卡舒吉（Jamal Khashoggi）失踪事件再度升级，加拿大跟随美国引用国内法对涉案的沙特公民实施了个人制裁，但加国内批评声音认为特鲁多仍然是避重就轻。在舆论的压力下，特鲁多终于在2018年12月首次提出考虑终止与沙特的军售合同。①

在坚持人权外交原则与价值150亿美元的军售合同之间，加拿大无疑陷入了深刻的矛盾中。特鲁多上台以来，将"女权主义（Feminism）"作为在国防、外交和发展政策中全面贯彻的指导思想，② 显然试图将其作为其重要

---

① Steven Chase: "Trudeau says Canada trying to end arms contract with Saudi Arabia", *The Globe and Mail*, Dec. 17, 2018, https://www.theglobeandmail.com/politics/article-trudeau-says-canada-trying-to-end-arms-export-deal-to-saudi-arabia/.
② 特鲁多上台后公开宣称其领导的将是一个"女权主义"政府，首度在内阁实现了官员的性别比例均等。随后通过外交部长发言和官方文件，宣布将在国防、外交和发展三个领域全面贯彻"性别平等"理念，任何对外政策的出台都必须充分考虑性别平等因素。

的政治资产；但是，即便在得知武器被用于镇压国内反对派，沙特政府又对多名女权活动分子实施抓捕后，自由党政府对终止与沙特军售合同仍然犹疑不决。可见，加拿大在人权与军售上的做法实际上是自相矛盾的，不少学者认为加拿大这种做法已经严重损害了其国家声誉。① 本文将重点考察两个问题：一是加拿大人权政策与军售政策之间的矛盾是如何酝酿与爆发的？二是加拿大将如何调适两者之间的矛盾，加拿大与沙特关系的未来走向如何？

一 加拿大对沙特军售案的发展过程

（一）与沙特军售合同的由来

过去十年间，国际军火交易的大趋势是中东与亚洲地区的武器进口大幅增长，而欧洲、美国和非洲的进口持续减少。其中，中东地区的沙特、巴林、阿联酋和阿尔及利亚是最主要的武器进口国。武器工业在加拿大的经济结构中占有重要地位。2014年，武器工业对加拿大的经济贡献超过67亿加元，创造了超过6万个优质工作岗位。2017年，加拿大武器出口额接近10.31亿加元（不含对美国出口额），② 其中对沙特的出口额共4.97亿加元。③

此次引起争议的合同是加拿大历史上涉及金额最高的一次军火交易。这份轻型武装车辆（LAVs）军售合同在2015年通过加拿大商业公司（Canadian Commercial Corporation）作为中介，由位于加拿大安大略省伦敦

---

① 参见 Jennifer Pedersen: "We will Honour Our Good Name: The Trudeau Government, Arms Exports, and Human Rights", Canada and International Affairs, 2018. Ellen Gutterman & Andrea Lane: "Beyond LAVs: Corruption, commercialization and the Canadian defence industry", Canadian Foreign Policy Journal, 23: 1, 2017.
② 加拿大统计部门不收集对美国的武器出口数据，而实际上对美出口占加拿大武器出口总额的1/2以上。此做法的根据是《防务生产共享条约》，条约中规定对美的绝大部分武器出口都不需要获得出口许可。
③ Jennifer Pedersen: "We will Honour Our Good Name: The Trudeau Government, Arms Exports, and Human Rights", Canada and International Affairs, 2018, p. 208.

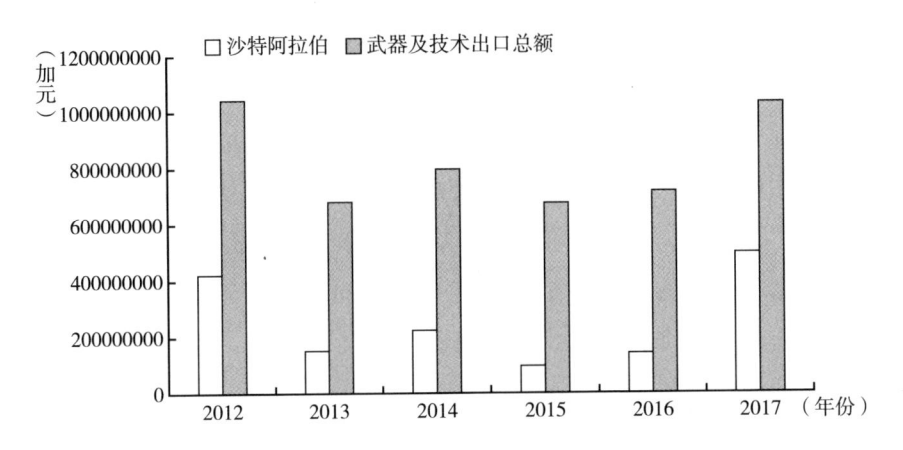

图1　加拿大对沙特武器与技术出口（2012～2017年）

资料来源：《环球邮报》，https://www.theglobeandmail.com/politics/article-saudi-arabia-canada-arms-deal-explainer/，最后访问时间：2019年6月9日。

市的通用动力陆地系统部门（General Dynamics Land Systems）与沙特政府签订。合同总值150亿加元，交付期间将持续15年，预计直接为当地提供3000个职位。

2014年，哈珀（Stephen Harper）领导的保守党政府开启了这份军售合同的谈判进程。在谈判过程中，这份合同就受到了不少批评，在2015年联邦大选中更成为重要议题。批评聚焦于沙特的人权状况不符合加拿大的军售规定。根据加拿大的《出口和进口许可法（EIPA）》，政府应该对武器采购国的人权状况进行评估，若存在"合理的风险"则不应出售武器。然而，哈珀政府在2013年和2014年都没有对沙特进行人权评估。在2015年联邦大选的初期，代表自由党参选的特鲁多提出反对与沙特签订此份合同，称必须"停止向蔑视民主的国家售武，例如沙特"。然而，到选举投票前夕，特鲁多又在电视采访中改口称若自由党当选，不会直接取消与沙特的军售合同，但会对合同进行全面的审查，充分考虑沙特的人权状况。[①]特鲁多对军售态度改变的最直接原因是为了争取承接合同的军工企业所

[①] Jennifer Pedersen: "We will Honour Our Good Name: The Trudeau Government, Arms Exports, and Human Rights", Canada and International Affairs, 2018, p.210.

在选区的支持。在军工企业所涉及的安大略省伦敦市多个选区中，自由党面对的主要对手是新民主党。该党的立场是坚决反对与沙特的军售案，但这么做显然会损害当地的就业岗位，可能导致选票流失。因此，自由党为了争取这些选区，乃至整个安大略地区的民意支持，选择有条件地支持军售案。最终，这份军售合同在哈珀政府任期的最后阶段顺利签订。然而，根据加拿大的法律规定，签订军售合同只是第一步。实际履行合同，还需要外交部部长签发出口许可（Export Permit），而这一任务落到了特鲁多任内。

（二）特鲁多上任初期对军售案的低调推进

2015年11月，自由党赢得大选。大选后的最初两个月里，沙特军售案热度大大降低，几乎不被公众讨论。2015年12月，刚刚上任的特鲁多政府在极短时间内完成了对沙特人权状况的评估，但报告在当时并没有引起广泛讨论。特鲁多希望低调处理此事，继续执行此份涉及金额巨大的合同。2016年初，外交部部长迪翁（Stephane Dion）秘密签发了对沙特的出口许可。然而，从2016年至2017年，沙特频繁出现的侵犯人权事件导致对军售合同的质疑不断出现。

2016年1月，沙特政府处死47人，当中大部分为宗教与政治异见人士，这是该国十年来最大规模的死刑执行事件。以新民主党为首的反对派再次提出取消与沙特的军售合同。特鲁多政府没有正面解决问题，而是采取一系列策略应对。一是误导公众，先是指该项合同是由私营企业与沙特政府签订的合同，因而加拿大政府无法干预，后来又指合同已经由保守党政府签订，"米已成炊（what is done is done）"，不可能再做修改。但实际上，最终的出口决定权在自由党政府手上。二是恐吓公众，外交部部长迪翁公开指如果取消合同加拿大将需承受巨额罚款，但具体的金额则是商业机密不便透露。三是安抚公众，指加拿大将会签署和执行《武器贸易条约（Arms Trade Treaty）》，未来将会对武器接收国进行更为严格的人权状况审查。而且，即便加拿大不对沙特出口，其他国家也会很快补上，因此加拿大的做法"并不会令情况更坏"。①

2016年3月,加拿大广播公司(CBC)揭露也门胡塞武装分子持有加拿大制造的自动武器,怀疑是在与沙特军队的作战中夺得,而以沙特为首的联军在也门的军事行动已经导致超过50万人感染霍乱的人道主义危机。② 2016年4月,加拿大《环球邮报(The Global and Mail)》披露一份政策备忘录,曝光对沙特的武器出口许可实际上是由特鲁多政府签发的,而非保守党政府。2017年7月,媒体发布的视频证实加拿大对沙特出售的轻武器和LAVs发现被用于在东部省份对什叶派信徒的镇压行动。③ 2017年8月17日,沙特政府公开承认由加拿大购得的武器被用于国内镇压行动。④ 面对新的证据,加拿大政府宣布暂停批准对沙特的军售出口许可,但仍没有直面是否应该考虑取消军售合同。2016年自由党政府也曾暂停过对沙特的出口许可,但很快又恢复,可见所谓暂停许可只是缓兵之计。⑤ 由于自由党在议会占有多数席位,来自保守党、新民主党和绿党的质疑并不能对军售决定造成实质性的影响。

(三)2018年以来事态迅速恶化

从2018年8月开始,事态出现了戏剧性的变化。特鲁多政府一反之前

---

① Jennifer Pedersen: "We will Honour Our Good Name: The Trudeau Government, Arms Exports, and Human Rights", Canada and International Affairs, 2018, pp. 214-216.

② Investigation underway after Canadian rifles end up in Yemen rebel hands, CBC news, Feb. 23, 2016, https://www.cbc.ca/news/canada/manitoba/winnipeg-made-sniper-rifles-fall-into-yemen-rebel-hands-1.3459551.

③ Steven Chase and Robert Fife: "Review ordered of Saudis' use of Gurkhas", The Global and Mail, Jul. 29, 2017.

④ Steven Chase: "Saudi Arabia defends use of Canadian-made armoured vehicles against civilians", The Global and Mail, Aug. 16, 2017, https://www.theglobeandmail.com/news/politics/saudi-arabia-defends-use-of-canadian-made-armoured-vehicles-against-civilians/article36007932/.

⑤ Steven Chase: "Canada willing to freeze armoured vehicle exports to Saudi Arabia over Khashoggi, Trudeau says, but notes difficulty in ending contract", The Global and Mail, Oct. 22, 2018, https://www.theglobeandmail.com/politics/article-canada-willing-to-freeze-armoured-vehicle-exports-to-saudi-arabia/.

相对被动和低调处理对沙特人权状况批评的态度，主动对沙特拘捕两名女权活动分子一事发起了猛烈的批评。8月2日，加外交部部长方慧兰发推特称："我对于拉伊夫·巴达维（Raif Badawi）的妹妹萨马尔·巴达维（Samar Badawi）在沙特被捕非常关注。加拿大在此艰难时刻将会与巴达维一家站在一起，我们还会继续强烈呼吁释放拉伊夫和萨马尔。"8月3日，加拿大外交部推特账号发出了更为强烈的声明："加拿大严重关切沙特对女权活动分子的拘捕，包括萨马尔·巴达维。我们敦促沙特政府立即释放他们和其他和平抗议的人权活动分子。"这是加拿大政府近年来对沙特的最强烈谴责和立场声明，特别是带有命令性质的"立即释放"一词是首次使用。

沙特对加拿大的施压毫不退让，反而施以更强硬的报复措施。在政治上，沙特召回驻加拿大大使，驱逐加拿大驻沙特大使，中断双边外交关系；在经济上，宣布停止与加商讨所有新的投资项目以及除石油以外的新贸易协议，停飞与多伦多的直航线路，停止购买加拿大的小麦与大麦；在人员交流上，召回在加数百名医学留学生，停止对15000名沙特留学生的资助。面对沙特的报复，加拿大也没有让步，继续在各种国际场合批评沙特的人权状况。①

10月2日，进入沙特驻伊斯坦布尔领事馆的记者卡舒吉失踪，多国怀疑他被沙特政府谋害，美国情报机构随后声称支持此说法。11月，加拿大政府跟随美国的做法，动用国内法对怀疑参与谋害卡舒吉的17名沙特公民实施个人制裁。② 与此同时，瑞典、挪威、芬兰等国宣布，考虑沙特严重恶化的人权状况以及其在也门的非人道主义行径，不再与沙特签订新的军售合同。德国甚至立即冻结了对沙特的所有武器出口。特鲁多政府受到了前所未有的压力。议会中的新民主党、绿党等反对派对自由党的人权与军售政策发

---

① Steven Chase："Canada criticizes Saudi Arabia over another jailed female activist", *The Global and Mail*, Aug 21, 2018, https://www.theglobeandmail.com/politics/article-canada-criticizes-saudi-arabia-over-another-jailed-female-activist/.
② Globe Staffs："Who killed Jamal Khashoggi and why? A primer on what happened to the slain Saudi journalist", *The Global and Mail*, Oct. 10, 2018, https://www.theglobeandmail.com/world/article-saudi-journalist-jamal-khashoggi-disappearance-what-we-know-so-far/.

起了猛烈攻击，此事件也成为加拿大所有主流媒体的头版。显然，误导、恐吓与安抚策略或者暂停出口许可都已经不足以回应此次事件。特鲁多于2018年10月22日在议会的质询环节中表示愿意冻结对沙特的武器出口。2018年12月，特鲁多首次提出考虑终止与沙特的军售合同。

对于加拿大的新表态，沙特外长在2019年3月的新闻发表会上表示，"我们认为加拿大政府会继续执行军售合同，特鲁多的声明只是为了应对国内舆论"。[①] 沙特外长对特鲁多的这番嘲讽，再次引发了加国内舆论的巨大反弹。至此，加拿大与沙特关系陷入僵局，互不退让。

二 加拿大人权与军售政策矛盾加剧的原因分析

加拿大与沙特关系陷入的僵局，源于加拿大人权与军售政策出现的矛盾与冲突。一方面，特鲁多上台后重新强调对外政策中的人权价值观，改变哈珀时期以经济利益为主导的军售政策；另一方面，考虑到沙特军售案涉及的金额巨大和军工产业的重要性，特鲁多政府又希望将此案排除在出口限制以外。从2018年8月开始，特鲁多对沙特人权问题的一系列主动和强硬的表态，导致其人权与军售政策矛盾的加剧。分析其原因，既有加拿大主动加入国际军售条约以及推动女权主义对外政策的内因，也有国际社会以及其他中等国家共同行动带来的外部压力。

（一）加入《武器贸易条约》带来的国际责任

《武器贸易条约》是在2013年4月由联合国大会以156票赞成、3票反对、23票弃权通过的国际军售条约，自2014年12月23日生效。该条约的目的是建立常规武器国际贸易的共同标准以及减少非法军火贸易。其中的核心条款有三条：一是"每个缔约国应建立和维持一个国家管制制度，包括

[①] Marwar Rashad: "Saudi Arabia says it believes Canada going ahead with multibillion – dollar arms deal", *The Global and Mail*, Mar. 4, 2019, https://www.theglobeandmail.com/canada/article – saudi – arabia – says – it – believes – canada – going – ahead – with – multibillion/.

一份国家管制清单,以便实施本条约的规定";二是"如果转让将违反依照《联合国宪章》第七章行事的联合国安全理事会所采取的措施,尤其是武器禁运措施规定的义务,则缔约国不得批准武器的转让";三是"如果缔约国在批准时了解出售的武器将用于犯下灭绝种族罪、危害人类罪、严重违反《1949年日内瓦四公约》的行为,实施针对受保护民用物品或平民的袭击或其作为缔约国的国际文书所规定的其他战争罪,则缔约国不得批准武器或物项的转让"。同时,条约不限制成员国购买、出售或拥有的武器种类和数量,也不会影响成员国的国内控枪法规。① 可见,虽然该条约对于具体的军售行为并没有强制约束力,但仍然具有里程碑式意义:这是第一份全球性的常规武器贸易管制条约,提出了建立国际共同军售管制标准的愿景,明确了侵犯人权是军售的禁止性条件。

哈珀政府时期,加拿大以执行"出口为导向的外向型"经济战略为由拒绝加入《武器贸易条约》,2013年加拿大"全球市场行动计划"更是把沙特列为加拿大最重要的市场。② 哈珀任内的加拿大成为北约成员国和七国集团中唯一一个没有签订《武器贸易条约》的国家。③ 总而言之,哈珀政府的军售政策强调以经济收益为导向,较少考虑武器接收国的人权状况,一定程度上实现了军售与人权的"脱钩"。这也是哈珀与沙特进行军售合同谈判时的指导原则。

特鲁多上台初期,也曾希望低调处理对沙特军售案。然而,面对巨大的国内舆论压力以及不断爆出的沙特侵犯人权的证据,特鲁多政府逐渐调整政策。特鲁多对军售政策的最重要修正是将指导原则从哈珀的以经济收益为导向转变为权衡人权原则与经济收益的模式。其中,宣布加入《武器贸易条

---

① 《武器贸易条约》,联合国公约与宣言检索系统,https://www.un.org/zh/documents/treaty/files/att.shtml。

② Ellen Gutterman & Andrea Lane:"Beyond LAVs: Corruption, commercialization and the Canadian defence industry", Canadian Foreign Policy Journal, 23: 1, 2017, p. 80.

③ Srdjan Vucetic, "What joining the Arms Trade Treaty means for Canada", *Open Canada*, Apr. 19, 2017, https://www.opencanada.org/features/what-joining-arms-trade-treaty-means-canada/.

约》是特鲁多政府迈出的关键一步。2017年4月13日,加拿大外交部宣布加入该条约。《武器贸易条约》是以加拿大国内法的形式生效,即C-47法案。C-47法案根据《武器贸易条约》的要求修正《出口和进口许可法》以及《刑法》中的相关条款,最重要的是增加了外交部部长需在批准出口许可前根据管制清单进行一系列审核的法律要求。然而,管制清单却没有包含在此次通过的法案中,政府仍掌握对军售的最终决定权。

2018年2月,在舆论压力下,加政府提出了对C-47法案的修正案,核心是明确了外交部部长需审核的管制清单。修正案规定,完全适用《武器贸易条约》中列明的审查事项,包括"犯下灭绝种族罪、危害人类罪、严重违反《1949年日内瓦四公约》的行为,实施针对受保护民用物品或平民的袭击或其作为缔约国的国际文书所规定的其他战争罪"等。一旦发现购买武器的国家有上述行为,则外交部部长应拒绝发出许可。[①] 此条款将加拿大在军售中的人权状况审查提升至国际法律责任,显然将对沙特军售合同产生重大影响。这意味着该合同中每批次的武器交付都面临加方依照条约管制清单进行的审查,最终决定权在很大程度上受制于条约本身。另外,根据条约要求,武器管制的相关资料需提交至条约秘书处,对外军售将面临更多的国际监督压力。

(二)推动以女权为核心的人权外交政策

特鲁多上台之后在外交方向最重要的战略就是推行女权主义对外政策(Feminist Foreign Policy,下称"女权外交")[②]。所谓的女权外交,是指将性别平等的理念全面贯彻到外交、国防和国际援助等对外政策中的做法。在特鲁多政府看来,女权外交是人权外交的升级版。女权外交的理念源于1995

---

① "Amendments to Bill C-47", Global Affairs Canada, May 4, 2018, https://international.gc.ca/controls-controles/amendments-c-47-modifications.aspx?lang=eng.
② "Gender Equality: A Foundation for Peace, Canada National Action Plan 2017-2022, For the Implementation of the UN Security Council Resolutions on Women, Peace and Security", Global Affairs Canada, 2017, p.1.

年前美国总统夫人希拉里·克林顿（Hillary Rodham Clinton）在北京联合国妇女大会上的著名宣言——"人权即女权，女权即人权（Human rights are women's rights, and women's rights are human rights.）"。[1] 此宣言的进步之处，在于指出了女权是人权事业中的薄弱环节，只有实现了性别平等，才可能实现人权的平等；只有确保了女性的安全，才可能实现人类安全。在加拿大之前，瑞典、挪威和澳大利亚已经先后在2014年、2015年和2016年正式提出了女权外交。[2]

加拿大女权外交的首次登场是外交部部长方慧兰在2017年6月6日发表的外交政策讲话。她在讲话中指出，女权主义和推进妇女与女童权益是加拿大的核心价值观，而外交政策就是加拿大价值观的最重要载体。[3] 2017年6月9日，加拿大政府发布了首份《女权主义国际援助政策报告（Canada's Feminist International Assistance Policy）》。该报告提出了加拿大国际援助的六大行动领域，包括性别平等和赋权妇女与女童、维护人的尊严、惠及所有人的增长、环境与气候行动、包容式治理、和平与安全。报告将性别平等和赋权妇女与女童作为对外援助政策的核心内容，认为此项行动是减贫和对抗不平等的最有效方式，当女性获得通过成功的平等机会之后，整个社会的经济增长将得以实现。[4] 2017年11月15日，特鲁多总理亲自发布《埃尔斯倡议：维和行动中的女性（Elsie Initiative on Women in Peace Operations）》，从国防政策层面贯彻女权外交理念。埃尔斯倡议包括五点：一是支持以系统性

---

[1] Florence Howe: "Beijing and Beyond: Toward the Twenty – First Century of Women", Women's Studies Quarterly, Spring – Sumer, 1996, pp. 98 – 191.

[2] Jacqui Ture: "A Feminist Foreign Policy?", Australian Institute of International Affairs, Feb. 06, 2017, https://www.internationalaffairs.org.au/australianoutlook/the – rise – of – womens – foreign – policy – leadership/.

[3] "Address by Minister Freeland on Canada's Foreign policy priorities", Global Affairs Canada, Jun. 6, 2017, https://www.canada.ca/en/global – affairs/news/2017/06/address_by_ministerfreelandoncanadasforeignpolicypriorities.html.

[4] "Canada's Feminist International Assistance Policy", Government of Canada, 2017, http://international.gc.ca/world – monde/issues_development – enjeux_developpement/priorities – priorites/policy – politique.aspx?lang=eng.

的方式来让更多女性参与到维和行动中；二是为那些参加维和行动的国家提供有针对性的技术援助，使其有条件部署更多女性维和人员；三是为选定的联合国维和任务提供专门援助，以提高其支持女性参与任务的能力，加拿大将为此提供600万加元资助；四是设立一项全球基金来支持女性维和人员的部署工作，加拿大提供1500万加元建立该基金；五是通过细致的管理、评估和研究，使得本倡议能最终发展成更为完善的解决方案并全面融入联合国维和体系。① 2018年9月，加拿大外交部增设妇女、和平和安全无所任大使一职。② 至此，加拿大女权外交的基本框架已经形成，其目标是实现女性的发展、健康与安全权利。

然而，女权外交与军售之间存在着天然的对立。从政治理念上来说，军事化（militarization）和军事主义（militarism）被认为是从本质上反对女权主义的，武器系统所保护的正是女权主义所反对的高度等级化的国内与国际秩序，因此军售与女权外交之间存在意识形态的根本矛盾。从实际情况来看，联合国的多项研究证明，武器贸易是冲突或战争升级的催化剂，对冲突地区的军售会直接导致更多的人员伤亡。而当前战争伤亡人员中接近90%是平民，其中大多数是妇女和儿童。③ 另外，根据澳大利亚一项对2000~2016年所签订的和平协议的研究，一国军事支出的增加将导致和平协议中关于性别平等以及妇女权益的条款减少。④ 而且，军费的增加还意味着对发展以及和平建设的资金投入下降，将会阻碍教育、健康以及社区发展项目的落实，不利于女性获得基本的人权保障。

---

① "Elsie Initiative on Women in Peace Operations", Government of Canada, 2017, https://pm.gc.ca/eng/news/2017/11/15/elsie-initiative-women-peace-operations.
② Morgan Lowrie: "Ottawa to create new ambassador for women, peace and security", *The Globe and Mail*, Sep. 22, 2018, https://www.theglobeandmail.com/canada/article-ottawa-to-create-new-ambassador-for-women-peace-and-security/.
③ 《暴力与武装冲突》, https://www.un.org/zh/globalissues/women/violence.shtml。
④ "Toward Inclusive Peace: Analysing Gender-Sensiteve Peace Agreements 2000-2016", Australia Research Council Linkage Project, 2018, http://www.monashgpa.org/participation.

（三）国际社会给加拿大带来的压力

除了加拿大国内政策的改变，国际压力也是造成加拿大人权与军售矛盾恶化的重要原因。随着沙特在也门的战斗不断升级以及沙特国内人权状况的恶化，国际社会对沙特施加的压力不断加大，暂停或终止对沙特以及其在也门作战的盟友的军售成为越来越多国家的共识与选择。

2016年2月，欧洲议会通过动议要求欧盟全境对沙特禁售武器，理由是"沙特所领导的联军在也门的军事干预中导致了人道主义灾难"。①

2016年3月，荷兰议会通过决议，禁止向沙特出售武器，同时要求政府加强对军民两用物品出口的管控，成为第一个向沙特禁售武器的欧洲国家。②

2018年1月，德国和挪威宣布将停止向沙特以及其在也门的联军售武，德国更宣布停止履行已有军售合同，这将影响到由英国、德国、意大利、西班牙联合生产的"欧洲战斗机"无法交付沙特。③

2018年11月，在卡舒吉失踪案发生后，在欧洲议会的再次敦促下，瑞典、芬兰、丹麦、比利时等国相继加入禁止向沙特售武的队伍。④

2019年3月，德国政府宣布延长对沙特的武器禁售6个月。⑤

---

① Jennifer Rankin：" EU parliament votes for embargo on arms sales to Saudi Arabia"，*The Guardian*，Feb. 25, 2016, https：//www.theguardian.com/world/2016/feb/25/eu – parliament – votes – for – embargo – on – arms – sales – to – saudi – arabia.

② Adam Withnall：" Netherlands votes to ban weapons exports to Saudi Arabia"，*The Independent*，Mar. 16, 2016, https：//www.independent.co.uk/news/world/europe/netherlands – votes – to – ban – weapons – exports – to – saudi – arabia – a6933996.html.

③ Daniel Brown："US maintains support of Saudi-led coalition in Yemen war even as NATO allies stop selling weapons"，*The Business Insider*，Jan. 25, 2018, https：//www.businessinsider.com/germany – norway – stop – selling – weapons – to – saudi – led – coalition – 2018 – 1.

④ Angela Dewan："These are the countries still selling arms to Saudi Arabia"，*CNN*，Nov. 23, 2018, https：//edition.cnn.com/2018/11/22/middleeast/arms – exports – saudi – arabia – intl/index.html.

⑤ "Germany extends Saudi arms sale ban for another six months"，*Reuters*，Mar. 29, 2019, https：//www.reuters.com/article/us – germany – arms – saudi/germany – extends – saudi – arms – sale – ban – for – another – six – months – idUSKCN1R92UA.

现时，美国、英国、法国等少数几个大国仍维持对沙特的军售，主要原因是这些国家的合同数额巨大。2017年，美国与沙特签订了总值高达1100亿美元的军售合同。美国、英国和法国分别占沙特武器进口总量的61%、23%和3.6%。[1] 然而，荷兰、瑞典、挪威等中等国家停止对沙特售武实际上对加拿大构成的压力更大。加拿大认为自身的国家定位与这些国家更为相近，例如都支持发挥联合国的作用、倡议冲突的多边和平解决、积极在国际事务中发挥"有限但有效"的作用。加拿大与这些国家互称为"志同道合者（like-minded countries）"，在与所谓自由主义国际秩序相关的议题上相互呼应与支持，共同在大国博弈中维护中等国家的利益。典型的合作案例是瑞典、挪威、澳大利亚与加拿大相继提出女权外交政策，在联合国等国际场合相互鼓励，共同推动性别平权议题。反过来，与这些国家的合作与互动也会给加拿大带来制约。例如，加拿大议会与媒体在讨论对外援助问题时，经常会以瑞典、挪威等国更为积极的行动与更高的投入作为论据，批评本国政府的不作为。当前，这些国家停止对沙特售武，对加拿大形成了共同行动的压力。如果加拿大坚持军售，则可能招致国内更尖锐的批评，同时有损其在中等国家集团中的声誉，给加拿大与这些国家在其他领域的合作带来阻碍。[2]

三 加拿大政府的权衡与下一步考虑

特鲁多在2018年12月宣布考虑取消与沙特的军售合同后，至今未做出最终决定。加拿大政府在2016~2019年不断调整立场与政策，从低调推进到暂缓交付再到考虑取消，是反复权衡多种因素的结果。通过分析加拿大政府对这些因素的考虑，有助于揭示其政策逻辑，预测其下一步的政策选择。

---

[1] "Oil and arms: How Saudi Arabia maintains its grip on the West", *The Global and Mail*, Dec. 12, 2018, https://www.theglobeandmail.com/business/rob-magazine/article-oil-and-arms-how-saudi-arabia-maintains-its-grip-on-the-west/.

[2] Srdjan Vucetic: "A nation of feminist arms dealers? Canada and military exports", International Journal, Vol. 72 (4), 2017, pp. 508-509.

（一）特鲁多政府在沙特军售案中所权衡的因素

1. 军工产业与国家安全

军工产业与国家安全有着密切的联系，当国家遭遇大规模战争时，一国的军工生产能力是夺取胜利的重要因素。美国和苏联在二战中强大的军工动员能力便是重要的例证。现时，大部分国家的军工产业都是依靠政府的补贴政策以及大宗订单以维持生产。然而，对于加拿大来说，其71500人的部队规模以及仅占GDP比例1.2%的国防预算，难以提供足够的军购需求，全国超过700家军工企业必须大量依靠武器出口来维持。[①] 根据统计，加拿大军工企业超过50%的收入来自武器出口。[②] 当前，沙特是全球第二大武器进口国和加拿大的第二大武器出口国，是加拿大除了美国以外最重要的军售客户。可以说，对沙特军售是维持加拿大军工产业的重要支柱，与加拿大的国家安全有着密切联系。

对上述观点，加拿大国内也有完全相反的声音。反对者认为：其一，沙特军售实际上对加拿大的国家安全利益起到负面作用。加拿大在中东的核心利益是持久和平，但对沙特军售却支持了其在也门的军事干预行动，现时已经引发人道主义危机，还将带来难民与恐怖主义风险，最终反而危害加拿大的国家安全利益。其二，若加拿大遭遇军事威胁，作为最紧密盟友的美国肯定能够提供可靠的安全保护，因此维持独立的军工产业不具有必要性。而且，加拿大在战时完全可以动员汽车、铁路、飞机等民用工业转为军用以满足需要。其三，加拿大所需的军备完全可以从美国及其他盟国采购，如2007年加拿大就从德国和荷兰采购100辆主战坦克，不存在国际武器禁运的风险。[③]

[①] 刘丹：《加拿大国防政策新变化及其前景分析》，《现代国际关系》2017年10期，第35页。
[②] Ellen Gutterman & Andrea Lane：" Beyond LAVs: Corruption, commercialization and the Canadian defence industry", Canadian Foreign Policy Journal, 23: 1, 2017, p. 82.
[③] "Tanks for the Lesson: Leopards, too, for Canada", Defense Industry Daily, Jun. 18, 2014, https://www.defenseindustrydaily.com/tanks-for-the-lesson-leopards-too-for-canada-03208/.

2. 关键选区影响与总体民意倾向

选举政治是特鲁多不愿意取消对沙特军售合同的核心考虑之一。对选举政治的分析，应该从关键选区与总体民意两个方面来分析。

承接沙特军售合同的通用动力陆地系统部门位于安大略省，是加拿大联邦大选的关键票仓。在下议院的338个席位中，安大略省占了121个，过去赢得联邦大选的政党几乎都必须在安大略获胜。沙特军售合同直接涉及的是安大略省伦敦市的四个选区，考虑到工厂配套等因素还将辐射到周边的六个选区，合计十个选区。武器工业对这些选区来说十分重要，主要从工作岗位以及工业发展两个维度产生影响。工作岗位方面，武器工业所雇佣的多是高薪酬的工程与技术人员，而且由于这些工作事关国家安全，几乎不会受外包或者其他低成本对手的威胁，因此这些岗位对选区来说是就业市场的压舱石。工业发展方面，伦敦市及其周边地区被称为加拿大的工业"铁锈带（rust belt）"，在2000年后大量的制造业被低薪酬和不稳定的低端服务业代替，因此相对稳定的军工企业对地方经济的重要性凸显。从表1可以看到，安大略省在坚决赞同继续向沙特出售武器中排名第二，在坚决反对中排名最后。若上述十个选区的投票率高且倾向一致，则有可能对整个安大略省的选举结果产生影响。

但如果把对民意的观察范围扩大至全国，则情况会很不一样。2016年6月的民意调查就显示有73%的受访者反对沙特军售案。[①] 到2018年8月，全国反对沙特军售案的比例攀升至84%，加拿大六大省区的反对比例都超过80%。其中，下议院席位数量排第二和第三的魁北克（78席）和BC省（42席）坚决反对的比例高达39%和42%，排第四的阿尔伯塔省（34席）反对比例在所有省区中排名第一（89%）。综上所述，虽然沙特军售案对关键选区的民意有重要影响，但从全国范围来看，民意一边倒的支持停止向沙特出售武器。

[①] Steve Chase: "On the Saudi arms deal, hard evidence of soft hypocrisy", *The Global and Mail*, May 11, 2016, https://www.theglobeandmail.com/opinion/editorials/on-the-saudi-arms-deal-hard-evidence-of-soft-hypocrisy/article29985367/.

表1　加拿大民众对沙特军售政策的态度

单位：%

问题：加拿大应否继续向沙特出售武器							
	全国	BC省	阿尔伯塔省	萨斯喀彻温省/马尼托巴省	安大略省	魁北克省	大西洋诸省
赞同合计	16	11	11	18	16	19	15
坚决赞同	4	2	2	6	5	4	2
一定程度赞同	12	9	9	13	11	16	13
反对合计	84	89	89	82	84	81	85
坚决反对	35	42	35	33	30	39	37
一定程度反对	49	47	54	49	54	42	48

资料来源：整理自IPSOS民调报告，https://www.ipsos.com，资料更新时间为2018年8月27日。

3. 加沙关系与国际声誉

加拿大与沙特关系的核心是经贸关系。2018年，沙特是加拿大的第17大贸易伙伴，双边贸易额为57.4亿加元。其中，加拿大从沙特进口石油和天然气约24.87亿加元，占总进口额94%以上；加拿大对沙特出口的武器约6.49亿加元，占总出口额44%。[1] 除了沙特军售对加拿大经济、就业与工业发展有着重要作用以外，加拿大对沙特石油的依赖也在近年不断增加。从2014年至2019年4月，加拿大从沙特进口的石油上升超过66%。即便在发生抓捕与处死反对派、也门人道主义危机以及卡舒吉失踪案后，加拿大从沙特进口的石油仍然有增无减，2018年的占比为总进口量的10%，高于2017年的8%。[2] 主要原因有两点：一是加拿大缺乏从西部产油省向东部输

---

[1] "Saudi-Canadian relations and the arms deal: A guide to the story so far", *The Global and Mail*, Jan. 2, 2019, https://www.theglobeandmail.com/politics/article-saudi-arabia-canada-arms-deal-explainer/.

[2] Chris Arsenault: "Canada's oil imports from saudi arabia on the rise since 2014 trade figures show", *CBC*, Apr. 29, 2019, https://www.cbc.ca/news/business/saudi-oil-imports-rise-canada-diplomacy-1.5096887.

送石油的管道，二是西部原油的提炼成本要远高于从沙特进口。因此，加拿大对沙特原油的依赖性在短期内不会改变。另外，沙特与阿联酋、约旦、巴林、科威特、卡塔尔、埃及等阿拉伯国家关系密切，大部分参与了沙特在也门领导的联军，因此对沙特的军售禁售可能会波及加拿大与整个阿拉伯世界的关系。

特鲁多上台后的一个重要外交目标是在2021年夺得联合国安理会非常任理事国的轮值席位。为此，小特鲁上提出了新的对外援助战略，承诺接收数万名叙利亚难民，派出2000年以来最大规模的部队和装备参与马里维和行动，希望借此提升国际声誉。然而，这些努力可能无法抵消其在对沙特军售上带来的负面影响。国际社会的共识是军售会导致暴力泛滥、政治动荡、人权状况恶化等问题。例如，联合国多次公开谴责沙特在也门内战中侵犯人权的行为以及导致的人道主义灾难，而加拿大生产的武器被发现用于当地的战斗。加拿大向尼日利亚出售的武器也被发现落入恐怖主义组织博科圣地手中。[1] 冲突地区的情况恶化，还可能造成大规模的难民危机，这与加拿大的难民政策也背道而驰。因此，从根本上来说，沙特军售案有损加拿大的国际声誉，特别是在挪威等同样竞争安理会非常任理事国席位的国家已经明确表示终止对沙特售武后，加拿大在此问题上显得更为孤立。

（二）加拿大政府未来的可能对策

2019年10月，加拿大将迎来联邦大选，而特鲁多的选举策略是将核心议题聚焦在就业、环保与性别平等，因此他很可能不会在大选前对沙特军售案做出最终决定，避免再次引起争议而分散选民注意力。加拿大议会也经在2019年6月进入休会期，政府无法再提出对军售法规的新修正案。因此，特鲁多在短期内的应对将更多是策略性的，例如以延长暂停批准出口许可、制裁更多沙特涉案公民、公开场合批评沙特政府等方式回应舆论压力，但军

---

[1] Associated Press: "Nigerian military: some officers selling arms to Boko Haram", *Fox News*, Sep. 4, 2016, https://www.foxnews.com/world/nigerian-military-some-officers-selling-arms-to-boko-haram.

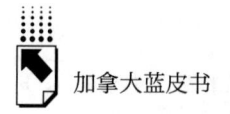

售政策在其第一任期内不会再出现大的调整。若特鲁多再次赢得大选，则很可能会为了推进女权外交以及竞选联合国安理会席位而进一步收紧军售政策，例如提早结束与沙特的军售合同，同时通过增加本国军队的采购来弥补军工企业损失。

特鲁多在大选中的主要对手希尔（Andrew Sheer）已经表明了对军售案的立场：反对取消与沙特的军售合同。希尔并没有为沙特辩护，而是承认沙特确实存在严重违反人权的行为，但他提出应当以停止从沙特进口原油作为惩罚手段。希尔的建议实际上是出于非常精明的政治考量。[1] 一方面，与沙特的军售合同是在保守党执政时期由哈珀总理一手促成，保守党将之视作主要政绩，是保守党争夺安大略选票的重要筹码，因此希尔不愿意取消此合同。另一方面，希尔需回应国际社会和国内舆论的压力，因此提出以全部停止进口沙特原油作为终止军售合同的代替手段。然而，该建议根本不具有可行性。如前文所述，加拿大的东部省份非常依赖来自沙特的原油，而加拿大尚未有横贯东西的输油管道，因而西部省份的石油并不能代替沙特的供应。希尔提出此建议是为了在大选中争取西部产油省阿尔伯达和萨斯喀彻温，同时提醒选民特鲁多政府在推动东西输油管道上的失败。

---

[1] Robert Fire: "Scheer opposes ending Saudi arms deal", *The Global and Mail*, Dec. 18, 2018, https://www.theglobeandmail.com/politics/article-scheer-opposes-ending-saudi-arms-deal/.

加美关系

Canada-US Relations

B.8
加拿大出口多元化战略下的政治经济学分析

Geoffrey McCormack *

摘　要： 从2007年开始，全球经济出现衰退，本文基于该背景着重考察了美国和加拿大在此过程中不断变化的关系。全球金融危机爆发后，加拿大的主要贸易伙伴经济陷入了停滞，促使特鲁多政府和前任哈珀政府积极寻求贸易多元化战略。虽然美国仍然是加拿大最重要的贸易伙伴，但贸易多元化战略旨在调整贸易重心向高增长经济体尤其是中国倾斜。加拿大国内经济面临着多重挑战，包括经济停滞和失业、家庭债务驱动的房地产和建筑业的繁荣以及日益脆弱的金融体系。综上所

---

* Geoffrey McCormack，广东外语外贸大学加拿大研究中心助理教授，博士，研究方向为政治经济学、加拿大经济。

述，这些现实对加拿大宏观经济稳定构成了严重威胁。加拿大政府认识到这些风险，并寻求获取海外特别是中国的石油和农产品市场来稳定经济。其对美国出口额的相对下降和对中国出口额的上升反映了经济危机后全球秩序的现实状况，以及加拿大试图将自身融入出口多元化的战略。

关键词： 加拿大　多元化战略　美国　中国

一　引言

约翰·曼利（John Manley）曾多次担任加拿大政府要职，包括工业部部长、外交部部长、财政部部长和副总理，有着数十年的从政经验。2016年，他又出任了加拿大最具权力的游说团体——加拿大商业理事会的总裁兼首席执行官，该组织代表了加拿大150强企业的利益。赖特·米尔斯（C. Wright Mill）将在世界上最强大的国家最有权力的机构中担任核心角色的人称作权力精英，而处于加拿大商界和政府权力巅峰的约翰·曼利便是权力精英中的典范。在2019年2月举行的加拿大贸易会议上，曼利探讨了加美关系所面临的挑战及其对加拿大贸易战略带来的影响。他说，"加拿大在世界上的地位从未像现在这样如此孤立，"全世界特别是美国最近的事态发展表明，加拿大不能再想当然地认为自己的利益与美国的利益一致。"加拿大需要促进和保护自己的价值观，并在追求自身经济利益的途径上建立共识。加拿大的外交政策需要以经济利益为核心。"①

就在两个月前，特鲁多政府宣布了加拿大出口多元化战略。这项雄心勃勃的计划旨在通过投资基础设施来支撑贸易、为加拿大企业提供进入海外市

---

① Koleva, Katarina, Queena Li, and Verna Yam, Canada's State of Trade: At Home and Beyond, Canadian Global Affairs Institute, February 19, 2019.

加拿大出口多元化战略下的政治经济学分析

场的资源以及加大对加拿大出口商的贸易服务力度，① 从而实现到 2025 年加拿大对海外市场的出口额增加 50% 的目标。特鲁多政府意图通过加强与世界其他国家的贸易关系来减少加拿大对美国的依赖。"贸易多元化"是当下的时髦词汇。加拿大国际贸易多元化部长的政务次官奥马尔·阿尔哈布拉（Omar Alghabra）表示，特鲁多总理正在投入大量资源来实现这一目标。"政府承诺在基础设施方面投资 7.739 亿美元来支持贸易，重点加强入境货物口岸建设，以确保加拿大基础设施建设不会成为贸易发展的瓶颈。"除了基础设施投资，政府主导的贸易促进代表团也被派往世界各地，为加拿大企业打开海外市场和增加投资机会铺路搭桥。

尽管自由党政府的出口多元化战略雄心勃勃，但却不是什么新鲜事物。它只是延续和强化了保守党政府自全球金融危机以来及其后低增长和低就业时期所采取的战略。在这场全球经济动荡中，斯蒂芬·哈珀总理采取了积极的贸易多元化战略，与世界上几个重要经济体建立了自由贸易协定。事实上，加拿大一半的自由贸易协定都是 2008~2014 年哈珀执政期间签署的。此外，他还实施了全球市场行动计划，该计划面向加拿大出口和投资的成熟及新兴市场。甚至哈珀政府与中国的关系在经济大萧条到达白热化阶段时也回暖了。尽管他拒绝出席 2008 年北京奥运会开幕式，并公开表示加拿大不会向"环评记录不良的国家"出售原油，但他的政策在 2009 年大衰退最严重的时候出现急速转变。当时他仅在短短四个月内就派出了 4 名联邦部长到访中国，并在 2009 年年底亲自出访。② 哈珀政府对华政策的巨大转变需要结合全球金融危机及其后全球经济衰退的背景来解读，它成为加拿大实施贸易多元化战略的重要推动力。在与发达资本主义经济体最亲密的贸易伙伴，

---

① "Government of Canada announces funding opportunities for infrastructure projects to create jobs and diversify trade", Transport Canada, Government of Canada, December 18, 2018, https://www.canada.ca/en/transport-canada/news/2018/12/government-of-canada-announces-funding-opportunities-for-infrastructure-projects-to-create-jobs-and-diversify-trade.html.

② Nossal, K. R. and Leah Sarson, "About face: explaining changes in Canada's China policy, 2006-2012", Canadian Foreign Policy Journal, Vol. 20, Issue 2, 2014, pp. 142-162.

特别是美国的贸易机会日益减少的情况下，加拿大现在将积极寻求海外出口和投资的新渠道，改善企业的投资条件。

可见，保守派和自由派政府的贸易战略具有极强的连续性，这也凸显了相关历史和结构因素的重要性，因为它们决定了加拿大施政者决策所依赖的基础条件。结构因素不是以直接、机械的方式来决定贸易政策，但它为战略和战术的决策提供了背景，使我们能够大致了解加拿大与美国的未来关系。用卡尔·马克思的话说：人们创造了自己的历史，但并不是在他们自己选择的环境中创造的。

加拿大和美国的关系必须结合以下几点分析进行考量：(1) 加拿大在全球经济中的地位；(2) 加拿大的经济结构；(3) 在密切关注加拿大政府寻求优化资本积累条件的方式的同时，这些因素将影响加拿大的整体贸易战略。

总体而言，加拿大政府面临着以下情况。全球经济衰退已经过去十年有余。这场危机引发并导致全球秩序的结构性转变：世界经济停滞不前，利率创历史新低，前景一片渺茫；发达资本主义国家的民众不满，让右翼和左翼民粹主义死灰复燃，美国权势集团将注意力转向贬低社会主义理念；唐纳德·特朗普成为美国总统，令华盛顿和世界各地的统治精英极为懊恼；水力压裂开采技术的引进，使美国自1973年以来首次成为世界上最大的石油生产国；世界上两个最大经济体——中国和美国的紧张关系最终引发了贸易战；地缘政治力量的平衡也发生了变化，使亚洲世纪成为人们关注的焦点。[1] 这些只是在全球经济衰退期间世界资本主义国家发生的一些显著变化。因此在考虑加拿大与美国不断变化的关系时，必须着重结合这些背景进行考量。

国际环境发生巨变的同时，加拿大的经济结构也发生了重大变化。其中最重要的是安大略省的制造业发展放缓；以家庭债务驱动的房地产行业快速增长，现在成为国内生产总值的最大贡献者；阿尔伯塔省的油砂产业成为加拿大资本积累的中心。在这些巨大变化中，加拿大政府尽了最大努力以改善

---

[1] "Asia 2050: Realizing the Asian Century", 2011, Asian Development Bank, https://www.adb.org/publications/asia-2050-realizing-asian-century.

资本积累的条件，例如实施立法为过热的房地产市场降温，以及国有化备受争议的跨山输油管道来提升阿尔伯塔省石油向不列颠哥伦比亚省输送的运力。综上所述，全球资本主义的发展态势、加拿大经济的变化以及加拿大政府为改善经济做出的努力都不断影响着加拿大与美国的关系。

在本文中，影响加美贸易关系的因素将被集中讨论并解释在政府的助力下，加拿大资本与新的全球资本积累中心——亚洲加强贸易关系的方式。通过贸易数据分析，本文将论述亚洲对加拿大重要性的相对上升是如何通过美国重要性的相对下降体现出来的。这些变化虽然显著，但在中短期时间内还无法对加美整体关系产生重大的影响。本文的各个部分内容总结如下。

在第一部分中，本文考察了过去十年间全球经济的发展趋势，以及全球经济衰退对世界各经济体，特别是加拿大主要贸易伙伴造成的不均衡影响。本文指出，加拿大的主要贸易伙伴经历了经济停滞，而低收入和中等收入国家则经历了快速的经济增长，这意味着七国集团和高收入国家在争夺低收入和中等收入国家市场上的竞争将更加激烈，这也是加拿大追求贸易多元化战略和加美关系不断变化的根本原因。加拿大政策制定者敏锐地意识到先发制人的优势，趁其他国家追赶之际，不断努力帮助加拿大企业抓住难得的机会进入高增长市场。在第二部分中，本文仔细比较了过去十年间美国和加拿大经济体的宏观经济趋势并指出，两个经济体一直都处于经济停滞阶段，预计未来依然如此。由于加拿大3/4的出口货物都销往美国市场，这成为加拿大多元化战略的重要推动因素。本文认为实施了十多年的多元化战略不断改变着两国之间的关系。本文的第三部分研究了加拿大经济在过去十年中的重要发展，特别关注了决定着加拿大的经济结构企业赢利能力和资本积累趋势。本文还结合了经验性趋势回顾来理解加拿大的出口多元化战略及其对加美间贸易的影响。在过去十年中，加拿大阿尔伯塔省的油砂产业成为新的资本积累中心，加拿大石油和天然气开发成为主要的经济增长源。由于加拿大经济面临着某些风险，例如房地产泡沫和不稳定的金融体系，加拿大政府必须把发展石油和天然气行业作为优先事项。但同时本文也指出，加拿大高度依赖对美石油出口，但后者通过引入水力压裂技术增加了国内的石油产量并已成

为世界上最大的石油生产国，其石油拥有量已经供大于求。加拿大主要的石油出口国美国实现了石油自给自足，同时美国经济未来几年可能会出现停滞，这使得加拿大这个石油出口国处于非常不利的地位。基于这个原因，笔者认为，在加拿大政府的帮助下，石油工业发展重心将转向中国这个新的全球资本积累中心。在未来十年里，中国的石油消费量将超过世界上其他国家。因此在未来的一段时间里，加强加拿大资本积累中心阿尔伯塔省与世界资本积累中心中国之间的联系显得愈加紧迫和可能。由此也可以看出特鲁多政府为什么要加紧推动将阿尔伯塔省油砂输送至不列颠哥伦比亚省海岸的管道建设。基于地理位置的原因，加美仍将保持最重要的伙伴关系，但全球资本积累中心逐渐向东亚，特别是中国转移，要求加拿大必须将发展与这些国家的贸易和投资关系作为最优先事务，同时还要面临加美之间可能不断加强的竞争。

二 全球资本积累中心转移与全球衰退

在分析加拿大与美国的变化关系时，需要考虑世界经济的两个重要发展形势。第一，全球资本积累中心从美国转移到中国，永久改变了加拿大领导者做出决策的基础条件。第二，十多年前的全球经济衰退从根本上不均衡地改变了世界经济的增长速度。在下文中讨论了以上各个方面是如何影响加拿大与世界，特别是与美关系。

进入21世纪以来，全球资本积累中心出现了显著变化，逐渐从美国和其他发达工业化国家向亚太地区转移，预计到2021年该地区的全球GDP占比将达到45%。而位于该区域的全球第二大经济体的中国将处于核心位置。国际货币基金组织统计数据显示，2018年，中国的国内生产总值达13.4万亿美元，仅次于同年美国的20.5万亿美元。相比之下，加拿大同年的国内生产总值仅为1.7万亿美元。① 为了更有力说明和理解这些经济体的相对重

---

① International Monetary Fund, World Economic Outlook Database, http://www.imf.org/, GDP in current prices.

要性，有必要考虑它们对世界产出的贡献值。美国占全球 GDP 的份额从 2002 年的 31% 下降到 2017 年的 24%，减少了 7 个百分点，而中国占全球 GDP 的份额却增长了 9 个百分点，从同期的 6% 上升到 15%（见图 1）。在短短的 15 年时间里，中国经济不断发展壮大成为世界第二大经济体。因此，中国作为新资本积累中心的重要性不容忽视，其影响力堪比全球衰退这个世界经济第二大发展态势。

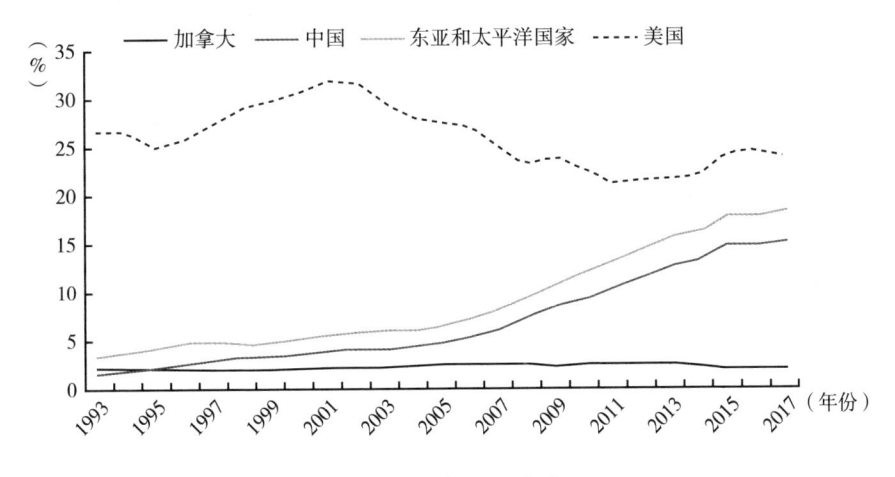

图 1 全球 GDP 占比

资料来源：世界发展指标、世界银行，作者统计计算。

十多年前，全球资本主义进入了衰退阶段，同时还伴有严重的政治和经济不稳定。[①] 从欧元区债务危机到世界各地右翼政府的崛起，全球资本主义步入了一个极为动荡的时期。在这些变化和骚动中，经济低增长始终存在，政治领导人对此束手无策。

然而，全球经济停滞出现了不均衡状况。虽然七国集团和高收入国家的经济增长停滞，但中低收入国家的增长却相对强劲（见表 1）。因此，尽管中国的全球 GDP 占比在全球经济衰退前就已开始增长，但经济衰退期间世界经济不均衡增长的特点加剧了这一趋势。中国经济的快速增长使其全球

---

① David McNally, 2010, *Global Slump*, Oakland: PM Press.

GDP占比不断增加，而美国的全球GDP占比在不断下降。

当一国经济增长时，其进口也会增加。当经济出现停滞或萎缩时，进口就会减少。因此，全球增长不均衡具有广泛深远的影响。高收入国家无法再像十年前那样依赖相互之间的贸易。在七国集团和高收入国家运营的公司发展受到制约，促使他们到其他地方开拓新的市场。

表1　年均GDP增长

单位：%

国家	1995~2007年	2008~2016年
G7国家	2.3	0.7
高收入国家	2.8	1.2
中等收入国家	5.3	4.9
低收入国家	4.2	5.3
加拿大	3.1	1.5
中国	10.0	8.4

资料来源：世界银行、世界发展指标。

在这种背景下，高收入国家纷纷加大多元化出口力度，争相进入中低收入国家快速增长的市场。如表1所示，这在很大程度上意味着全球贸易重心正向世界经济增长中心——中国转移。例如，市值620亿美元、拥有6万亿美元管理资产的美国最大公司之一贝莱德（Blackrock）认为，向高速增长市场的扩张势在必行。在致投资者的一封信中，首席执行官拉里·芬克（Larry Fink）明确表明了公司的战略："无论现在还是未来，贝莱德最首要的任务之一就是提高我们在全球高速增长市场（尤其是亚洲和中国）的占有率和渗透力。"①

加拿大公司寻求开拓海外市场和投资机会也是基于相同的动力。加拿大与七国集团的贸易占其贸易总额的3/4，2017年该贸易额约为1万亿美元。

---

① Robin Wigglesworth, "Larry Fink Identifies China as critical BlackRock priority", *Financial Times*, 9 April 2018, https：//www.ft.com/content/d7635d88 - 39a2 - 11e8 - 8b98 - 2f31af407cc8 (Accessed 9 November 2018).

七国集团经济陷入停滞表明,加拿大过度依赖于美国、欧洲和日本市场。后文也将说明加拿大的主要贸易伙伴——美国经济正陷入停滞,未来很有可能继续保持这种停滞状态。投资会带动经济增长,投资占 GDP 的比例是衡量投资程度的良好指标。过去十年间,虽然加拿大每年的投资 GDP 占比比美国高 3.5%,比欧盟高 3%,但却比中国低 22%。① 由此可见,加拿大的经济发展水平介于经济停滞的传统贸易伙伴和太平洋地区高增长的经济体之间。加拿大商界现在把目光投向了中国。② 加拿大驻北京大使馆前参赞查尔斯·伯顿(Charles Burton)表示,"一些与中国的商业网络建立了丰厚利益关系的加拿大商界精英,正在极力游说总理办公室推动与中国进一步的政治和经济一体化"。③ 加拿大贸易重心正转向中国,而加拿大政府正在安排实施细节。

加拿大企业和政府面临着实施多元化战略进入高速增长市场的压力。本文将详细讨论加拿大必须实施贸易多元化,优先加强与中国贸易的结构及历史动因。从商业竞争的角度看,时间是至关重要的因素。当全球企业都将目光转向了亚太地区,加拿大企业在全球市场竞争和投资机会方面存在着落后于人的风险。中国已经与世界几个国家建立了自由贸易协定,其中包括加拿大的竞争对手。帕蒂尔认为,加拿大政府行动迟缓,不愿意去适应不再以北大西洋为中心的全球秩序。④ 加拿大企业要想继续竞争和发展,就需要不失时机地进入中国市场和获取投资机会。先动者会比后来者具有更显著的优势,包括品牌知名度高、竞争对手少和客户忠诚度高,这些都有助于早期进入者获得比晚入者更多的市场份额。加拿大外交部政务次官安德鲁·莱斯利(Andrew Leslie)认为,在国际贸易协定方面,加拿大要比美国具有竞争优

---

① International Monetary Fund, World Economic Outlook Database, http://www.imf.org/.
② Daniel Poon, "China's move up the value chain: Implications for Canada", *Canadian Foreign Policy Journal*, Vol. 18, 2012, Issue 3, pp. 319 – 339.
③ Charles Burton, "With Beijing, it's never just about free trade", *The Global and Mail*, 14 April 2017, https://www.theglobeandmail.com/opinion/with-beijing-its-never-just-about-free-trade/article34049806 (Accessed 9 November 2018).
④ Jeremy Paltiel, "Resolute ambivalence: Canada's strategy toward China and the Asia-Pacific", *Canadian Foreign Policy Journal*, Vol. 22, 2016, Issue 1, pp. 40 – 53.

势。例如，特朗普总统草率退出了跨太平洋伙伴关系协议，但加拿大依然享有《全面与进步跨太平洋伙伴关系协定》和《全面经济与贸易协定》。加拿大政府正在帮助企业抓住这个依然尚存的机会。莱斯利先生认为，现在的问题已经变成："我们如何才能激励企业进行更多的投资，要把目光投向远东、欧洲还是其他地方？"① 他建议减少立法障碍，以促进贸易快速流动。"重心调整，提出要求，实施完成——我们需要简化章程条例，但问题是如何才能加快这个进程。"② 从国际竞争的角度看，在多元化贸易，尤其是深化与中国的贸易关系方面，时间是至关重要的因素。商界有这种紧迫性需求是可以接受的。因此，发达资本主义国家的经济停滞和相互之间的竞争是推动加拿大出口多元化战略的关键因素。从这些整体的经济现实也可以得出这个结论。曼利先生也许只是在描述外交政策，而不是在制定它，但经济利益已成为加拿大外交政策的核心。

三 全球衰退中加拿大和美国资本主义的发展状况

到目前为止，本文已经探讨了进入21世纪以来全球资本积累中心的总体转移状况，以及全球衰退对不同政治辖区的不均衡影响，并指出，如果加拿大想充分利用美国外交政策的失误，就必须把握好时间这个至关重要的因素。美国是加拿大的主要贸易伙伴，加拿大3/4的出口货物都销往美国。因此，美国的经济增长和就业状况对加拿大经济，尤其是安大略省有着显著的影响。安大略省出口额占加拿大总出口额的43%。因此，研究美国和加拿大经济的主要发展趋势非常重要。本文认为，自全球金融危机以来，加拿大和美国的经济表现没有太大的改观，前景也不够乐观。经济增长停滞可能意味着进口停滞。与此同时，美国已成为一个石油丰富的国家和全球最大的石油生产国，美国丰富的石油以及低工业产出和低就业水平对加拿大出口多元

---

① Koleva, Katarina, Queena Li, and Verna Yam, Canada's State of Trade: At Home and Beyond, Canadian Global Affairs Institute, February 19, 2019. Ibid.
② Ibid.

化战略的形成有着显著的影响。美国经济保持停滞状态，已成为世界上最大的石油生产国，同时自2015年取消石油出口禁令以来，它还成为加拿大的重要竞争对手和不可靠的石油出口市场。① 因此加拿大联邦政府努力把石油推入市场需要在这个背景下理解。然而，本文第三部分内容指出，国家推动石油开发还有一个更为根本的原因，即石油开发是稳固加拿大资本主义的基石。

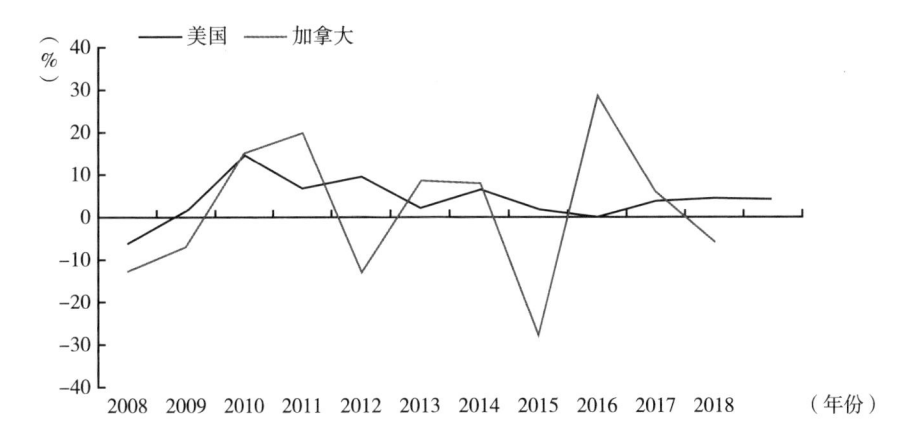

图2 公司利润增长率

资料来源：加拿大社会经济信息管理系统（统计表36-10-0103-01），美国经济分析局（统计表1.10），作者统计计算。

衡量发达资本主义经济体经济稳定的主要指标是企业赢利能力，其中最全面的衡量指标是企业净营业盈余。如果企业利润增长，就会追加投资和雇佣劳动力。因此，产出和收入都会增加。如果企业利润停止增长或出现萎缩，投资就会受到影响，随之影响就业。产出和收入就会停滞或萎缩。在全球经济衰退的过程中，美国企业利润平均增长了4%，低于其7%~8%的历史平均值，而加拿大企业利润仅增长了1.7%。然而，如图2所示，尽管美

---

① Alexander, Craig. (Feb 15, 2019). Canada: Dark economic clouds bring rougher seas. Deloitte Insights. https://www2.deloitte.com/insights/us/en/economy/americas/canada-economic-outlook.html.

国过去十年的企业利润增长速度稍快,但总体而言,其增长率持续放缓,从2010年的15%的高点跌落至2018年的4.5%。

企业利润增长放缓对美国或加拿大经济来说并非好事,体现在较低的产能利用率和资本积累率上(如图3和图4所示)。产能利用率用于衡量经济的整体疲弱程度,代表了企业可实现的潜在产出值。虽然企业保持后备生产能力来应对意外的需求变化是正常的,但产能过剩意味着潜在产出超过了实际需求。因此产能过剩就是超过了所需的后备生产能力。在全球金融危机发生前15年,加拿大和美国的产能利用率分别为85%和81%。然而,在经济大萧条期间,两者产能利用率明显下降。如图3所示,两个国家的产能利用率均未恢复到危机前的水平。两国过去十年间的产能利用率仍然比危机前的平均水平低5个百分点。自2007年以来,加拿大平均产能利用率为80%,而美国平均产能利用率为76%。过去十年间,加拿大和美国的赢利能力均较差,并出现产能过剩。后文将指出,低产能利用率同时还会伴随着低资本积累率。

图4显示的是资本积累率,它用于衡量一个国家资本存量的增长,包括机械、设备、建筑、结构和知识产权。2010~2017年,美国的平均资本积累率仅为3.5%,比大衰退前80年的历史平均水平低了3个百分点。加拿大也是如此,但是加拿大的赢利增长更加不稳定和难以预测。该国同期的平均资本积累率仅为4.5%。资本存量的增长十分重要,因为它往往是新就业机会的来源。企业通常需要雇佣工人来操作新机器。

低产能利用率和资本积累率导致就业增长缓慢。图5显示了就业率,它是全面衡量就业水平的指标,反映了已就业人数与适工年龄人口的比率。过去十年,美国的平均就业率为68.5%,而加拿大的平均就业率为72.5%。更为重要的是,到2018年,美国就业率仍然没有恢复到危机前的水平。在陷入经济衰退前的2008年,美国就业率为70.8%。十年后,其就业率为70.7%。另一方面,加拿大就业率虽然有所恢复,但增长幅度极微。2008年,其就业率为73.5%。2018年,就业率最终超过危机前的水平,达73.8%,但仅比2008年的水平高出0.3%。加拿大统计局提供的数据则略有不同,2019

加拿大

平均值，85%

平均值，80%

美国

平均值，81%

平均值，76%

图3 产能利用率

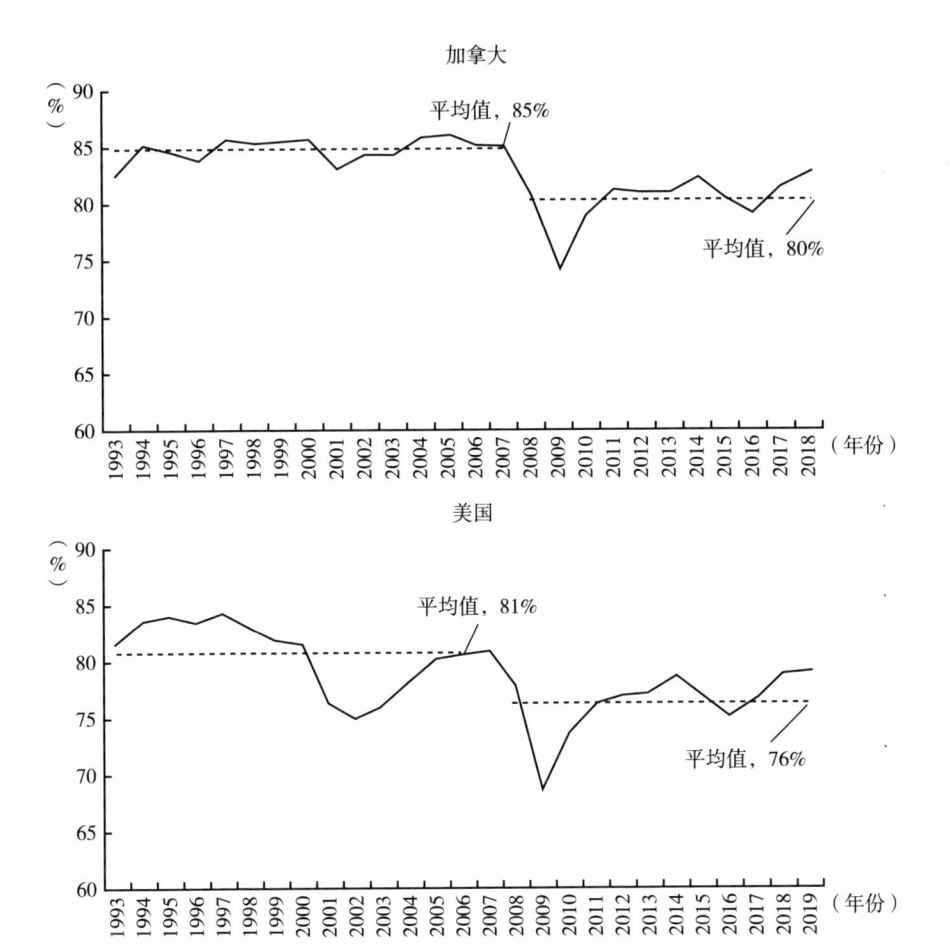

资料来源：加拿大社会经济信息管理系统（统计表16-10-0109-01）；圣路易斯联邦储备银行，TCU。

年就业率仍低于2008~2009年大衰退期间的最低水平。因此，像赢利能力和资本积累一样，就业增长率在全球经济衰退中也停滞不前。

实际收入增长与就业增长挂钩。当劳动力市场趋紧时，劳动者议价的地位相对于雇主有所改善，后者可以在人才竞争中抬高劳动力的价格。同样，当劳动力市场疲软时，工资通常会萎缩停滞不前。因此，近年来，除了赢利能力差、产能利用率低、资本积累乏力和就业增长低外，美国和加拿大的实

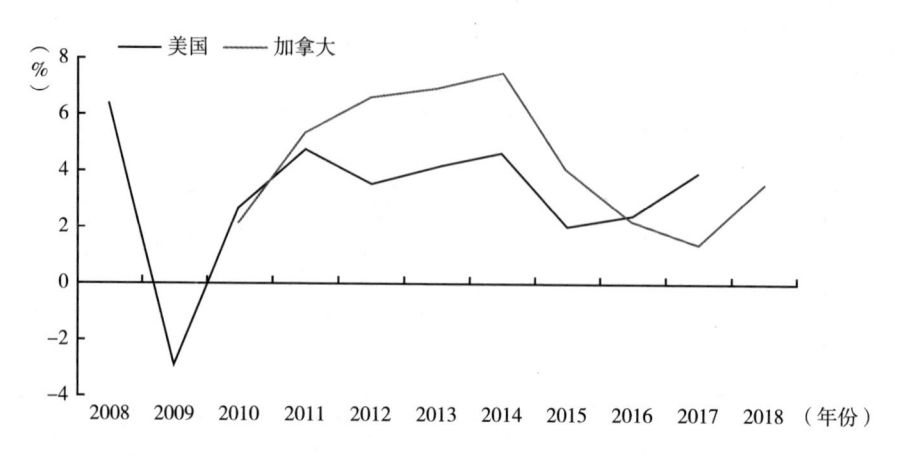

图4 美国资本积累率

资料来源：美国经济分析局（统计表6.1第二行）、加拿大社会经济信息管理系统（统计表34-10-0163-01），作者统计计算。

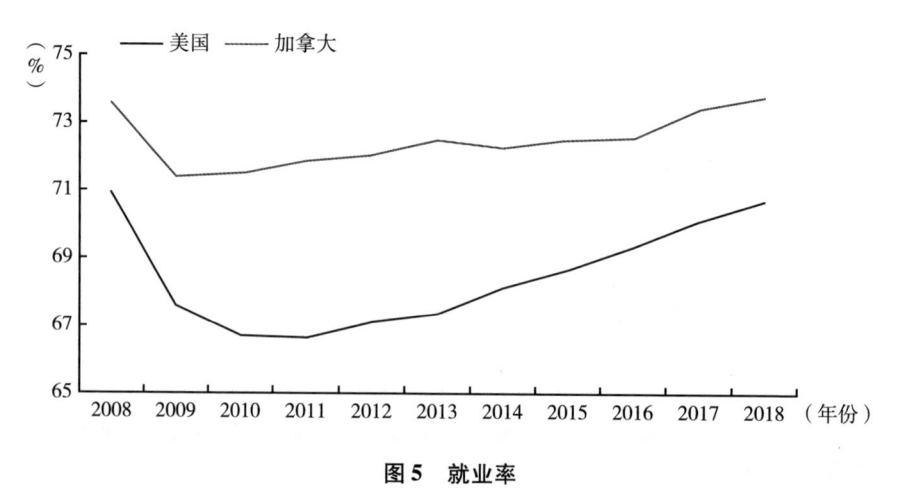

图5 就业率

资料来源：圣路易斯联邦储备银行（LREM64TTUSA156S，LREM64TTCAA156N）。

际收入也处于停滞的状态。图6显示了自大衰退以来，这些国家的平均实际年收入（按国家货币单位计算）。虽然在经济大萧条之后，两个国家的平均实际年收入都有所增加（美国2013年除外），但在2015年之后，这一数字有所下降。2015年，两国人均实际平均年收入分别为65018加元和60692美元。2017年分别为64948加元和60558美元。加拿大实际工资中位数也

图 6　实际平均年收入

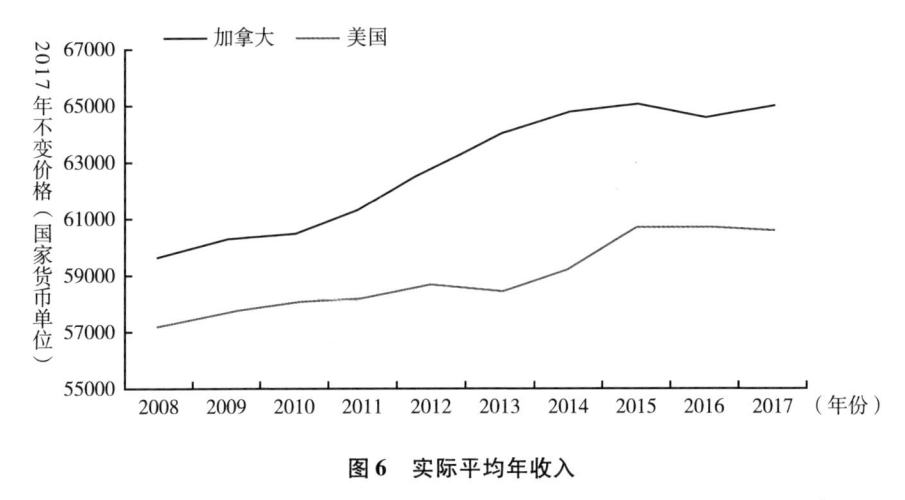

资料来源：经合组织统计数据。

一直停滞不前。

过去几年，这些国家的人感觉生活愈加艰难，不满情绪越来越多。一项由 MNP Ltd 进行 2019 年 1 月发布的调查显示，31% 的受访者表示，他们的收入不足以支付生活费用和债务利息；45% 的受访者表示，为了支付生活费用，他们的债务不断累积。总体而言，46% 的受访者距离破产只有 200 加元之遥或已经濒临破产边缘。[①] 因此，实际平均年收入的停滞不再只是学术界关心的问题。工资停滞不仅对人们的生活产生了深刻影响，还威胁到国家的金融稳定。安大略省新当选的福特政府采取了极端保守的财政政策，消减了公共服务开支，只能给已经不稳定的局面雪上加霜。

赢利能力差、产能过剩、资本积累率低、就业增长停滞和实际收入减少导致 GDP 增长率低。图 7 显示了各个国家的实际 GDP 增长。自经济大萧条以来，美国和加拿大的 GDP 平均增长率分别为 2.5% 和 2.3%。2015 年和 2016 年加拿大 GDP 仅增长了 0.6% 和 0.8%。这是由于国际市场石油供过于求以及后来的石油价格暴跌造成的。与此同时，石油行业

---

① 46% of Canadians ＄200 or less away from financial insolvency：poll，CBC，Jan. 21，2019https：//www.cbc.ca/news/Canada/Calgary/200 – financial – insolvency – 2019 – 1.4986586.

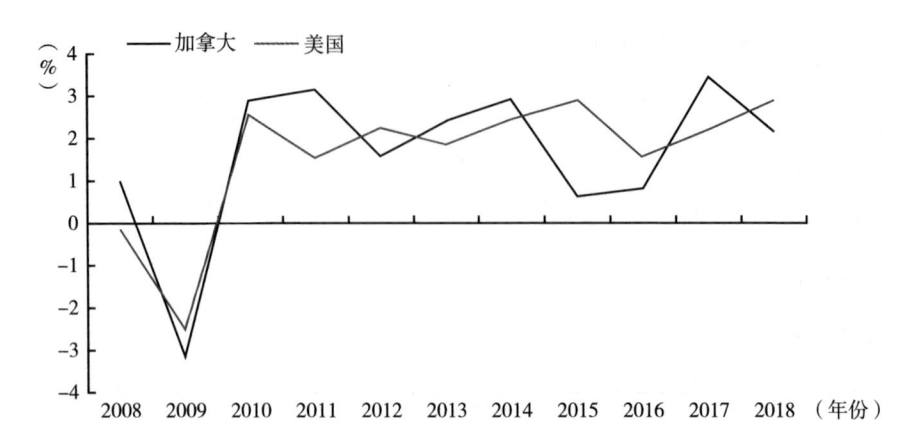

图 7 实际 GDP 增长率

资料来源：加拿大社会经济信息管理系统（统计表 36 - 10 - 0369 - 01），圣路易斯联邦储备银行 GDPCA。

的赢利能力也随之下降，阿尔伯塔省油砂产业发展放缓。随之而来又出现大规模裁员，家庭收入和消费也因此受到影响。受此影响不只是阿尔伯塔省，外来劳工向加拿大其他省份的汇款也受到影响。因此，这一事件凸显了加拿大经济的不稳定以及该国经济深受国际市场的石油价格波动的影响。尽管如此，特鲁多政府仍然坚持石油和天然气开发战略，将其作为中短期内稳定加拿大宏观经济的最佳措施。这一点后文将继续讨论。从国内生产总值数据得出的主要结论是，加拿大和美国经济在过去十年间增长缓慢。2019 年和 2020 年，加拿大经济预计分别增长 1.6% 和 1.3%。美国经济预计在同年分别增长 2.3% 和 1.1%。[①] 北美最大的两大经济体将面临顽固的经济停滞，这将继续对两国进出口产生深远的影响，尤其是安大略省。

要想对加拿大和美国经济做彻底调查，还需要考虑货币和财政状况的趋

---

① Alexander, Craig. (Feb 15, 2019). Canada: Dark economic clouds bring rougher seas. Deloitte Insights. https：//www2. deloitte. com/insights/us/en/economy/americas/canada - economic - outlook. html and Bachman, Daniel and Rumki Majumdar. (March 13, 2019). "United States Economic Forecast: 1st Quarter 2019," Deloitte Insights. https：//www2. deloitte. com/insights/us/en/economy/us - economic - forecast/united - states - outlook - analysis. html.

势。图 8 显示了加拿大银行和美联储利率和政府支出百分比变化。图中数据总结了加拿大和美国过去十年的货币和财政状况。

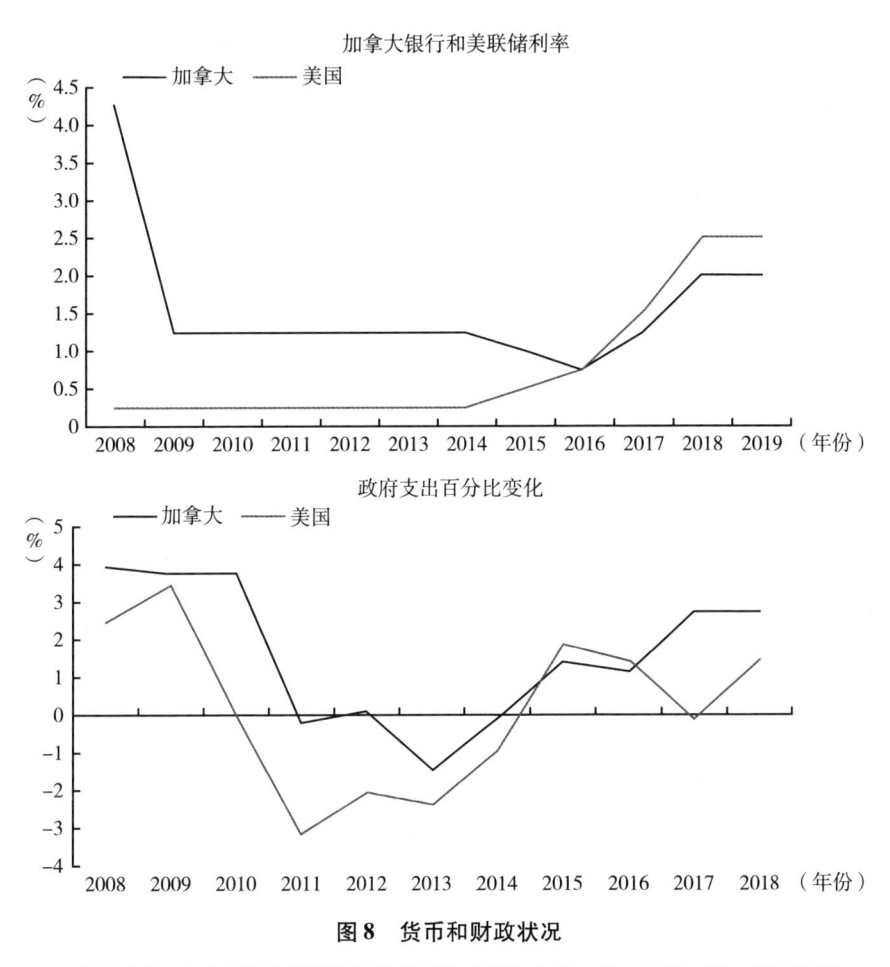

图 8　货币和财政状况

资料来源：加拿大社会经济信息管理系统（统计表 10 - 10 - 0122 - 01，统计表 36 - 10 - 0369 - 01），圣路易斯联邦储备银行 DFEDTARU，美国经济分析局（统计表 1.1.6 第 22 行）。

2016 年之前，加拿大的货币政策远比美国趋紧，说明加拿大经济在全球金融危机和大衰退中的表现要好于美国。因此，加拿大银行无须将银行利率调低到和美国持平的幅度。银行利率指中央银行借贷给私有银行的利率。2007 年 12 月，加拿大银行利率为 4.5%。全球金融危机之后，加拿大银行将银行利率降至 4.25%。在接下来的一年里，银行利率继续降低，2009 年 4 月达到最低点 0.5%。当加拿大明显摆脱了经济衰退后，银行利率开始缓慢上升，到 2010 年 9 月达到 1.25%。该水平一直保持到 2015 年 1 月，然后中央银行开始降低利率，以应对油价的大幅下跌和阿尔伯塔省石油行业的发展放缓。在 2017 年 7 月之前，该利率一直保持在 0.75% 的水平，然后政策制定者将其缓慢提高，在 2019 年达到金融危机后 2% 的新高点。除了银行利率外，央行还设定了隔夜利率目标。隔夜利率是指私有银行相互间借贷的利率。加拿大银行将隔夜利率目标维持在 1.75%，以应对美国引发的可预期的麻烦，例如美中之间进行的贸易战。另一方面，从 2008 年到 2016 年，美国的银行利率低于加拿大银行利率，此后，由于世界石油价格下跌以及随之而来加拿大石油行业发展放缓遇到的困难，美国的银行利率超过了加拿大的银行利率。从 2008 年到 2014 年，美国经济最终挽回了大萧条期间失去的就业机会，同年联邦储备银行将银行利率设定为 0.25%。2015 年被提高至 0.5%，2016 年又增长至 0.75%，2017 年为 1.5%，2018～2019 年为 2.5%。

两国的银行利率仍远低于危机前的水平。例如，加拿大在金融危机发生前十年的平均银行利率为 4%。目前的银行利率为 2%，远低于这个平均水平。上一次银行利率维持在 2% 或更低水平是在 60 余年前的 1958 年。[1] 这表明货币管理部门在应对经济停滞方面的能力有限。预计未来一两年内将出现全世界范围内的经济衰退。当下一次经济衰退到来时，银行利率可能会调低到负值区间，例如瑞士、瑞典、丹麦、日本和德国等国就使用过这样的利率。[2] 从货币政策的角度看，未来前景黯淡。宏观经济管理这条路似乎已经走不通了。降低利率已不太可能对投资产生很大影响。凯恩斯主义经济学家称之为流动性陷阱。下文将指出，加拿大走出全球停滞的战

---

[1] Statistics Canada, CANSIM Table 10 - 10 - 0122 - 01.
[2] Jones, Claire and Adam Samson, "Germany sells Bunds at negative yield for first time since 2016", *Financial Times*, March 27, 2019. https：//www.ft.com/content/52c8cff6 - 507e - 11e9 - 9c76 - bf4a0ce37d49.

略关键在于油砂产业以及东亚特别是中国对石油产品日益增长的需求。因为美国现在生产的石油供大于求,而且由于美国经济停滞不前,加拿大的石油战略意味着加拿大和美国之间的贸易额会相对下降,并向中国倾斜转向。

图8显示了实际政府支出的百分比变化。它显示了各个国家每年财政状况的具体变化情况。过去十年,加拿大和美国实际政府支出的年均变化率分别为1.6%和0.2%。2008~2018年,加拿大政府支出增长了15%,美国实际增长了-1%。因此,在此次危机中,美国政府削减开支的幅度要比加拿大大得多。从2011年到2014年,两国都削减了政府开支。虽然这一时期加拿大的年平均降幅仅为-0.4%,但美国达到了-2.1%。[1] 然而,自2015年以来,政府支出持续正向增长,但增长幅度不均。加拿大政府支出增长了2%,而美国政府支出仅平均增长了1.2%。

前文已经揭示了加拿大和美国经济的脆弱性,并阐释了加拿大政府推动多元化出口市场的措施。这些发展情况已经开始改变两国之间的相对关系。如表2显示,加拿大对美国出口额占加拿大对世界出口额的百分比在不断下降。

表2 加拿大对美国出口额占对世界出口额百分比不断下降

单位:美元

加拿大及各省对美出口额变化(10亿美元),2018年							
年份	2007			2018		
地区	对美出口额	对世界出口额	对美出口额/对世界出口额	对美出口额	对世界出口额	对美出口额/对世界出口额
加拿大	333	420	79%	339	537	74%
安大略省	148	177	84%	159	202	79%
阿尔伯塔省	71	82	87%	102	117	87%
魁北克	51	67	76%	64	90	71%

[1] BEA Table 1.1.6 and CANSIM Table 36-10-0369-01, 2012 dollars

续表

加拿大及各省对美出口额变化(10亿美元),2018年

年份 地区	2007 对美出口额	2007 对世界出口额	2007 对美出口额/对世界出口额	2018 对美出口额	2018 对世界出口额	2018 对美出口额/对世界出口额
不列颠哥伦比亚省	19	32	59%	23	46	50%
曼尼托巴省	8	12	67%	11	15	73%
萨斯喀彻温省	12	19	63%	17	31	55%
纽芬兰省	9	12	75%	6	13	46%
新斯科舍省	4	5	80%	4	6	67%
西北行政区	0	2	0	0	2	0
爱德华王子岛	1	1	100%	1	1	100%
努勒维特地区	0	0	0	0	1	0
育空	0	0	0	0	0	0

中国成为全球新的资本积累中心。十年后的2030年,如果按常规GDP进行衡量,中国的GDP将超过美国。前文已经指出,全球经济衰退在过去十年间对世界经济产生了深刻的影响。然而,全球经济停滞对世界经济的影响是不均衡的。七国集团经济陷入停滞,而低收入和中等收入国家经济持续增长,其中,中国成经济增长领头羊。在研究了全球经济环境后,本文专门比较了美国和加拿大的经济发展情况,两者同样经历了经济停滞。虽然加拿大经济在产能利用率、资本积累率、就业率以及政府财政和货币状况方面的表现略好于美国,但预计未来一两年开始的全球经济衰退对两国经济发展都极为不利。美国贸易保护主义带来的经济停滞和政治不确定性拖累了加拿大经济,其商品和服务的出口受到影响,贸易的不确定性使企业投资决策难以决断。除阿尔伯塔省和曼尼托巴省外,加拿大其他政治辖区到世界其他地区的出口额都在不断增加。由于阿尔伯塔省处于内陆地区,导致其向美国以外的其他国家输送石油的能力受限。然而,一旦跨山石油管道建成,预计该省对美国出口的比例也会下降。上述情况表明,资本投资贸易正在实现多元化,而加拿大政府正在推动这一进程。

四 加拿大的生产结构和危机趋势

加拿大与美国的关系必须放在前文对全球经济衰退和之后的贸易关系进行调查的背景下进行理解。这有助于阐释加拿大哈珀和特鲁多政府积极推行的出口多元化战略。除了全球和国内普遍出现的经济停滞，加拿大经济发展的一些重要特点在出口多元化战略制定方面也发挥了重要作用。在这一部分中，本文将概述全球经济衰退过程中加拿大经济发生的一些最重要变化以及加拿大政府的应对措施，并指出，加拿大资本主义的稳定取决于国家推动石油进入中国市场的能力。因此，在今天的背景下，出口多元化战略意味着需要加强与中国的贸易关系。这一结论是通过分析加拿大经济结构以及蕴藏其中日益加剧的危机趋势得出来的。

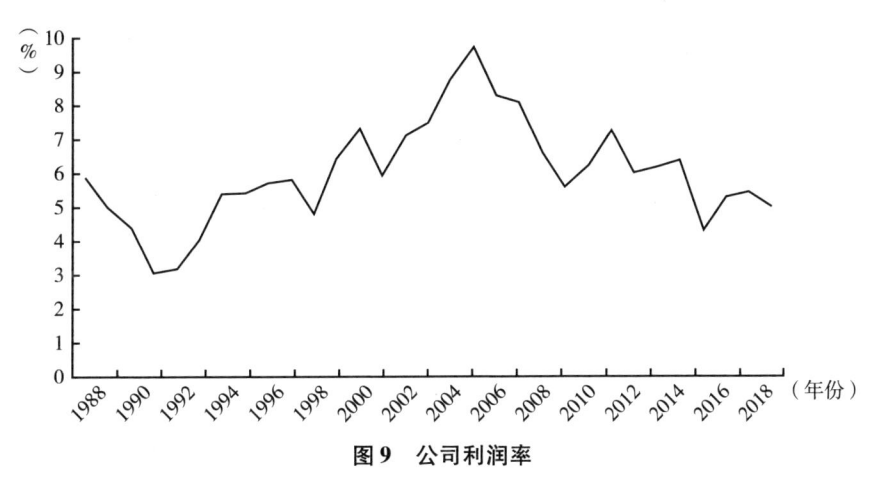

图 9 公司利润率

资料来源：加拿大统计局（统计表 36-10-0103-01，36-10-0097-01），作者统计计算。

加拿大的资本主义正变得愈发不稳定。企业一直很难找到有效益的投资渠道。如图 9 显示，2005 年总投资的平均利润率为 10%。到 2018 年，平均利润率已降至 5.0%。除 1990~1992 年的大萧条以外，加拿大已经 30 年没出现过如此低的赢利能力了。1990~1992 年的大萧条是自 20 世纪 30 年代大萧条以来最为严重的衰退。这些数字预示着加拿大资本主义的前景不够光明。加拿大经济很可能在未来一段时间内陷入衰退。此外，在赢利能力较差的情况下，企业一直在囤积现金。闲置资本现在已经高达9700亿美元，几乎相当于加拿大国内生产总值的一半。这些资金通过银行回流到家庭，导致家庭债务不断累积，目前已占国内生产总值的101%。加拿大80%的家庭债务是以抵押贷款和房屋净值信贷额度的形式体现的。[①] 这些债务加剧了房地产行业泡沫的产生，推动了房地产发展，导致房地产开发超过制造业，成为经济增长的最大贡献者，现在其国内生产总值占比已达13%。在这种背景下，巴塞尔国际清算银行为加拿大敲响了警钟，认为加拿大未来银行业有面临危机的风险。2019年3月，债券收益率出现了逆转，成为加拿大未来经济陷入衰退的确定信号。短期债券的回报率通常高于长期债券，但长期债券的回报率在2019年初超过了短期债券。这意味着投资者对加拿大经济的未来持悲观态度，因而抬高了长期债券的价格，压低了收益率。即将到来的经济衰退已经敲响了警钟，加拿大的经济停滞将进一步加深。

加拿大政府对房地产危机构成的威胁做出了应对措施，收紧了抵押贷款的政策，并提高了贷款利率来抑制借贷。例如，所有新申请的抵押贷款都要接受压力测试。购房者必须能够证明他们能经受住2%的抵押贷款利率上涨。然而，这些干预措施只能解燃眉之急。如果企业还找不到可赢利的投资机会，失业率将增加，家庭债务的增长将继续超过家庭收入的增长，这是不可持续的。为了抵消经济风险，加拿大政府将目光转向了另一个增长行业。制造业是加拿大传统的资本积累中心，但它还不足以消除国内的经济停滞和不稳定，尤其在传统G7贸易伙伴对加拿大商品的需求不断下降的背景下。然而，从加拿大政府的角度看，石油和天然气的开发仍然很有前景。加拿大是仅次于沙特阿拉伯和委内瑞拉的世界第三大石油储备国。这些储量占已知全球石油储量的10%，其中大部分在阿尔伯塔省的油砂中。加拿大除了拥

---

① Statistics Canada, Table 38-10-0235-01 Financial indicators of households and non-profit institutions serving households, national balance sheet accounts, https://www150.statcan.gc.ca/t1/tbl1/en/tv.action?pid=3810023501（Accessed November 9 2018）.

有1710亿桶石油储藏外，该国27%的资本存量都来自石油和天然气行业（见图10）。2016年，这些资本资产已高达8700亿美元。石油和天然气领域的投资已超过加拿大经济中的其他部门。如同中国对全球经济的重要性一样，石油对加拿大经济的重要性绝对不容忽视。各党政府虽然轮流执政，但固定投资却一直存在。

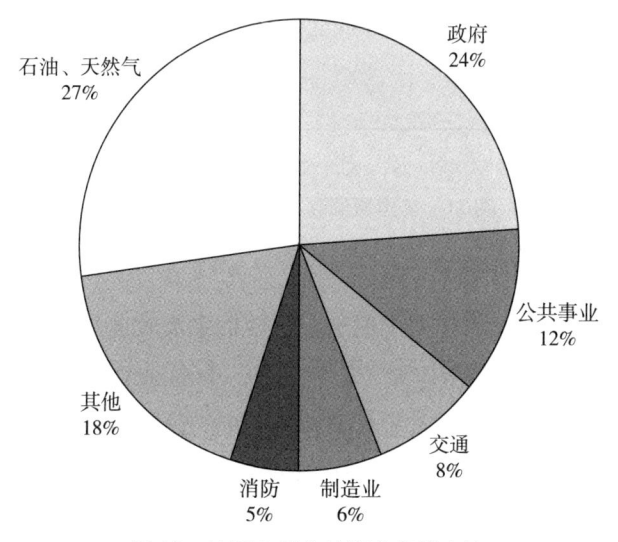

图10 按行业划分的资本存量占比

资料来源：加拿大统计局（统计表36-10-0096-01）。

加拿大对美国市场的过度依赖限制了石油和天然气行业的发展。加拿大每天向美国出口400万桶原油。然而，在美国采用了压裂技术后，这个加拿大最大的原油进口国现在自产的石油已经供过于求。图11所示的发展情况表明，美国能源信息管理局自1973年开始记录数据以来，美国对原油和石油产品的净进口额处于历史最低点。作为世界上最大的石油生产国，美国可能成为重要的石油出口国，成为加拿大的竞争对手，尤其是2015年12月美国取消了原油出口许可的规定。因此，加拿大不但面临美国对其石油需求的下降，而且后者还可能成为其在国际市场的竞争对手。近年来，由于无法将大量石油推向市场获得赢利，石油行业的投资一直停滞不前。

加拿大蓝皮书

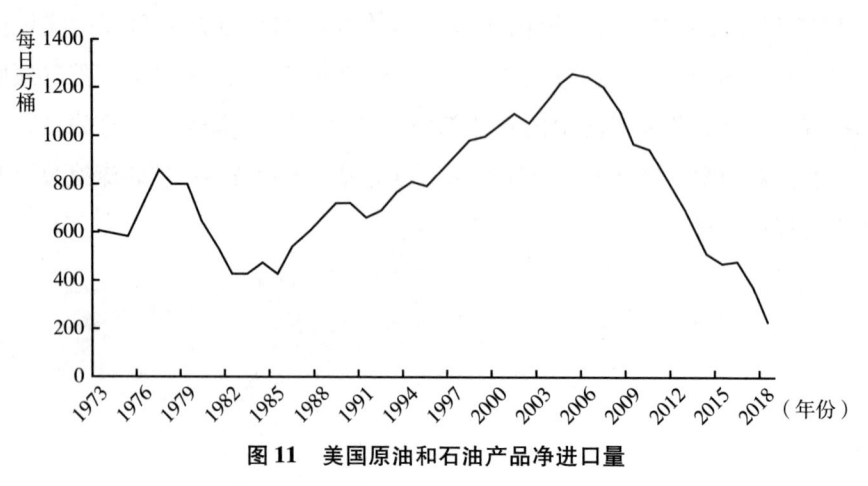

图11 美国原油和石油产品净进口量

资料来源：美国能源信息管理局，MTTntus2。

这削弱了加拿大相对于美国的地位，使加拿大政府迫切需要与世界其他国家一道将贸易重心转向中国。近十年来，中国原油日平均消费量增长了80%，天然气消费量同期增长了3倍。① 此外，到2030年，中国对石油的需求将超过美国，对石油的依赖度将从65%上升到80%。因此，厦门大学中国能源政策研究所所长林伯强表示，在未来一段时间内，中国将努力实现多元化石油进口。② 除了中国对石油和天然气的需求不断增长外，上海石油期货市场挂牌交易及其以人民币计价，使中国成为加拿大的重要贸易伙伴。加拿大商会高级主管马克·阿格纽（Mark Agnew）认为，尽管在贸易方面美国仍然是加拿大重要的伙伴，但"鉴于中国预期的经济规模和对资源的增长需求，中国将对加拿大变得愈发重要，因为能源是加拿大出口额最高的产品"。③

---

① National Bureau of Statistics of China, Table 9-11 Average Daily Energy Consumption by Type of Energy, http://www.stats.gov.cn/tjsj/ndsj/2017/html/EN0911.jpg (Accessed November 7, 2018), author's calculations.

② Nathan Vanderklippe, "Canada pushes for oil sales to China as it seeks climate leadership", The Globe and Mail, 8 June 2017, https://www.theglobeandmail.com/news/world/canada-renews-push-for-crude-oil-sales-to-china-as-it-seeks-climate-leadership/article35247518 (Accessed 9 November 2018).

③ Koleva, Katarina, Queena Li, and Verna Yam, Canada's State of Trade: At Home and Beyond, Canadian Global Affairs Institute, February 19, 2019.

鉴于这些事态的发展，加拿大自由党政府延续了前任保守党政府的多元化出口政策，加大了向中国供应石油和天然气的力度。① 反过来，中国也明确表示欢迎加拿大的石油。中国财政和经济事务部副部长韩军表示，中国是"对外国进口能源依赖度最高的国家之一"，放开中加两国贸易有利于"加拿大的钾肥、农产品和能源产品大量进入中国市场"。② 为了实现这一目标，中国希望加拿大提升阿尔伯塔省油砂到太平洋海岸的运力。为此，特鲁多政府购买了跨山石油管道扩建项目，该项目将使现有石油运力增加了2倍，达到每天89万桶，有助于将石油销往中国获取赢利。反过来，它能够促进国内经济增长，有助于稳定房地产和金融行业，过去十年来，这些行业不稳定状况不断加剧。同时它也有助于有效利用9700亿美元的闲置资金，其中大部分资金还存放在大型石油公司的银行账户上。③

跨山石油管道延伸段是加拿大的一个重要基础设施项目。总理特鲁多表示："它符合国家利益。"④ 因此，尽管其施工进度有所拖延，但在最高法院解决了环境保护和原住民担心的问题后，可能会恢复施工。法院裁定，部长在起草法律时无须咨询原住民社区的意见。特鲁多表示，最高法院不但没有限制石油和天然气的开发，还"建立了一个未来项目可遵循的流程"，为提

---

① Kim Richard Nossal & Leah Sarson, "About face: explaining changes in Canada's China policy, 2006 – 2012", *Canadian Foreign Policy Journal*, Vol. 20, 2014, Issue 2, pp. 146 – 162.

② Michael White, "China Demand Concessions to Advance Canada Free Trade Pact", *Global Trade*, 18 February 2016, http://www.globaltrademag.com/global – trade – daily/news/china – demands – concessions – to – advance – canada – free – trade – pact (Accessed 9 November 2018).

③ Incidentally, this huge some of idle cash dwarfs the cash being held in offshore tax havens by Canadian corporations, which amounts to \$353 billion. Press Progress, "Corporate Canada's Pile of Cash in Offshore Tax Havens Has Hit \$353 Billion For the First Time in History," https://pressprogress.ca/corporate – canadas – pile – of – cash – in – offshore – tax – havens – has – hit – 353 – billion – for – the – first – time – in – history/.

④ Justin Trudeau cited in TondaMacCharles and Bruce Campion-Smith, "Trans Mountain pipeline will be built, Trudeau vows", *Toronto Star*, 9 April 2018, https://www.thestar.com/news/canada/2018/04/09/trans – mountain – pipeline – extension – will – be – built – trudeau – vows.html (Accessed November 9 2018).

高投资确定性提供了保障条件。①

　　加拿大政府迫切实施多元化贸易和加强与中国的贸易关系还有其政治层面的原因。全球政治背景发生了变化。在过去十年中，发达资本主义国家经济停滞的同时，不平等现象也日益加剧，助长了公众头脑中的民粹主义和保护主义，安大略省进步保守党新当选领导人道格·福特和唐纳德·特朗普当选美国总统就是最好的例证。除了过度依赖美国贸易导致经济困难外，特朗普当选美国总统以及他想压制加拿大和对中国施压也表明，过分依赖一个贸易伙伴会带来很多困难。国际贸易的不确定性也影响了企业的计划和投资。因此，政治周期也为加拿大企业和现任加拿大政府面向中国多元化出口及投资机会带来了紧迫性。尽管加拿大的保护主义情绪不宜过度渲染，但它们确实威胁到从自由贸易中获益的群体和行业，包括加拿大石油产业。② 加中关系必须在这种背景下进行理解，加美关系也是如此。

　　总之，加拿大的经济停滞、不稳定因素以及与其传统贸易伙伴竞争加剧促使加拿大企业将目光转向中国。加拿大政府正在努力推动这一进程。此外，尽管加拿大房地产行业变得愈加不稳定，制造业增长缓慢，但加拿大政府认为，石油和天然气行业的资本积累可能会起到稳定经济的作用，因为该行业拥有该国近1/3的资本存量。在这种背景下，加拿大商界和加拿大政府正积极筹备向日益增长的中国市场供应石油和天然气，中国对石油的需求将很快超过美国。尽管特朗普试图从中国捞取一笔更好的交易，石油开发对环境有害，但本文提到的那些结构性和共生性因素使得强化加中贸易和投资关系成为可能。

---

① Josh Wingrove, "Canada Restarts Approval Process for Trans Mountain Oil Pipeline", *Bloomberg*, 21 September 2018, "Canada Restarts Approval Process for Trans Mountain Oil Pipeline," https：//www.bloomberg.com/news/articles/2018 - 09 - 21/canada - restarts - approval - process - for - trans - mountain - oil - pipeline (Accessed November 9 2018).

② Mathieu Landriault & Paul Minard, "Canada/China free trade agreement：A public opinion appraisal", *Canadian Foreign Policy Journal*, Vol. 24, 2018, Issue 1, pp. 113 - 117.

五 结论

首先,全球经济放缓主要发生在发达的资本主义国家,特别是七国集团。尽管未来还不确定,但低收入和中等收入国家的经济增长仍然相对强劲。其次,美国经济也一直处于停滞,同时还成为世界上最大的石油生产国。最后,加拿大经济,特别是房地产和建筑业的不稳定,加上其传统贸易伙伴的出口市场不足,特别是对美国的石油出口,促使加拿大将贸易重心转向东亚国家。虽然美国仍然是加拿大重要的贸易伙伴,但是加拿大逐渐进入欧洲和中国市场,为加拿大企业带来了巨大的竞争优势,这是加拿大政府希望追求的目标。因此,与美国的合作固然十分重要,但加拿大企业和国家战略师也将其视为主要竞争对手。

B.9 加美贸易争端与 NAFTA 的再谈判

艾玮宁[*]

摘　要： 加拿大与美国在钢铝产品、乳制品以及软木贸易存在贸易争端。过去一年，加美两国签署了新版北美自由贸易协定，即《美国-墨西哥-加拿大协定》（United States-Mexico-Canada Agreement，USMCA），乳制品和钢铝贸易争端也暂告一段落，而软木贸易争端则成为加拿大批准 USMCA 的主要障碍。本文首先介绍加美钢铝、乳制品和软木贸易争端的由来和焦点问题。其次，本文采用开放经济政治学（Open Economy Politics，OEP）以及欧特利（Thomas Oatley）的分析框架，分析加拿大和美国政府在钢铝、乳制品及软木贸易方面的政策偏好与利益。

关键词： 加拿大　美国　NAFTA　钢铝贸易

一　加美贸易争端概述

1. 加美钢铝贸易争端

2018 年 3 月，美国总统特朗普援引《1962 年贸易扩展法案》第 232 条款赋予的行政权力，以国家安全受到威胁为由，宣布对美国进口的（除加拿大、墨西哥、欧盟、韩国、阿根廷、澳大利亚、巴西等经济体之外）

---

[*] 艾玮宁，博士，亚利桑那州立大学，研究方向为贸易争端、美加关系。

钢加征25%的关税，对美国进口的（除上述经济体之外）铝加征10%的关税。① 5月31日，美国政府结束了对加拿大和墨西哥钢铝出口至美国的关税豁免，宣布自6月1日起对加墨两国出口至美国的钢加征25%的关税，铝加征10%的关税。②加拿大与美国在为期两个多月的关税豁免期间展开谈判，但谈判未能对美国特朗普政府发起的贸易战产生积极影响。2019年5月下旬之前，即在达成"新版北美自由贸易协定"——《美国-墨西哥-加拿大协定》半年多之后，两国之间的钢铝贸易争端是批准《美国-墨西哥-加拿大协定》的主要障碍。

加拿大是美国钢材与铝制品进口最大的来源国。美国商务部数据显示，2018年美国共进口2380万吨钢材，其中19%是从加拿大进口，11%从墨西哥进口（第三大进口来源国）。③ 2018年美国共进口价值约243亿美元的铝，其中34%（价值约82亿美元）来自加拿大，5.1%（价值约12亿美元）来自墨西哥（排名第四）。④ 同时，美国是加拿大钢材与铝制品出口的最大市场。根据美国商务部数据，2018年加拿大共出口钢材647万吨，其中89%输往美国。⑤ 据加拿大自然资源部统计，加拿大是世界第三大铝制品生产国，位居中国与俄罗斯之后。2017年加拿大共出口127亿加元（约合94.5亿美元）的铝制品，其中约87.2%销往美国。⑥加拿大出口至美国的钢材被

---

① 美国白宫网站，Presidential Proclamation on Adjusting Imports of Steel into the United States, https：//www.whitehouse.gov/presidential-actions/presidential-proclamation-adjusting-imports-steel-united-states/。
② 美国白宫网站，Presidential Proclamation Adjusting Imports of Steel into the United States, https：//www.whitehouse.gov/presidential-actions/presidential-proclamation-adjusting-imports-steel-united-states-4/。
③ 美国商务部网站，Steel Imports Report：the United States, https：//www.trade.gov/steel/countries/pdfs/imports-us.pdf。
④ US Aluminum Imports by Supplying Country, http：//www.worldstopexports.com/us-aluminum-imports-by-supplying-country/。
⑤ 美国商务部网站，Steel Exports Report：Canada, https：//www.trade.gov/steel/countries/pdfs/exports-Canada.pdf。
⑥ 加拿大自然资源部网站，Aluminum Facts, https：//www.nrcan.gc.ca/mining-materials/facts/aluminum/20510#L4。

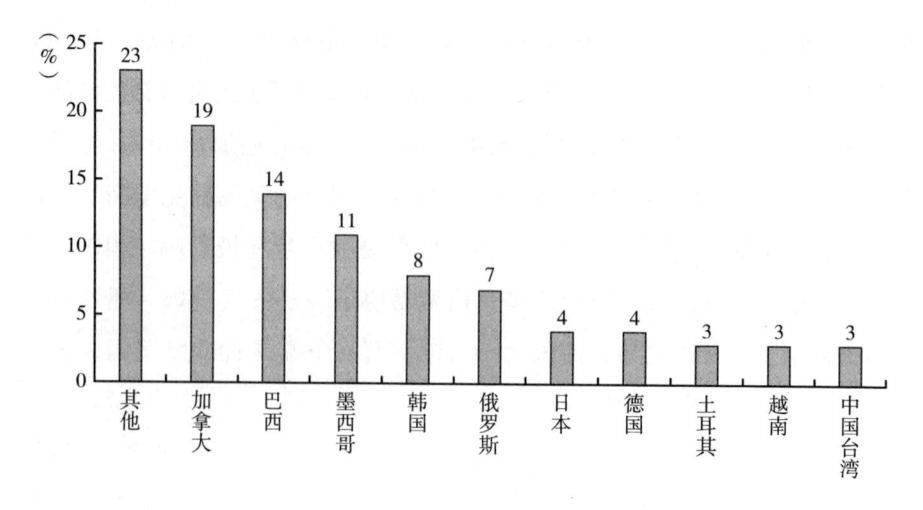

图 1　2018 年美国钢材进口十大来源国家与地区

资料来源：美国商务部网站，Steel Imports Report：the United States，https：//www. trade. gov/steel/countries/pdfs/exports – Canada. pdf。

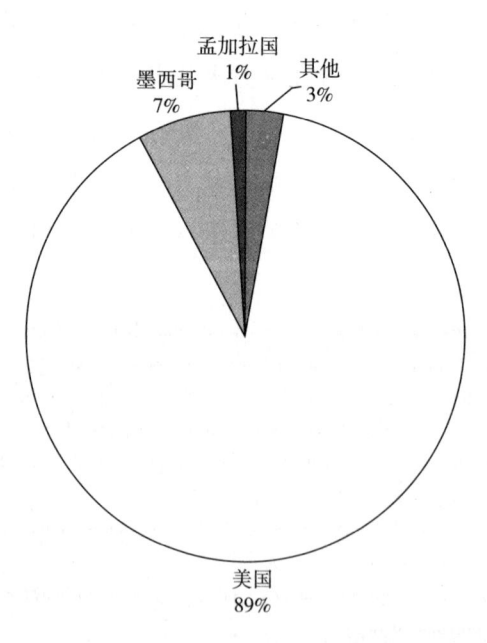

图 2　2018 年加拿大钢材出口十大目的地国家与地区

资料来源：美国商务部网站，Steel Exports Report：Canada，https：//www. trade. gov/steel/countries/pdfs/exports – Canada. pdf。

广泛用于美国军火的制造上，出口的铝制品则被美国用于制造飞机。根据加拿大政府数据，加拿大在与美国的钢铁贸易中存在贸易逆差，美国对加拿大钢铁贸易保持着年均20亿美元的顺差。① 由此可见，保持稳定、低关税的美国市场对加拿大钢铝产品出口至关重要。

表1 2016~2017年美国钢材进口占来源国家与地区钢材出口比例

单位：%

进口来源	2016出口美国占出口比	2017出口美国占出口比
加拿大	87.7	89.9
巴西	34.0	32.8
韩国	12.1	11.2
墨西哥	72.9	65.0
俄罗斯	2.3	3.7
土耳其	15.0	10.7
日本	4.9	4.7
德国	4.0	5.0
中国台湾	9.2	9.6
中国	0.8	1.1

资料来源：美国商务部网站，Steel Imports Report: the United States, https://www.trade.gov/steel/countries/pdfs/exports – Canada.pdf。

美国关于钢铝制品的贸易争端起源于美国特朗普政府重振美国工业与制造业的产业政策与愿景。特朗普政府认为，美国进口的别国钢铝制品价格低廉，对美国本土钢铝生产企业造成了冲击。为保护本土工业与制造业，特朗普政府宣扬"美国第一"，对进口的钢铝制品加征关税。特朗普政府的这一单边主义行为，不仅违反了世界贸易组织（WTO）的相关规定，还将增加以钢铝制品为原料的美国制造业企业的成本，对消费者的利益产生负面影响。为回应美国的进口关税，加拿大政府宣布自2018年7月1日起，对从

---

① 加拿大政府网站，Canada Stands up for Our Steel and Aluminum Workers and Industry, https://www.canada.ca/en/global – affairs/news/2018/06/canada – stands – up – for – our – steel – and – aluminum – workers – and – industry.html。

美国进口的钢铝及其他产品加征166亿加元的对等附加税（reciprocal surtax）。同时加拿大政府还宣布将拨款20亿加元，用于保护钢铝与制造业产业工人、商业并帮助加拿大企业实现出口的多元化[借助新达成的加欧《综合经济贸易协定》（The Comprehensive Economic and Trade Agreement，CETA），以及《跨太平洋伙伴关系协定》（The Comprehensive and Progressive Agreement for Trans-Pacific Partnership，CPTPP），以此来保护本国钢铝产业以及制造业的利益。①

美国与加拿大在钢制品贸易谈判中的两个焦点问题：一方面加拿大希望美国完全取消加征的关税；另一方面美国希望建立进口配额制度以限制加拿大钢制品在美国市场的份额，从而达到保护主义的效果。经过近一年的谈判，2019年5月17日，美加两国就钢铝贸易问题达成一致。美国同意取消对加拿大钢铝制品加征的关税，加拿大也同意取消对美国钢铝制品与其他消费品加征的报复性关税。两国同意建立一个旨在监督金属市场波动的监管系统，承诺不再进口以不公平的手段补贴的钢铝制品以及价格具有"倾销"嫌疑的钢铝制品，并防止第三国生产的钢铝产品经美加任何一国转口进入对方国家。据两国目前公布的信息，美国特朗普政府此前一直寻求的进口配额并未出现在此项协议中。②

2. 加美乳制品贸易争端

2018年3月，美国总统特朗普在社交媒体上表示，加拿大"不公正地对待"美国农民。特朗普所指的是加拿大乳制品与禽蛋产品市场存在的供应管理系统（supply management system）。特朗普与美国农民认为，该政策阻碍了美国乳制品与禽蛋产品进入加拿大市场，并以低价向美国倾销加拿大的该类产品。美国与加拿大两国关于乳制品的贸易争端由来已久。早在

---

① 加拿大政府网站，Canada Stands up for Our Steel and Aluminum Workers and Industry，https://www.canada.ca/en/global-affairs/news/2018/06/canada-stands-up-for-our-steel-and-aluminum-workers-and-industry.html。
② 加拿大广播公司，Canada, U.S. Reach Deal to Lift Steel and Aluminum Tariffs within 2 Days，https://www.cbc.ca/news/politics/tariff-steel-aluminum-deal-canada-trump-1.5140031。

1997年10月8日，美国就向世界贸易组织（WTO）提出仲裁请求，对加拿大对乳制品的出口补贴与液态奶进口的关税配额进行调查。当时美国政府认为加拿大对乳制品的出口补贴扭曲了乳制品市场，对美国乳制品的销售造成了负面影响。美国政府认为加拿大的出口补贴行为违反了WTO农业协议的第三、四、八、九和第十条以及其他一些WTO框架下的协议。经过近六年的调查与协商，2003年5月15日，根据WTO的调查结果，美加两国达成协议，加拿大同意修改国内的供应管理系统以及管制牛奶出口的方案。①

加拿大乳制品与禽蛋产品市场的供应管理系统已经有半个多世纪的历史。当时由于技术进步带来生产过剩与低价，以及农业补贴对政府而言成本过高，为了保护农民，政府决定采取供应管理系统。供应管理系统由生产控制、价格机制与进口控制这三大支柱组成。

第一，供应管理系统规定，由加拿大的国家市场机构决定每种乳制品的产量，以此确定加拿大各省该产品生产的配额。在生产控制与配额制度下，加拿大奶农必须拥有配额证书才能出售乳制品。配额证书规定了该奶农生产该种产品的产量限额。截至2015年，加拿大共有超过16000名配额证书持有者，其中绝大多数是安大略省与魁北克省的奶农。目前，加拿大的配额产值已经超过320亿加元。②

第二，供应管理系统确保奶农等生产者能以最低价格出售产品。奶农可以通过省一级的市场机构与产业链上下一级的加工商商议最低收购价格。③供应管理系统的这一部分在加拿大也存在较多争议。

第三，在供应管理系统下，加拿大进口的乳制品和禽蛋制品被征收

---

① 世界贸易组织网站，DS103：Canada—Measures Affecting the Importation of Milk and the Exportation of Dairy Products, https://www.wto.org/english/tratop_e/dispu_e/cases_e/ds103_e.htm 世界贸易组织网站，DS103, 113 Canada - Dairy, https://www.wto.org/english/tratop_e/dispu_e/cases_e/1pagesum_e/ds103sum_e.pdf.
② 加拿大广播公司，How Canada's Supply Management System Works, https://www.cbc.ca/news/politics/canada-supply-management-explainer-1.4708341。
③ 加拿大广播公司，How Canada's Supply Management System Works, https://www.cbc.ca/news/politics/canada-supply-management-explainer-1.4708341。

高额关税,使得加拿大市场上的外国产品价格高于本国产品。消费者也因此更加倾向选择本国产品。特朗普此前提到的加拿大对美国农民"不公正的待遇"正是指向供应管理系统的这一点。①但据加拿大广播公司报道,由于供应管理系统中的关税配额制度,加拿大乳制品市场份额的约10%对国外开放——外国乳制品可以在一定限额内享受零关税进入加拿大市场。

虽然供应管理系统有效保护了加拿大奶农等生产商的利益,加拿大国内却不乏批评的声音。批评者认为,供应管理系统维持的最低价格给加拿大的家庭造成了几百加元不等的负担,形成了隐形的"乳制品税"。加拿大保守党前成员、加拿大人民党的创始人兼党魁马克西姆·卞聂尔（Maxime Bernier）认为供应管理系统对贫困家庭造成了负担,仅保护了少数形成联盟（cartel）的农民,90%的农民没有从该系统中获益。他还认为供应管理系统筑高了行业的壁垒。由于配额生产许可证的价格过高,想要新进入这些受供应管理系统保护行业的农民几乎不可能。② 加拿大本国的食品制造商也对供应管理系统不感冒。他们认为供应管理系统增加了企业的生产成本。美国乳制品生产商和奶农认为,加拿大实行的乳制品供应管理系统不仅限制了美国乳制品在加拿大的市场份额,还持续向世界乳制品市场倾销价格低廉的奶粉。此外,2017年加拿大安大略省查处了一起利用供应管理系统漏洞,而从美国免关税进口超滤奶（ultra-filtered milk）用于生产奶酪的案件,使得美国威斯康星州的一些奶农立即失去了牛奶加工的订单。③

---

① 加拿大广播公司, How Canada's Supply Management System Works, https：//www.cbc.ca/news/politics/canada‐supply‐management‐explainer‐1.4708341。
② 马克西姆·卞聂尔的个人网站, Phase out Supply Management, https：//www.maximebernier.com/phase_out_supply_management。
③ 华盛顿邮报, President Trump Said Canada Mistreats U.S. Farmers, This is What He Meant, https：//www.washingtonpost.com/news/wonk/wp/2018/03/05/president‐trump‐said‐canada‐mistreats‐u‐s‐farmers‐this‐is‐what‐he‐meant/?utm_term=.a26c348860ad。

据加拿大乳业信息中心统计，乳业是加拿大农业的第二大产业。2017年加拿大乳制品生产总值约 143 亿加元。当年加拿大共进口价值约 8.726 亿加元的乳制品，出口约 3.989 亿加元的乳制品。其中 54%（4.711 亿加元）的乳制品从美国和墨西哥进口，42.3%（1.687 亿加元）的乳制品向美国和墨西哥出口。①美国是加拿大乳制品进出口最大的市场。由于数据统计口径的不同，美国乳制品出口理事会与美国普查统计局的数据显示，2017 年美国向加拿大乳制品出口达 6.36 亿美元，2018 年向加拿大乳制品出口达 6.39 亿美元。2015～2018 年，加拿大是美国乳制品的第三大买家。②

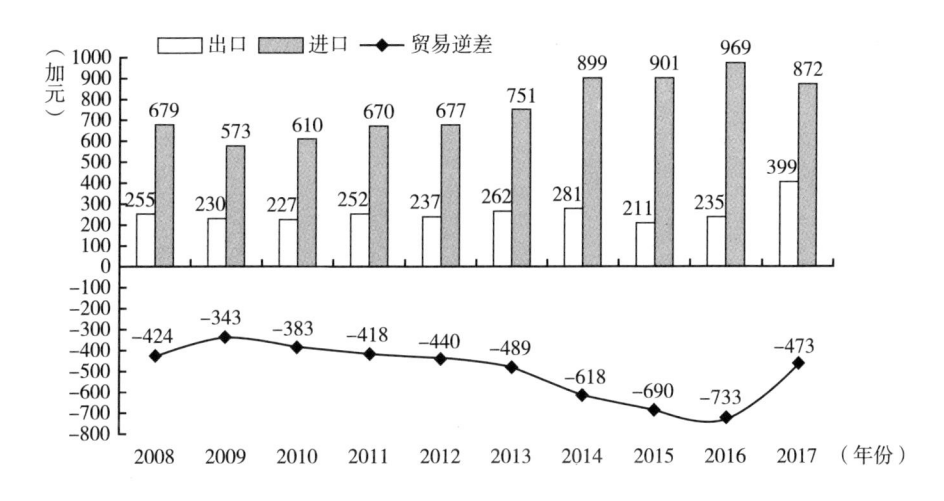

图 3　2008～2017 年加拿大乳制品贸易

资料来源：加拿大乳业信息中心网站，Canada's Dairy Industry at a Glance，https：//www.dairyinfo.gc.ca/pdf/at_a_glance_2017_e.pdf。

因此，乳制品贸易是加美两国谈判"新版北美自由贸易协定"重要的议题。美方认为加拿大现行供应管理系统违背了《北美自由贸易协定》（特

---

① 加拿大乳业信息中心网站，Canada's Dairy Industry at a Glance，https：//www.dairyinfo.gc.ca/pdf/at_a_glance_2017_e.pdf。
② 美国乳制品出口理事会网站，http：//www.usdec.org/research-and-data/market-information/top-charts-x1507。

加拿大蓝皮书

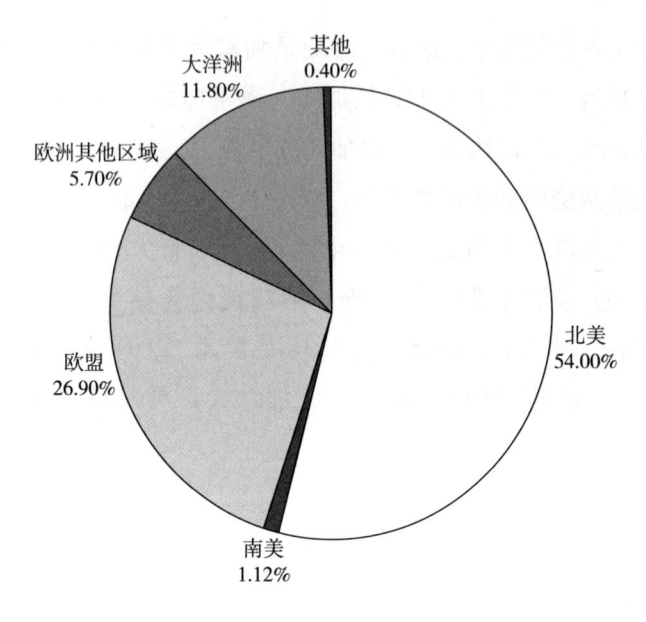

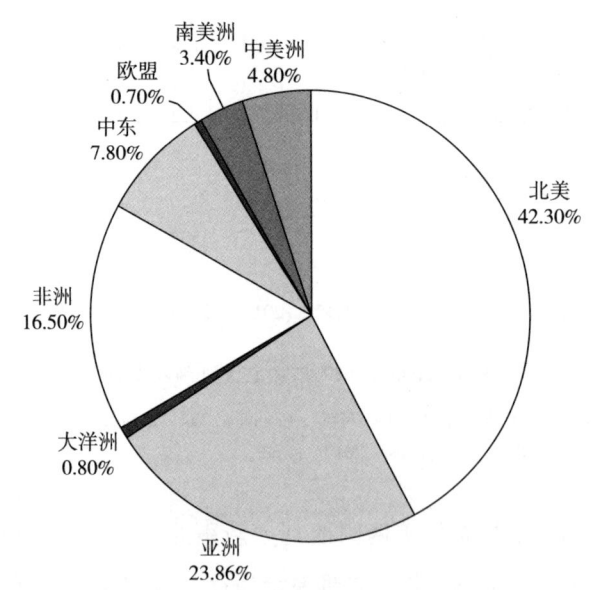

其他 0.40%
大洋洲 11.80%
欧洲其他区域 5.70%
欧盟 26.90%
南美 1.12%
北美 54.00%

南美洲 3.40%
中美洲 4.80%
欧盟 0.70%
中东 7.80%
北美 42.30%
非洲 16.50%
大洋洲 0.80%
亚洲 23.86%

图4　2017年加拿大乳制品进口来源国（上图）与出口目的地（下图）及各地区所占比（按价值计算）

资料来源：加拿大乳业信息中心网站，Canada's Dairy Industry at a Glance, https：//www.dairyinfo.gc.ca/pdf/at_a_glance_2017_e.pdf。

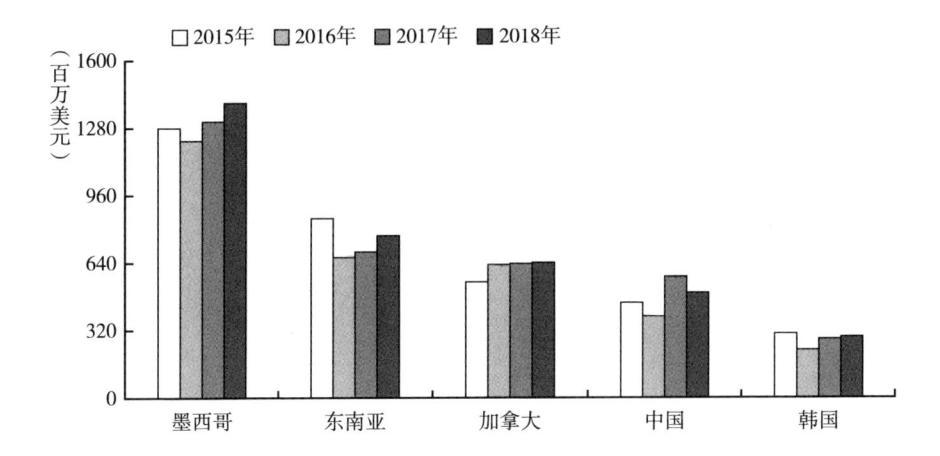

图 5　2015~2018 年美国乳制品出口的五大市场

资料来源：美国乳制品出口理事会网站，http：//www.usdec.org/research - and - data/market - information/top - charts - x1507。

别是加拿大近年出台的政策降低了 Class 7 牛奶的价格导致美方超滤奶出口加拿大受阻），希望加拿大市场扩大对美国乳制品以及禽蛋产品的开放。加拿大则认为，全球乳制品行业普遍存在生产过剩，因此在此背景下加拿大执行的供应管理系统保护本国奶农和乳业。在 NAFTA 的框架下，美国乳制品可以零关税进入加拿大。但加拿大实行的供应管理系统规定，美国免税乳制品存在一定额度，超过此额度的美国乳制品进入加拿大将被征收 200% ~ 313.5% 的关税。此外，加拿大认为美国在加美两国乳制品贸易中保持顺差，美国奶农乳制品销路问题的主要原因在于美国乳制品行业的生产过剩与政府的补贴。据美加墨新达成的 USMCA 协议，加拿大同意扩大乳制品市场对美国的开放。美国乳制品在加拿大的市场份额将从此前的约 1% 升至 3.6%。此外，加拿大将中止 Class 7 乳制品定价系统，以便于美国超滤奶等产品进入加拿大市场。[①]

---

① Business Insider, The US, Canada and Mexico's Newly Signed Trade Pact Looks a lot Like NAFTA. Here are the Key Differences between Them. https：//www.businessinsider.com/us - canada - mexico - trade - deal - usmca - nafta - details - dairy - auto - dispute - resolution - 2018 - 10.

3. 加美软木贸易争端

加美软木（softwood lumber）贸易争端由来已久。美国木材产业在过去三十多年间，多次以加拿大软木进口威胁美国木材产业为由，向美国商务部上诉，请求对加拿大软木进口征收关税以限制进入美国市场的加拿大软木。美国商务部也曾因此向加拿大软木进口征收反补贴税（countervailing duties）和反倾销税（anti-dumping duties）。①这是由于加拿大林场的土地大多数归政府所有，加政府将土地租给林业公司，林业公司上缴政府的伐木费（stumpage rates）由加拿大法律与行政命令规定，一般较为低廉。而美国大部分林场的土地为私有，伐木费由市场决定。因此，加拿大的伐木费远低于美国。例如，2018年加拿大不列颠哥伦比亚省平均每立方米木材的伐木费多数在7~25加元/立方米（木材种类、采伐区域不同而伐木费不同）②，而同期美国华盛顿州的伐木费价格平均远高于不列颠哥伦比亚省。③美国政府因此认为加拿大政府以法律和行政手段规定伐木费的做法是变相补贴木材产业，从而造成加拿大软木价格低于美国软木价格。

在 NAFTA 签署、批准生效后，美国与加拿大达成了第一次《软木贸易协定》（1996~2001年）。该协定限定了加拿大每年向美国免关税出口147亿板英尺软木。超过这一额度的第一个6500万板英尺软木将被征收每千板英尺50美元的关税。再超过这一额度的任意数量的加拿大软木将被征收每千板英尺100美元的关税。④第一次《软木贸易协定》过期后，美国商务部

---

① 加拿大外交部网站，Background – Canada – United States Softwood Lumber Trade，https://www.international.gc.ca/controls–controles/softwood–bois_oeuvre/background–generalites.aspx?lang=eng。
② 加拿大不列颠哥伦比亚省森林、土地、自然资源开发与乡村发展部网站，Average Sawlog Stumpage Rates，https://www2.gov.bc.ca/assets/gov/farming–natural–resources–and–industry/forestry/timber–pricing/coast–timber–pricing/coastaverage_2019b.pdf。
③ 美国按每千板英尺（1000 board feet，约2.36立方米）作为单位计算伐木费，参见 Stumpage Value Determination Tables，https://dor.wa.gov/sites/default/files/legacy/Docs/Pubs/ForestTax/fh2018/InstrSVtables2018_1stHalf.pdf。
④ Malhotra, Nisha and Sumeet Gultati (2010), The Effects of the 1996 U.S.–Canada Softwood Lumber Agreement on the Industrial Users of Lumber: an Event Study. https://economics.ubc.ca/files/2013/05/pdf_paper_nisha–maholtra–effects–1996–softwood–agreement.pdf.

2001年5月宣布对加拿大出口至美国的软木征收27%的关税。据报道,加拿大不列颠哥伦比亚省就有15000人因此失业。① 经过WTO与NAFTA调查小组的裁决,以及加美两国的谈判,2006年两国签署并批准了第二次《软木贸易协定》(为期七年,后延长有效期两年,并且美国宣布再延长一年不对加拿大软木展开新的反补贴和反倾销调查)。第二次协定规定美国撤销对加拿大软木征收的反补贴和反倾销关税,并向加拿大返还已经征收的40亿美元关税。加拿大各区向美国出口软木时可从"出口费"与"出口费+出口限额"这两种方式中,根据软木出口价格进行选择。② 2017年4月25日,在第二次协定过期一年半后,美国商务部宣布对从加拿大进口的软木征收最高可达24%的关税。随后加拿大将美国诉至WTO。2019年4月上旬,WTO争端解决机构做出裁决,允许美国使用归零法③计算对加拿大软木出口征收的反倾销关税。④即便是在美加墨三国达成USMCA后,加美两国依然就软木贸易争端展开谈判。可以预见,软木贸易关税问题将成为加拿大批准《美国—墨西哥—加拿大协议》的主要障碍。加拿大也可利用批准协议的时间作为与美国软木贸易谈判的筹码。

二 加美贸易争端与谈判的逻辑

近二十多年来,美国国际政治经济(IPE)学界较为推崇开放经济政治

---

① 加拿大广播公司, Canada, U. S. Softwood Talks Break Down, https://www.cbc.ca/news/canada/canada-u-s-softwood-talks-break-down-1.368117。
② 加拿大外交部网站, Softwood Lumber Agreement between the Government of Canada and the Government of the United States of America (2006), https://www.treaty-accord.gc.ca/text-texte.aspx?id=105072&lang=eng&_ga=2.130093511.911443045.1558521965-1830939222.1557995148。
③ 美国采用归零法计算倾销税率。归零法仅计算正倾销,将负倾销归零,因此人为地提高了倾销幅度和倾销税率。此前WTO的裁定中,美国采用的归零法多次败诉。特朗普因此威胁如果WTO不进行改革将退出WTO。
④ 路透社, Canada to Fight "Unfair" U. S. Lumber Duties, Appeal WTO Ruling, https://www.reuters.com/article/us-usa-trade-canada-wto-idUSKCN1RR1FX。

学（Open Economy Politics，OEP）这一研究项目。开放经济政治学认为，一国的对外经济政策由三个步骤决定。第一，经实证研究证伪的经济学理论（主要是新古典经济学）决定了不同的经济政策将如何影响国内不同的社会群体。因此不同的社会群体，包括生产要素、公司、行业等，会对不同的经济政策产生不同的政策偏好与利益。例如，Stolper-Samuelson 公理认为，国内丰富的生产要素的拥有者支持贸易，而贫乏的生产要素的拥有者反对贸易。Heckscher-Olin 模型假定生产要素可以在国内不同的产业间以低成本转移，因此对贸易的偏好与生产要素的丰富程度有关。而 Ricardo-Viner 模型假设生产要素不可以在产业间进行灵活转移，因此对贸易的偏好与所属行业有关。第二，不同国家的政治制度与政治机构，如选举制度、党派、政治体制等，将筛选、集合不同社会群体的利益（interest aggregation）。在这一步骤中，政治制度会根据自己机构的合法性与理性，完成利益的筛选与集合。因此，一些群体的利益和政策偏好很可能会被放大归为机构与体制的利益，另一些群体的利益则会被忽略。第三，由政治制度与机构集合而成的利益形成国家利益与政策偏好，国家据此与其他国家展开谈判与博弈，最终形成双方都能接受的对外经济政策。[1]

开放经济政治学由于过多强调国内政治过程，在一定程度上忽略了国际宏观过程对一国对外经济政策的影响。欧特利（Thomas Oatley）认为开放经济政治学将国际政治经济体系分为了多个以国家为单位的次级体系，并将国家这一行为体单独进行分析，因而没有充分考虑国家的次级体系并不是可以单独、互不影响地存在于国际政治经济体系内。欧特利将 WTO 框架下的宏观过程作为案例，检验了 WTO 成员方这一变量对政治体制与关税税率之间的关系的影响。数据分析结果支持了欧特利的假设。[2]本文采用开放经济政治学与欧特利所提出的国际宏观过程，来分析加美两国在钢铝、乳制品以及

---

[1] Lake, David A. 2008. International Political Economy: A Maturing Discipline, chap. 42. In Wittman and Weingast (2008) eds, Oxford Handbook of Political Economy, 757 – 777.
[2] Oatley, Thomas. 2011. "The Reductionist Gamble: Open Economy Politics in the Global Economy." International Organization 65: 311 – 41.

软木贸易问题上的政策动态。

1. 加拿大贸易政策偏好的 OEP 分析

根据 Ricardo-Viner 模型,出口导向型的产业支持扩大贸易规模,而进口竞争型的产业反对扩大贸易规模。美国商务部的数据显示,加拿大过去十年钢制品出口率约占年产量的 50% 左右。① 据加拿大政府的数据,加拿大生产的 76% 的初级铝产品出口到了美国。美国是加拿大铝制品出口的最大市场。2017 年美国占加拿大铝制品出口份额为 87.2%。② 加拿大软木多数也出口至美国。③ 加拿大钢铝产业与软木产业均属于出口导向型产业。此外,由于加拿大乳业存在特殊的供应管理系统,外国乳制品只占加拿大市场份额的 10%,是进口竞争型的产业。因此,加拿大钢铝产业与软木产业支持自由贸易以扩大贸易规模。而乳制品行业认为扩大贸易规模会使其产品被更便宜的进口乳制品挤占市场份额,因而支持保护主义限制进口。根据统计数据,加拿大钢铝等冶金产业主要分布在安大略省、不列颠哥伦比亚省、魁北克省(也是受美国钢铝关税影响最严重的区域),加拿大乳业也主要分布在安大略省和魁北克省。加拿大软木产区主要在不列颠哥伦比亚省、魁北克省、阿尔伯塔省、安大略省、新布伦瑞克省等地。④

根据过去六次加拿大联邦选举(federal election,即 general election 选举议会下院议员)的数据,加拿大总理贾斯汀·特鲁多领导的自由党主要支

---

① 2012 年为特例,当年出口与钢产量比为 104%,剩余九年中(2009~2018 年),加拿大钢制品出口与产量比平均约为 50.6%,美国商务部,Steel Exports Report:Canada,https://www.trade.gov/steel/countries/pdfs/exports-Canada.pdf。
② 加拿大政府网站,Steel and Aluminum,https://international.gc.ca/trade-commerce/controls-controles/steel_alum-acier_alum.aspx?lang=eng;加拿大自然资源部网站,Aluminum Facts,https://www.nrcan.gc.ca/mining-materials/facts/aluminum/20510#L4。
③ 加拿大自然资源部网站,Softwood Lumber,https://www.nrcan.gc.ca/19601。
④ 加拿大广播公司,These are the Places Most Vulnerable to U.S. Tariffs,https://www.cbc.ca/news/canada/tariff-impact-canadian-cities-1.4728226;加拿大自然资源部网站,Canada's Timber Supply: Current Status and Future Prospects under a Changing Climate 2016,http://publications.gc.ca/collections/collection_2017/rncan-nrcan/Fo123-2-15-2016-eng.pdf;加拿大乳业信息中心,Dairy Farming in Canada 2018,https://dairyinfo.gc.ca/index_e.php?s1=dff-fcil&s2=farm-ferme&s3=nb。

	2009年	2010年	2011年	2012年	2013年	2014年	2015年	2016年	2017年	2018年
产量	9.3	13.0	12.9	13.5	12.4	12.7	12.5	12.7	13.6	13.1
消费	10.3	14.9	16.6	9.7	15.4	16.4	14.0	14.3	15.6	16.9
出口	5.1	7.2	6.5	14.1	5.9	6.4	6.3	6.1	6.7	6.5
出口/产量	54.5	55.1	50.4	104.0	47.7	50.3	50.4	48.3	48.9	49.9

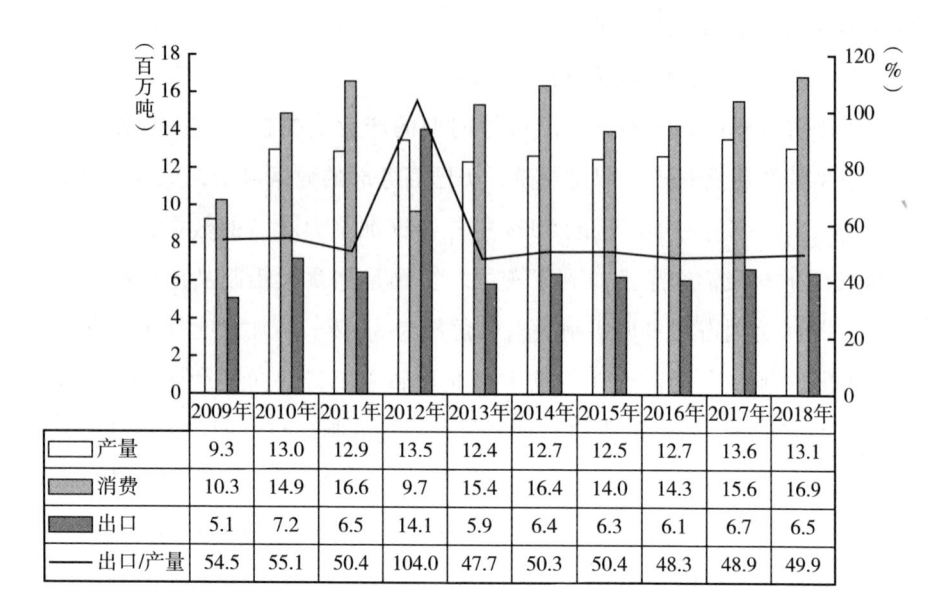

图6　2009～2018年加拿大钢材出口占当年产量比例

资料来源：美国商务部网站，Steel Exports Report：Canada，https：//www.trade.gov/steel/countries/pdfs/exports - Canada.pdf。

持选区分布于安大略省、魁北克省、纽芬兰省等地，而主要反对派保守党及其前身的主要支持选区分布在阿尔伯塔省、不列颠哥伦比亚省和萨斯喀彻温省。在最近一次联邦选举中，自由党在不列颠哥伦比亚省获得的议员席位超过了保守党。①依据开放经济政治学的第二步，民主政体通过政党、选区、选举制度等机构和制度将不同群体对于贸易的政策偏好与利益筛选、集约，形成一国对外贸易政策的偏好与国家利益。因此，加拿大自由党政

---

① 维基百科，1997－2015加拿大历次联邦选举议员分布地图，https：//commons.wikimedia.org/wiki/File：Canada_2015_Federal_Election.svg，https：//en.wikipedia.org/wiki/2011_Canadian_federal_election#/media/File：Canada_2011_Federal_Election.svg；https：//en.wikipedia.org/wiki/2006_Canadian_federal_election#/media/File：Canada_2006_Federal_Election.svg；https：//en.wikipedia.org/wiki/2004_Canadian_federal_election#/media/File：Canada_2004_Federal_Election.svg；https：//upload.wikimedia.org/wikipedia/commons/7/77/Canada_2000_Federal_Election.svg；https：//en.wikipedia.org/wiki/1997_Canadian_federal_election#/media/File：Canada_1997_Federal_Election.svg。

府为了保护主要支持选区的钢铝、乳制品以及软木行业选民的利益,在与美国进行 NAFTA 的再谈判时,反对美方对加拿大钢铝制品、软木以及乳制品加征关税,主张取消钢铝关税,取消软木制品的反补贴和反倾销关税,并拖延乳制品贸易争端的谈判以期维持供应管理系统保护加拿大乳业。

2. 美国贸易政策偏好的 OEP 分析

由于美国国内市场的规模和供需关系以及进出口比例与加拿大市场不同,钢铝产业、软木产业以及乳制品行业的性质与加拿大不同。加拿大自然资源部数据显示,2015 年美国软木产量仅能满足美国 70% 的市场需求。① 美国是世界上最大的钢进口国。2018 年美国钢进口(3080 万吨)虽然比上年降低 11%,但该期数据比 2009 年第二季度增长了 138%。2009~2018 年,美国钢进口与国内钢消费量比(进口渗透率)平均约为 28.9%。② 根据数据计算,2014~2018 年,美国铝制品进口占美国国内生产的铝制品比例平均约为 79.8%。③ 2015~2017 年,美国软木进口占美国国内生产的软木比例平均约为 48.3%。④ 根据美国乳制品出口理事会的数据,2015~2019 年,美国出口的乳制品占同期乳制品产量为 11%~18%,进口乳制品约占同期产量的约 4% 左右。⑤ 由此可见,美国钢铝产业和软木生产业不是出口导向的产业,而是进口竞争型的产业。美国乳业是受保护的进口竞争型产业。依据 Ricardo-Viner 模型,美国钢铝产业和软木产业应支持保护主义,

---

① 加拿大自然资源部网站,Softwood Lumber-Backgrounder,https://www.nrcan.gc.ca/19603。
② 美国商务部网站,Steel Imports Report: the United States,https://www.trade.gov/steel/countries/pdfs/imports-us.pdf。
③ 美国国家矿物信息中心网站,Aluminum Statistics and Information,https://www.usgs.gov/centers/nmic/aluminum-statistics-and-information; https://prd-wret.s3-us-west-2.amazonaws.com/assets/palladium/production/s3fs-public/atoms/files/mcs-2019-alumi.pdf。
④ 美国农业部网站,Howard, James, David B. McKeever, Shaobo Liang, 2017. U.S. Forest Products Annual Market Review and Prospects, 2013-2017, https://www.fpl.fs.fed.us/documnts/fplrn/fpl_rn348.pdf。
⑤ 美国乳制品出口理事会网站,Dairy Data Dashboard,http://www.usdec.org/research-and-data/market-information/dairy-data-dashboard。

反对自由贸易；美国乳业既支持保护主义限制进口，又支持扩大出口规模。

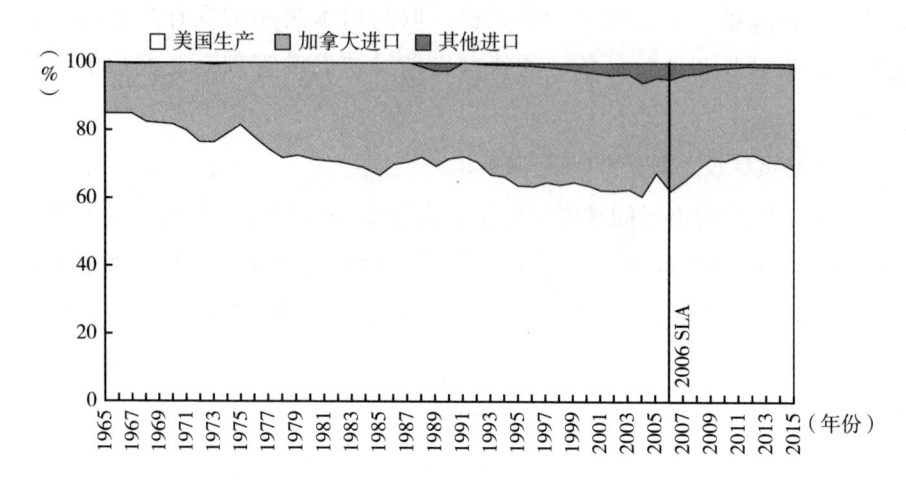

图7 1965~2015 美国软木消费（按来源）

资料来源：美国国会研究部，Hoover, Katie, Ian F. Fergusson. 2018. Softwood Lumber Imports from Canada: Current Issues. Congressional Research Service，https://fas.org/sgp/crs/misc/R42789.pdf。

美国主要的钢铁企业位于密歇根州、印第安纳州、伊利诺伊州、俄亥俄州、宾夕法尼亚州等地，主要制铝企业位于印第安纳州、华盛顿州、肯塔基州等地，主要软木产区为华盛顿州、俄勒冈州、加利福尼亚州、威斯康星州以及东南沿海的南卡罗来纳州、北卡罗来纳州、佐治亚州等地，主要乳制品产区为加利福尼亚州、威斯康星州、纽约州、爱达荷州、得克萨斯州、宾夕法尼亚州、密歇根州等地。① 对比2016年美国总统选举，上述产业主要分布的州多数属于支持共和党候选人特朗普的州。依据开放经济政治学的第二

---

① Statistica 网站, Top 10 Milk Producing U. S. States from 2016-2018, https://www.statista.com/statistics/194968/top-10-us-states-by-milk-production/ Softwood Sawmills in the United States and Canada, http://media.barchart.com/cm/articles/cache/3623939ed6051b3f36155c229f5c8105.jpg; 维基百科, Iron and Steel Industry in the United States, https://en.wikipedia.org/wiki/Iron_and_steel_industry_in_the_United_States 维基百科 Aluminum Industry in the United States, https://en.wikipedia.org/wiki/Aluminum_industry_in_the_United_States。

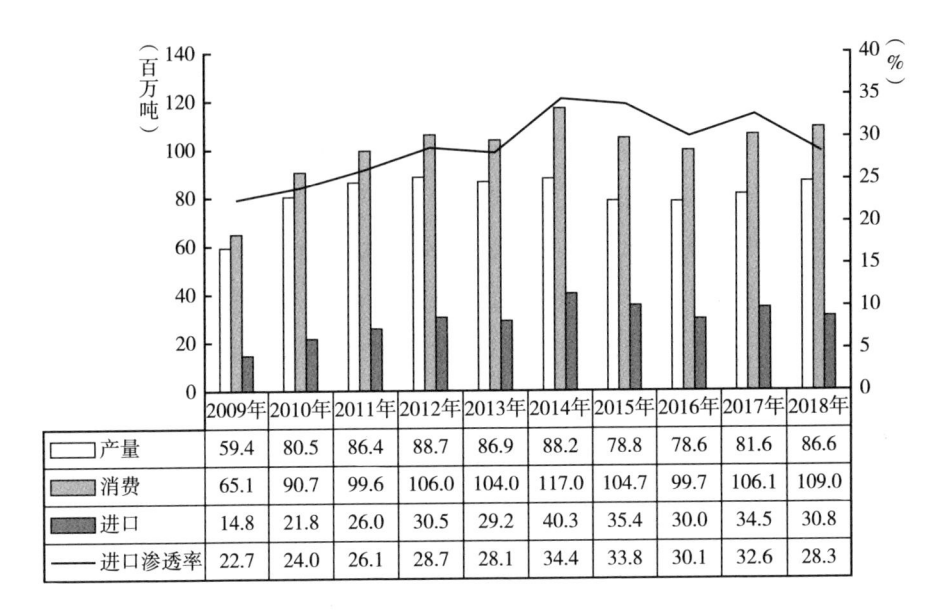

	2009年	2010年	2011年	2012年	2013年	2014年	2015年	2016年	2017年	2018年
产量	59.4	80.5	86.4	88.7	86.9	88.2	78.8	78.6	81.6	86.6
消费	65.1	90.7	99.6	106.0	104.0	117.0	104.7	99.7	106.1	109.0
进口	14.8	21.8	26.0	30.5	29.2	40.3	35.4	30.0	34.5	30.8
进口渗透率	22.7	24.0	26.1	28.7	28.1	34.4	33.8	30.1	32.6	28.3

图8　2009~2018年美国钢材产量、消费量及进口渗透率

资料来源：美国商务部网站，Steel Imports Report: the United States, https://www.trade.gov/steel/countries/pdfs/imports-us.pdf。

步，政党等政治机构筛选、集合不同群体对贸易政策的偏好与利益形成一国贸易政策与利益。特朗普政府为保护其主要支持群体（钢铝工厂工人、奶农以及伐木工等）的利益，因此对加拿大等国的钢铝制品和加拿大软木进口产品加征关税，并在NAFTA的再谈判中向加拿大施压使其放松对美国乳制品进入加拿大的限制。

依据开放经济政治学的第三步，国家根据国内政治与产业发展状况形成国际贸易政策与相关的国家利益后，展开博弈。这种博弈可以为零和博弈，也可以为合作博弈（正和博弈）。①美国特朗普政府使用的博弈手段属于零和博弈，认为通过单边退出NAFTA等国际机制（international institutions）（特朗普还曾威胁退出WTO，如果WTO不进行改革），并违反国际机制中的规

---

① Lake, David A. 2008. International Political Economy: A Maturing Discipline, chap. 42. In Wittman and Weingast (2008) eds, Oxford Handbook of Political Economy, 757-777.

章制度加征关税，与存在贸易争端的加拿大等国就合作产生的"分蛋糕"问题进行博弈。这种零和思维来源于特朗普政府认为全球化浪潮与国际多边贸易体系没有让支持特朗普政府的选民群体（selectorate）获益。因此，特朗普政府谈判与博弈的目标是完成竞选总统时重新谈判 NAFTA 的承诺，达成对特朗普支持者有利的保护主义贸易协定。特朗普政府对于维持惠及多方的多边自由贸易体系并不感兴趣。加拿大特鲁多政府使用的博弈手段接近于合作博弈，认为通过参与国际多边贸易体系，国与国受益于 NAFTA 等国际机制，使得贸易的交易成本以及不确定性降低，生产要素得到最优配置，消费者享受更大的福利。因此特鲁多政府谈判与博弈的目标是，在维持北美自贸体系的基础上，保护本国乳业，达成支持自由贸易、保持合作的协议。

欧特利认为，开放经济政治学忽略了国际宏观过程对贸易政策的影响。虽然特朗普政府更倾向于采用双边谈判的策略，但由于加拿大与美国同属 WTO 成员方，两国都通过 WTO 进行贸易问题的博弈。2018 年 1 月，加拿大就美国对加拿大软木产品加征关税，向 WTO 申请仲裁。2018 年 7 月，美国就加拿大等国对美国钢铝等产品加征报复性关税向 WTO 申请仲裁。[①]但 WTO 仲裁时间较长，目前仅就软木贸易争端做出了裁决。2019 年 4 月，WTO 裁决美国对加拿大软木加征关税的行为违反了 WTO 的反倾销协定，但允许了美方采用归零法计算倾销关税。[②]加拿大随即表示将就这一裁决继续向 WTO 上诉。虽然美国申请的仲裁仍在过程中，2019 年 5 月中旬加美两国已经达成协议将取消加征对方钢铝制品的关税。因此，从加美通过 WTO 仲裁的国际宏观过程进行贸易问题的博弈的案例出发，加美两国出于遵守 WTO 各项协定，推动《美国 - 墨西哥 - 加拿大协定》的批准，以及结束贸易争端对

---

① 加拿大广播公司，Canada Takes U. S. to WTO in Wide - ranging Trade Complaint，https：//www. cbc. ca/news/business/canada - united - states - trade - complaint - 1. 4480738；世界贸易组织网站，Canada - Additional Duties on Certain Products from the United States，https：//www. wto. org/english/tratop_ e/dispu_ e/cases_ e/ds557_ e. htm。

② 世界贸易组织网站，DS534：United States - Anti - Dumping Measures Applying Differential Pricing Methodology to Softwood Lumber from Canada，https：//www. wto. org/english/tratop_ e/dispu_ e/cases_ e/ds534_ e. htm#bkmk534r。

两国消费者和钢铝、乳制品、软木产业的负面影响，两国将就这三方面的贸易问题达成协议。

三 加美贸易争端谈判结果与 USMCA

截至 2019 年 5 月底，此次加美钢铝贸易争端已经结束，不再是加美两国批准 USMCA 的主要障碍。2018 年 10 月新版的《北美自由贸易协定》，即《美国—墨西哥—加拿大协定》（USMCA）也就乳制品贸易争端达成了一致。乳制品贸易方面，加拿大做出妥协。加拿大同意将从美国进口的乳制品市场份额从 1% 扩大至 3.6%，并取消此前对于 Class 7 奶制品的定价系统，以便美国的同类产品进入加拿大。加拿大也同意进一步向美方开放禽蛋产品的市场。虽然魁北克省和安大略省等地奶农对特鲁多政府做出的妥协表示不满，但特鲁多政府表示将采用政府补贴的方式对奶农做出补偿。[①]钢铝贸易方面，美国做出了妥协，放弃了此前谈判中坚持的进口配额。美国已于 2019 年 5 月中旬与加拿大达成一致，互相取消钢铝关税，旨在监督金属市场波动的监管系统，承诺不再进口以不公平的手段补贴的钢铝制品以及价格具有"倾销"嫌疑的钢铝制品，并防止第三国生产的钢铝产品经美加任何一国转口进入对方国家。软木贸易方面，加拿大已经就 WTO 在 4 月做出允许美方使用归零法计算倾销关税率的裁决提出上诉。可以预见软木贸易争端将成为加拿大批准 USMCA 的一个主要障碍。此外，USMCA 保留了贸易争端解决的条款。舆论普遍认为这是加拿大在 USMCA 谈判中主要的赢面。

---

① 加拿大广播公司，Prime Minister Pledges Compensation for Dairy Farmers Hit by USMCA Deal, https://www.cbc.ca/news/politics/trudeau-dairy-farmer-pledge-1.4850974。

B.10
全球保守主义冲击下的加美关系

刘天逸*

摘　要： 2018年的加美关系在保守主义势力抬头的背景下波诡云谲，一波三折。本文从三个角度做了分析。首先是分析2018年普通民众对加美两国关系的看法，从而分析和总结两国关系的基本面。其次是回顾本年度影响加美两国关系的两大重点事件：新版美加墨自贸协定（USMCA）的签订，以及轰动全球的华为事件。最后，本文将总结本年度全球保守主义抬头之下的加美关系，并加以展望其今后的走向与趋势，从而使我们能更清楚地认识到中国应当采取的策略，以及在两国中间应处的最佳位置。在作者看来，在保守主义冲击下的加美关系经受了有史以来最严峻的考验，并有保守势力互相串联的趋势。在保守主义势力的冲击下，加美关系出现了倒退。如何在中美两大国之间把握准确位置，如何在保守势力冲击下做到独善其身，是加拿大在当今国际局势下要做出的重大决断。

关键词： 加拿大　美国　中国　保守主义

一　加美关系的基本民意

针对加美关系的民意调查，加拿大民调机构Environics在2018年10月1

---

* 刘天逸，博士，渥太华大学政治学院，研究方向为加拿大政治与外交。

日至10月14日期间随机采访了2000名加拿大人。①②他们的调查显示，加拿大人对美国的公众好感度创造了38年以来的历史新低。接受调查的加拿大人中只有37%的人对美国保持好感（favorable）。2019年加拿大人对于美国的好感达到一个"前所未有"（unprecedented）的低点，而民意调查机构甚少使用这样的词汇。2018年也是加拿大有记录以来对美国总体好感度最低的一年。③

表1 加拿大总体对美国好感度调查

总体对美国好感度调查	百分比（%）
好感（very favorable）	8
略有好感（somewhat favorable）	29
略有厌恶（somewhat unfavorable）	30
厌恶（unfavorable）	26
无感（no opinion）	6
总体好感（net favorable）	37
总体厌恶（net unfavorable）	57

资料来源：Environics institution 2018。

如果按地区分布来看，只有阿尔伯塔省的居民在喜爱和厌恶美国的态度中持平（46%~48%）。同属草原省份的曼尼托巴省和萨斯喀彻温省则是厌恶大于喜爱（39%~50%），意见差距有11个百分点。而其他省份如安大略省、魁北克省、大西洋省份的反映意见则与加拿大人对美国的总体意见持平。而不列颠哥伦比亚省人对于美国的意见最差，总体厌恶度达到61%，总体喜爱度只有35%。

---

① Environics institution 的调查基于2018年10月1日至10月14日（通过固定电话和手机）与2000名加拿大人进行的电话访谈。从人口中抽取的这种规模的样本产生的结果精确到正负2.2个百分点。
② "Focus Canada Fall 2018", Canadian Public Opinion on Immigration, Refugees and the USA. Project Details. November 18, 2018. Accessed April 08, 2019. https://www.environicsinstitute.org/projects/project-details/focus-canada-fall-2018-canadian-public-opinion-on-immigration-refugees-and-the-usa.
③ Jane Gerster, "Canadian Public Opinion of U.S. Hits 38-year Low: Survey", Global News, November 21, 2018, accessed April 08, 2019, https://globalnews.ca/news/4684301/canada-public-opinion-america/.

表2 加拿大各地区对美国好感度

单位：%

各地区对美好感度	安大略 ON	魁北克 QC	阿尔伯塔 AB	曼尼托巴 MB/萨斯喀彻温 SK	不列颠哥伦比亚 BC	大西洋省份 ATL
好感(very favorable)	8	7	14	6	6	6
略有好感(somewhat favorable)	29	28	32	33	29	29
略有厌恶(somewhat unfavorable)	30	29	34	28	32	26
厌恶(unfavorable)	28	28	14	22	29	32
无感(no opinion)	5	8	5	11	4	5
总体好感(net favorable)	37	35	46	39	35	37
总体厌恶(net unfavorable)	58	57	48	50	61	58

资料来源：Environics institution 2018。

而从年龄层面说，18~29岁以及30~44岁的年轻人和中年人对美国人的好感较高，厌恶较低（52%）。而45~59岁以及60岁以上的中老年人群对美国好感最低，仅有34%，而总体厌恶度达到60%。

从教育程度层面来讲，其中的差别并不具有显著性。各个层面的差距均在1%~2%。仅在大学/研究生类别中略有厌恶的人群有34%，超过其他群体。

表3 加拿大各教育程度对美国好感度

单位：%

各教育程度对美好感度	高中及以下	大专院校	大学/研究生
好感(very favorable)	7	9	8
略有好感(somewhat favorable)	31	29	29
略有厌恶(somewhat unfavorable)	26	29	34
厌恶(unfavorable)	27	27	26
无感(no opinion)	9	5	5
总体好感(net favorable)	39	38	36
总体厌恶(net unfavorable)	53	57	59

资料来源：Environics institution 2018。

从收入水平来说，收入水平越高，则对美国的好感会越高，但趋势也不够显著。家庭年收入100000加币以上的人拥有最高的好感度40%和最低的厌恶度56%。年收入30000加币以下的人群的总体好感度最低，只有34%。年收入80000~100000加币的人群中，达到对美国最高的厌恶程度59%，好感度也仅有35%。根据表4分析，加拿大的低收入人群对美国的好感度最低，而中产阶层对美国的好感也很低。但是精英阶层和高收入群体对美国的好感最高。

表4 加拿大各收入层对美国好感度

单位：%

各收入层对美好感度	30000加币以下	30000~60000加币	80000~100000加币	100000加币以上
好感(very favorable)	6	8	9	8
略有好感(somewhat favorable)	28	31	26	32
略有厌恶(somewhat unfavorable)	28	28	30	33
厌恶(unfavorable)	30	28	29	23
无感(no opinion)	8	6	5	4
总体好感(net favorable)	34	39	35	40
总体厌恶(net unfavorable)	58	56	59	56

资料来源：Environics institution 2018。

根据受访人群的政党背景分析，保守党背景的调查对象对美国的好感度最高，达到57%，厌恶程度最低，为40%。显著区别于加拿大人对美国好感/厌恶的平均水平。而其他政党背景的受访对象则均表现出总体好感很低（低于30%），厌恶水平很高（高于65%），均显著区别于加拿大人的平均水平。由此可见信奉保守主义的受访对象更加认同美国（目前的美国）。而中间主义、自由主义、社会主义、环保主义等加拿大人群对美国的厌恶感明显很高，除保守党之外的其他政党背景受访人士对美国的好感均低于5%，而魁人集团的统计对象居然是0的好感度。这些政党群体的差异性均具有统计学意义上的显著性。

表 5　各政党背景对美国好感度

单位：%

各政党背景对美好感度	自由党 LIB	保守党 CON	新民主党 NDP	魁人集团 BQ	绿党 GP
好感（very favorable）	4	17	3	0	1
略有好感（somewhat favorable）	25	39	19	28	25
略有厌恶（somewhat unfavorable）	35	27	36	30	37
厌恶（unfavorable）	33	13	38	37	29
无感（no opinion）	3	4	4	5	9
总体好感（net favorable）	28	57	23	28	26
总体厌恶（net unfavorable）	68	40	73	67	65

资料来源：Environics institution 2018。

虽然仍有超过 1/3 的加拿大人依旧喜爱美国，但就加拿大民众对美国总统特朗普个人的好感度而言，这一数字极速下降到 13%。而反对特朗普政策的人群直接飙升到 78%。

表 6　特朗普政策支持度调查

总体对特朗普政策支持度调查	百分比
支持（approve）	13%
反对（disapprove）	78%
无意见（no opinion）	9%

资料来源：Environics institution 2018。

如果按地区意见的数据进行分析，加拿大全国各地区对于特朗普政策的反对程度均超过 60%。其中安大略省、魁北克省均高达 80% 以上。曼尼托巴/萨斯喀彻温、不列颠哥伦比亚省、大西洋省份的反对水平与全国反对水平持平。反观阿尔伯塔省，其对特朗普政策的支持度最高，达到 24%；反对最低，为 64%。但是依然是反对的声音占多数。虽然阿尔伯塔省的居民大部分都喜爱美国，但是他们也并不是那么喜爱美国现任总统特朗普。讨厌特朗普的程度远远超过讨厌美国的程度。

表7 各地区对特朗普政策支持度调查

单位：%

各地区对特朗普政策支持度调查	安大略 ON	魁北克 QC	阿尔伯塔 AB	曼尼托巴 MB/萨斯喀彻温 SK	不列颠哥伦比亚 BC	大西洋省份 ATL
支持 approve	12	10	24	14	15	14
反对 disapprove	80	83	64	75	76	77
无意见 no opinion	8	7	12	11	8	9

资料来源：Environics institution 2018。

就政党背景来分析，保守党背景的受访人对特朗普的政策拥有最高的支持率，达到30%。而其他政党背景的受访人以绝大多数的民意（均超过85%）反对特朗普的政策。其中自由党和新民主党的受访人反对意见高达90%以上。

表8 各政党背景对特朗普政策支持度

单位：%

各政党背景对特朗普政策支持度	自由党 LIB	保守党 CON	新民主党 NDP	魁人集团 BQ	绿党 GP
支持（approve）	4	30	5	11	7
反对（disapprove）	92	59	91	85	87
无意见（no opinion）	4	11	4	4	6

资料来源：Environics Institute 2018。

根据加拿大安格斯里德研究所（Angus Reid）2018年的一项调查，大多数受访者表达了对美国在世界事务中的作用的担忧，其中有大多数人表示美国在帮助解决全球挑战性议题方面的作用正在下滑，并且受访者认为美国做出其外交政策决策时没有考虑其他国家的利益。82%的加拿大受访者认为美国在进行外交决策的时候不会考虑加拿大的利益。在针对加美关系的方向进行评价的调查中发现，66%的加拿大人表示加美关系去年（2018年）走

向下坡，只有4%的人表示情况有所好转，28%的人表示保持不变。① 加拿大人在几个具体问题上对美国持消极态度。只有38%的人表示美国尊重其人民的个人自由。② 除了特朗普因素，美国频繁的枪击和暴力事件也极大地影响了加拿大人对美国的看法和忧虑。③ 卡尔顿大学教授康纳德（Victor Konrad）在接受加拿大环球新闻网（Global news）的采访中表示，Environics调查的结果并不令人惊讶。在"9·11事件"之后，美国和加拿大之间的鸿沟（Chasm）越来越大。但尽管如此，作为拥有美加双重国籍的康纳德教授表示，加拿大和美国依然有千丝万缕的联系。康纳德目前正在负责一项关于加拿大居民赴美过冬的"雪鸟"研究。在他的研究中发现，那些逃离加拿大在温暖的美国南部度过冬季的人，目前在美国逗留期间开始感到不安。他们认为，他们在美国的权利和安全呈现日益两极分化的情形。④

同样，我们也需要关注美国视角下的加美关系。在2018年8月的皮尤研究调查中，63%的美国民主党人表示他们对加拿大的感情"非常温暖"（Very Warm），而只有39%的共和党人表示同样的态度。在盖洛普（Gallup）8月的一项独立调查中，美国人对特鲁多的支持率更高——48%赞成，24%不赞成。美国人对加拿大的看法长期以来似乎取决于谁是加拿大总理。2013年，当保守派斯蒂芬·哈珀成为加拿大总理时，盖洛普发现受调查对象中95%的共和党人和91%的民主党人对加拿大有好感。

从这些数据分析中可以了解到，加拿大人整体上对美国的好感度达到新低，只有37%。而加拿大人整体上对美国总统特朗普政策的支持度只有13%。而在地区分析和政党背景分析中，阿尔伯塔省的居民，以及保守党背景的受访人（具有高度重叠性），对于美国的好感度最高（46%/~7%），对于特朗

---

① Pew Global Attitudes Project. 2019 April 03. "Global Attitudes and Trends." Accessed April 08, 2019. https://www.pewglobal.org/.
② Pew 2018 Global Attitude Project.
③ Gerster 2018.
④ Victor Konrad 2018 in Gerster 2018.

普的支持度也最高（24%～30%）。但相对而言对美国的好感度更高，高过对美国总统特朗普的支持度。我们不难发现，阿尔伯塔省的居民/保守党背景的受访人士，在所有受访人群中的显著性最高。在加美如今的政治环境大背景之下，阿尔伯塔省的居民/保守党党员在所有加拿大人之中拥有对美国最高的好感度和对美国总统特朗普的支持度，这值得我们去思考。这也印证了在全球保守主义抬头的大环境下，加美两国的保守势力相互呼应，相互支持，依然可以对加拿大本国的民意和加美关系产生重大而显著的影响。加拿大本国的保守势力（保守党），构成了在民意上支持美国、支持美国政府、支持特朗普的最显著力量。在加拿大2019年大选即将来临之际，这值得我们重点观察。虽然目前自由党依然是官方的执政党，但是保守党气势汹汹，大有借国际保守主义势力复苏卷土重来之势。而一旦保守党政府在加拿大重新上台，是否会和特朗普的政府形成遥相呼应的保守同盟，更加值得我们去观察。

二 加美关系与新版美加墨自贸协定（USMCA）

如果谈到国际保守势力抬头的趋势，那么贸易保护主义则是评估国际保守主义的一个重要指标和工具。而谈到这一年的加美关系，新签署的美加墨自贸协定（USMCA）就不能不提。两国针对新版自贸协定的正面交锋对两国影响最为直接，最为广泛，也最为严重。一年半以前，特朗普要求重新谈判北美自由贸易协定（NAFTA）。2018年夏天在魁北克省沙乐瓦（Charlevoix）举行的为期两天的七国集团首脑峰会（G7 summit）结束时，特朗普爆发式的表现了他的不满。许多加拿大人发现这不仅令人震惊（shocked），而且令人费解（imexplicable）。特朗普此前曾表示，对加拿大钢铁和铝征收的关税是因为这里的加拿大生产商对美国构成了"国家安全威胁"（National Security Threat），而特鲁多称之为"荒谬"（Absurd）。[1] 在特

---

[1] Amanda Connolly and Rahul Kalvapalle, "'Meek, Mild and Dishonest': Trump Lashes out at Trudeau after PM Contradicts Him in Public", Global News, June 10, 2018, accessed April 08, 2019, https://globalnews.ca/news/4265020/trump-tweets-about-trudeau-g7-trade/.

鲁多表示加拿大不会受到欺凌（Bullied）之后，特朗普在前往新加坡特金会途中在空军一号上发出了推文，他称特鲁多"非常不诚实（Very Dishonest）和软弱（Weak）"，并指责他"做出虚假陈述"（Making Falese Statement）。紧接着第二天，美国总统经贸问题首席谈判代表纳瓦罗说，"地狱里有一个特别的地方专门为特鲁多准备的"（ASpecial Place in Hell for Trudeau）。[1] 不仅如此，特鲁多也遭到了其他美国政要，比如前美国联邦调查局局长科米（James Comey）和参议院麦凯恩的批评（John Mccain）。[2]在加拿大历史学家，多伦多大学加拿大历史教授罗伯特·博思威尔（Robert Bothwell）说，其实美国总统和加拿大总理之间的谩骂与嫌隙由来已久，特朗普不是第一个。最著名的愤怒表现是加拿大自由党总理莱斯特·皮尔逊（Lester B. Pearson）要求联合国暂停以美国为首的对越南的轰炸，这引起时任美国总统林登·约翰逊的勃然大怒，直接对皮尔逊出言不逊，尼克松也曾经对老特鲁多出言不逊，但这都是在私人场合。而特朗普和他的亲信开创了一个先例，直接在公开场合谩骂（Assault）加拿大总理。

紧接着在8月，特朗普政府宣布与墨西哥就NAFTA 2.0版本达成协议，并表示今后的北美自贸协定很可能不再包括加拿大。如果没有"公平谈判"，特朗普就威胁要以高达25%的关税打击加拿大的汽车出口。在新的USMCA签署协议之前的几天，特朗普宣布他特意冷落和拒绝（purposly snubbed and refuese to meet）与特鲁多在联合国的会面，并公开宣称他非常不喜欢（don't like very much）加拿大的贸易谈判代表——外交部部长弗里兰。《纽约时报》引用特朗普自己的话说：特朗普称他与加拿大总理贾斯汀·特鲁多的关系是"暴躁的"（testy），并将原因归结为激烈的贸易谈判。而加拿大新不伦瑞克省前省主席，前加拿大驻美国大使弗兰克·麦肯纳（Mckenna）形容特朗普对加拿大是直接的侮辱。不仅

---

[1] Catherine Porter, "For Canada and U. S., 'That Relationship Is Gone' After Bitter Nafta Talks", The New York Times, October 03, 2018, accessed April 08, 2019, https://www.nytimes.com/2018/10/03/world/canada/trudeau-trump-nafta.html.

[2] Connolly and Rahul Kalvapalle 2018.

侮辱了加拿大这个国家,也侮辱了加拿大总理,甚至是我们的首席谈判代表。"①

墨西哥和美国在经过五个星期的双边会谈后,于2018年8月底动议了一项新协议。经过最近几天的谈判,加拿大于2018年9月30日晚些时候与美国和墨西哥达成原则协议。在新协议上,加拿大同意向美国出口开放更多供应管理的乳制品和家禽市场,将某些处方药的专利保护期延长两年,并根据美国人的要求修改版权规则。但加方设法保留了文化产业自由贸易规则的"剥离"(carve out),并保留了北美自由贸易协定"第19章"制度,以解决反倾销和反补贴税的争议。②据美联社(AP)报道,USMCA"让美国奶农更多地进入受保护的加拿大市场"。在此次交易中,加拿大已同意向美国奶农提供3.5%的加拿大国内市场。而最受瞩目的汽车行业,USMCA并没有结束美国对加拿大钢铁和铝开征的高额关税。③

安格斯里德研究所(Angus Reid Institute)针对NSMCA的调查显示,34%的人感到高兴(pleased)或非常高兴(very pleased),而45%的人感到失望(disappointed)或非常失望(very disappointed)。民意调查显示,保守派选民往往比其他人群更失望。超过一半的加拿大人认为,加拿大让步了过多的美国乳制品和家禽市场准入(market access),以及其他让步。加方在谈判中过于软弱。当被问及加拿大受访对象对USMCA的整体印象时,接近50%的受访者认为USMCA比北美自由贸易协定(NAFTA)更糟糕,只有18%认为它更好。随着谈判在过去几个月展开,之前在该问题上的跨党派团结(Bi-Partisan Coalition)似乎崩溃,反对派政客批评联邦谈判代表处理谈判

---

① Porter 2018.
② Tom Blackwell, "Barely a Third of Canadians Happy with New North American Trade Deal, Poll Suggests," Financial Post, October 23, 2018, accessed April 08, 2019, https://business.financialpost.com/news/barely-a-third-of-canadians-happy-with-new-north-american-trade-deal-poll-suggests.
③ Adriana Belmonte, "Ex-ambassador Sums up U.S.-Canada Relationship: 'It's Bad'," Yahoo! Finance, December 02, 2018, accessed April 08, 2019, https://finance.yahoo.com/news/ex-ambassador-sums-u-s-canada-relationship-bad-163952071.html.

的方法失当。而加拿大人总体对新的 NSMCA 有忧虑。①②

通常，政治领袖会对双边协议表示信任，并从广义上赞扬这种关系。总统和总理一般会唱红脸（good cops），而实际谈判者可以唱黑脸（bad cops）。这种模式行之已久，既可保证两国高层的和谐和整体气氛的融洽，也可以在具体谈判中各国根据自身利益据理力争。然而，在这次加美会谈中，美国总统特朗普扮演了黑脸的角色，并且他唱黑脸的表现十分显而易见，并被广泛报道。特朗普着重对加拿大以及加拿大高层表现出愤怒，并且做好了不达成任何协议，甚至威胁撤出谈判并退出北美自由贸易协定的举措。③ 自 1945 年以来，美国就贸易自由化的优点提出了原则性的论点，而加拿大和墨西哥更多地寻求保护其较小的产业和经济免受竞争性美国公司的影响。而反观现在，加拿大更依赖加美之间的自由贸易，而美国却以国家安全的名义提出有管理的贸易和惩罚性关税来保护本国市场。④ 这种主客异位让人咋舌。从历史上看，美国政府一直关注主要竞争对手（中、俄、日、欧），而在大部分时间都忽略从属的加拿大。为了管理有限和零星加美的双边事务，两国联合成立了一系列政府和民间机构负责处理与协调。每个机构都是根据如何管控分歧和制定行为准则的政治或商业协议建立的。美加之间长期以来的事务对接都是由这些行政机构、委员会、行业协会来负责。这使得加美关系在各个重要领域能长期稳定地保持正轨，而不需要让美国总统和国会直接参与。这种轨道化的双边协会委员会处理机制对于长期的双边关系来说是非常好的现象。然而不幸的是，美国总统和国会很难将他们的决策重点放在加拿大。因为机制化的东西已经运行已久，而美国高层更喜欢

---

① Angus Reid Institute2018.
② 结果是基于对安格斯里德永久论坛的 1500 名代表成员进行的在线调查，该样本被认为精确到 2.5 个百分点。
③ Christopher Sands, "Life After NAFTA: Rebuilding the Canada – US Relationship, Now with USMCA", Open Canada, October 03, 2018, accessed April 08, 2019, https://www.opencanada.org/features/life–after–nafta–rebuilding–canada–us–relationship–now–usmca/.
④ Sands 2018.

把注意力放在其他大国和新兴挑战者上面。① 制度化运行看起来是非常理想的。而现实上，制度化则代表了美国高层不愿亲自重视加拿大，大量依靠制度化运营，甚至在制度上的设计试图把加拿大矮化、国内化、边缘化。

总的来说，USMCA 谈判对加美关系造成了破坏，需要时间来修复。在加拿大公众视野中，最严重的损害是信任。加拿大人认为，他们原本可以指望美国采取一致（Consistant）和可预测（Predictable）的行动。而这次特朗普政府突然放弃了北美自贸协定协议和美国长期以来的自由贸易及集体安全主义等原则，并要求加拿大得到更少，付出更多。因此加拿大人将变得更加谨慎，不信任美国，甚至滋生反美情绪。特鲁多将不得不更加努力地说服加拿大民众接受联邦政府对美国的要求做出积极回应，而两国监管合作的努力也可能受到影响。② 对于特朗普来说，北美自由贸易协定的重新谈判不是政治，而完全是生意。特朗普已经达成了与 USMCA 取代北美自由贸易协定的协议，而加拿大将在一段时间内脱离美国政府的优先名单。③

前美国驻加拿大大使布鲁斯·海曼（Bruce Heyman）谈到美国与加拿大的关系时评论到：现时的加美关系"很糟糕"。④ 海曼指出，特朗普直接威胁加拿大人，侮辱加拿大总理。紧接着向加拿大外交部长开炮。所有这一切，加之以国安的名义强加在加拿大的钢铁和铝的关税，对于加拿大人来说是非常令人反感的。海曼补充道，"加拿大人对美国人的观点处于创纪录的低水平，这对我们最好的朋友和隔壁邻居来说是最不幸的"。

然而耐人寻味的是，依然有政府和专业人士认为加美关系在签署USMCA 之后达到历史最好。美国华盛顿的智库威尔逊研究协会（Wilson Institute）下属加拿大协会（Canada Institute）的主席道森（Laura Dawsen）认为，在签署 NSMCA 之后加拿大应该利用这个"有史以来最好的加美关

---

① Sands 2018.
② Sands 2018.
③ Sands 2018.
④ Belmonte 2018.

系"。一年前，白宫的叙述认为，加拿大人是骗子，墨西哥人是罪犯，北美自由贸易协定是有史以来最糟糕的贸易协议。随着USMCA会谈的结束，白宫的新消息是，加拿大和墨西哥是美国最亲密的朋友，NSMCA是地球上最好的贸易协定。道森表示，这种重新定位的关系为加拿大加入国际上的美国队（Team America）打开了大门，而这可能是美加合作的强大工具。[1] 道森还指出，加拿大可以与工作层面的美国行政部门和机构（即不需要国会行动）启动一系列合作举措，以产生真正的经济和安全收益。合作的关键领域包括：简化乘客和货物边境检验程序，劳动力专业技能识别，以竞争力为导向的能源基础设施方法，以及鼓励创新、支持中小企业和保护消费者的电子商务规则法案。在安全领域，道森建议美加双方加强北美防空司令部（NORAD）的内部合作，从而应对真实世界的外部威胁。如果加拿大与特朗普政府就任何新的合作倡议进行接触，加拿大官员将（一如既往）必须为双方做大部分准备工作。如果其中任何一个变得糟糕，加拿大人可能再次成为特朗普负面推特的主题。在道森看来，没有任何两个国家像美加两国在安全和经济问题上更加一致。在对美加领土构成威胁的第一次危机之时（冷战），两国的军事指挥已完全整合；尽管加拿大已经做了贸易多元化努力，但是对美贸易依然一家独大。美国购买的加拿大产品比加拿大第二大出口市场多近20倍。选择加入美国的战队（Join Team America）最终将使加拿大人在全球波动性不断升级的时期更加安全和繁荣。[2]

独立评论媒体对话（The Conversation）的评论员文章指出，在涉及未来的贸易谈判时，USMCA可能会比加入谈判更加强大。新协议的三个组成部分：乳制品、非市场经济条款和新的日落条款（Sunset Clause）会在加拿

---

[1] Laura Dawson,"Now That the USMCA Dust Has Settled, Canada Should Join Team America", The Globe and Mail, November 22, 2018, accessed April 08, 2019, https：//www.theglobeandmail.com/opinion/article-now-that-the-usmca-dust-has-settled-canada-should-join-team-america/.

[2] Dawson 2018.

大国内和全球范围内改变新的贸易和政治格局。①而其中被解读最多的非市场经济条款（Section 32.10），被指专门针对中国。这一条款的象征意义大于其实际意义，政治意义大于其法律意义。出于美国利益的考虑，中国条款作为对中国更广泛的贸易战的一部分，强制性把加拿大和墨西哥拉到了美国阵营。②而签署新的北美自贸协定，加拿大也会自动加入美国的中国议程（U.S.'s China Agenda）之上。特朗普国家经济委员会主任拉里·库德洛（Kudlow）在 USMCA 推出后的第二天说："整个北美大陆现在团结起来反对所谓的不公平交易行为，一个贸易联盟愿意通过合作来解决许多国际贸易的破产领域。而且这个联盟将会对抗中国（Will Stand Up To China）。"③

事实上，加拿大的许多官员都认识到与中国贸易面临的最大问题是两国经贸的体量和深度不足。加拿大需要在美国之外寻求新的经济增长的途径，因此中国贸易还远远不够。在美中关税战的开始，加拿大可能更愿意保持中立。但是在特朗普政府停止豁免加拿大的钢铁和铝关税之后，而且威胁开征更多的汽车关税，特鲁多政府不得不选边站。对加拿大的国家利益而言，加拿大最好还是站在美国的关税壁垒之内，而不是在壁垒外面。加拿大签署USMCA 有助于美加关税正常化、规范化、法律化。而在某种程度上来说，既然加拿大和墨西哥他们没有任何可能击败美国，所以不如加入美国。而在加拿大、墨西哥投入美国阵营之后，美国的下一个目标就是欧盟、日本。把他们也拉入和中国贸易站的美国阵营之中。④在福克斯新闻（Fox News）的采访中，加拿大前总理哈珀（Steven Harper）表示，虽然他对特朗普的某些

---

① Andrew McDougall, "How the New USMCA Strengthens Canada in Future Trade Deals", The Conversation, January 30, 2019, accessed April 08, 2019, https://theconversation.com/how-the-new-usmca-strengthens-canada-in-future-trade-deals-104814.

② McDougall 2019.

③ Janyce McGregor, "How NAFTA Talks Drafted Canada into a 'coalition of the Willing' against China | CBC News", CBC News, October 13, 2018, accessed April 08, 2019, https://www.cbc.ca/news/politics/usmca-canada-china-coalition-1.4855868.

④ McGregor 2019.

政策表示怀疑，但是在贸易上的态度他支持特朗普。不能坐视中国一个强大的地缘政治对手去占领北美市场，而这一点在他看来十分重要。[①] 然而，同属保守党的加拿大国会议员 Micheal Chong 表示，现任政府非常渴望和其他国家达成自贸协议，而 USMCA 使得加拿大在和某些国家谈判自由贸易时必须征得美国的同意。第 32 条款使加拿大成为美国的附庸。[②] 而在观察家的眼中，签署带有中国条款的新版 USMCA 虽然会一定程度上损害与中国的贸易关系，但是也不见得会牺牲太多。因为中国和加拿大并没有任何自贸协定。而北美市场相对于中国市场，对加拿大更生死攸关。[③] 而在保住了整个北美大陆的市场之后，加拿大在对华贸易谈判上则会具有更多的谈判优势（Leverage），在和中国之后的谈判桌也会更加安全有力。总而言之，USMCA虽然不完善，但对加拿大来说总体上是一个积极的发展。其中有许多结构性因素，可以让加拿大在未来的谈判贸易中更加强大。

三　华为事件：纷繁复杂的中美加三角关系

华为事件发生使得中美加三角关系更加复杂。原定于出席墨西哥城商务会议的华为首席财务官孟晚舟女士，在温哥华转机途中被加拿大扣押。扣押的原因是加拿大执法部门根据加美引渡协议，应美国纽约东区法院的要求对孟晚舟女士提出引渡。此事一出震惊了中美加三国，也使得三国关系大大复杂化为三边关系。

加拿大政府高层的知情人士向加拿大广播公司（CBC）透露，在美国总统特朗普针对就加拿大逮捕华为首席财务官孟晚舟发表评论之后，加拿大与美国的关系出现了"新的挫折"（New Fraustration）。特朗普总统表示，如果他本人干预（Intervene）此案有助于进一步维护美国的安全或贸易利益，那么他愿意去主动干预此案。许多评论人士认为，特朗普的这一说法干扰了整个

[①] McGregor 2019.
[②] McGregor 2019.
[③] McDougall 2019.

正常的引渡程序，也把单纯的法律引渡纠纷上升到了政治层面的考量。①这让加拿大的位置十分尴尬，骑虎难下。这位不愿透露姓名的高级消息人士表示，总统的评论对事件解决没有帮助。而白宫人士也建议特朗普不要介入。特朗普暗示他可以利用孟晚舟作为中美贸易谈判讨价还价的筹码。②这种行为公然违反行政与司法分立的原则。这使得局势复杂化，助长了中方的愤怒。然而美国宪法中没有任何内容禁止特朗普做此种表态。2016 年，奥巴马政府放弃了指控并解除了国际刑警组织对美国境外被指控违反制裁的 14 名伊朗人的逮捕通知，这是伊朗政府达成放弃核武器计划协议的一部分。该协议还规定美国释放七名伊朗人，其中包括六名伊朗裔美国公民，以换取在伊朗释放的五名美国人。③ 在特朗普发表评论之后，加拿大外交部长弗里兰迅速发表声明：加拿大不会为了讨好美国或中国任何一方而牺牲加拿大司法制度。④

在加拿大环球者网（The Globalist）评论员乔治·海纳（George Haynal）看来，加拿大长期以来都有充当美国利益代理人的风险。此次加拿大成为美方处理危机中的白手套、马前卒。为了不让美国的核心利益受损，美国把加拿大这个代理人推到一线，让加拿大去承受与其他国家摩擦造成的双边关系破裂。而美国在幕后操控获利。海纳认为，加拿大的政府管治是基于法治（Rule of Law）。而现在加拿大的法治和政府管治被美国当成贸易战的代理工具。最后的赢家尚未可知，但是最大的输家一定是加拿大。⑤

加拿大虽然和美国有长期的引渡协议，但是引渡协议从来没有被用于政治目的。令人遗憾的是，特朗普的美国政府滥用了这一机制，而目的仅仅是

---

① McGregor 2019.
② KonardYakabuski, "A U. S. – China Deal Is Canada's Best Way out of the Huawei Mess", The Globe and Mail, December 19, 2018, accessed April 08, 2019, https://www.theglobeandmail.com/opinion/article – a – us – china – deal – is – canadas – best – way – out – of – the – huawei – mess/.
③ Yakabuski 2018.
④ Yakabuski 2018.
⑤ Uday Khanapurkar, "Why Canada Will Bear the Brunt of the American War on Huawei", The Diplomat, January 01, 2019, accessed April 08, 2019, https://thediplomat.com/2018/12/why – canada – will – bear – the – brunt – of – the – american – war – on – huawei/.

为了向中国在贸易和安全问题上施压。甚至不惜利用加拿大充当代理人，牺牲加拿大的利益与中加关系。这一现象应当使加拿大人予以警醒。鉴于加拿大和美国全方位的紧密关系，加拿大的制度遭到了美国的滥用和破坏，严重影响到了加拿大独立自主地和其他国家的正常交往。从加拿大的角度来看，真正令人不安的是，美国利用了加拿大会严格遵守法律协议（Obey Rule of Law）的方式，将加拿大引入庞大的美中争议漩涡之中。美国方面知道，一旦提出正式的引渡请求，加拿大别无选择，只能遵守。此外，美国可能会采取提高关税和限制贸易等措施威胁加拿大。或许在某些安全专家的心目中，华为公司的安全性还悬而未决，但加拿大人普遍欢迎华为。华为的硬件和设备在加拿大被广泛使用。例如，华为是加拿大各大电信公司的主要供应商。换句话说，在孟晚舟事件之前，加拿大在任何方面都与华为公司没有争议。但是，当孟晚舟乘坐的飞机降落在温哥华的那一刻，在美国滥用加拿大司法制度的情况下，加拿大正式介入了这一场困局。整个事件使得加拿大人对于美国在不对称的加美关系中滥用权力的意图深感不安。许多人对美国强迫加拿大陷入危机使其与中国关系紧张的局面表示不满。①

从长远来看，加方并不想与中国为敌。而中方也并不想去针对加方。而华为事件对于中加关系来说只是一个临时性的插曲，随着中美关系大局而激荡起的涟漪，相信日后会得到解决。截至2017年，中国在加拿大进口总额中的份额为12.6%，而加拿大在中国进口的份额仅为1.1%。再加上中国经济规模是加拿大经济规模的7.4倍，经济的不对称性更加明显。在贸易构成方面，中国并不特别依赖加拿大的特定进口。此外，2016~2017年，中国对加拿大的对外投资仅占总数的2%。虽然中国对加拿大石油开采设施的投资被认为是该关系的重要组成部分，但加拿大在2017年仅占中国原油进口排名第40位。②因此加方不可能牺

---

① George Haynal, "The Huawei Crisis: Canada as a Proxy in US - China Relations", The Globalist, January 04, 2019, accessed April 08, 2019, https://www.theglobalist.com/canada-us-hawei-china-trade-war/.
② George Haynal, "The Huawei Crisis: Canada as a Proxy in US - China Relations", The Globalist, January 04, 2019, accessed April 08, 2019, https://www.theglobalist.com/canada-us-hawei-china-trade-war/.

牲中美之中的任何一方，因为实力的对比过于悬殊。

现在法律程序已经启动。特鲁多政府没有任何办法去干涉司法和法官的独立裁决。如果加拿大总理在此案件中屈服于中国，或者干预独立的司法判决，这对任何一个加拿大总理来说都是不可接受的，这无异于政治自杀。在当前条件下，加拿大只能希望国际社会介入其中，宣布坚定不移地致力于法治，并寄希望中国在这种情况下依然能够足够克制。然而，加拿大依然应该为即将面临的中方和美方的强大压力做出充分准备。

四 总结与展望

本文详细总结了一年来的加美关系。首先，从加美关系的民意层面展开。我们不难发现，过去的一年加拿大人对美国的观感极差，达到了历史最低点。无论是在各个省份，还是年龄阶层、收入水平、教育程度等，喜爱美国的比例都没有过半，均低于厌恶美国的人群。具有显著性特点的调查人群是保守党支持者——阿尔伯塔省居民。由此我们不难发现这一群体构成了加拿大的保守势力，他与美国特朗普主导的美国保守势力形成了南北呼应，在对美国政策层面上有最高的支持度和赞成率。其次，我们深入了解了美加贸易摩擦与新签订的美加墨自贸协定。从两国的贸易摩擦以及新自贸协定的签订，我们不难看出两个国家的决策均受到了国际保守主义思维的影响，从而导致贸易保护主义在两个国家之间的加剧。诚然，世界上任何两个国家均可能发生贸易战与贸易摩擦。但就像加拿大、美国这样从全方位互补的经济体、最坚实的盟友、紧密的邻居与伙伴，居然也能受到全球保守主义和贸易保护主义的冲击，这无异于给坚持自由贸易和开放主义的国家重重一击。随之而来的华为事件，更是保守主义思维和贸易保护主义的延续。美国战火延伸到了中美贸易战，同时也把加拿大拉下了水。而这一切动荡的始作俑者，背后的庞然大物，就是国际保守主义势力。经过层层分析之后，我们不难发现，在保守主义势力抬头的今天，曾经最坚实的加美关系受到了挑战：它深深地影响着加拿大人对美国的观感，也深深地影响着加拿大的内政与外交。

在保守主义的冲击之下，加拿大被迫寻求在美国的荫庇之下发展，因为加拿大在任何方面并无和美国正面冲突的资本。加拿大也在一定程度上被迫放弃了自己多年来坚持的多边主义、自由主义，转而变成一个美国政策的追随者。在某种程度上来说，保守主义压迫着加拿大的国际生存空间。加拿大只能选择美国，而不能选择其他。而这对于一个独立自主的国家来说，无疑是一重大挑战。跟随美国搭便车在局势有利的时候可以享受美国主导霸权之下的红利。然而在美国霸权受到冲击和挑战的时候，加拿大也势必成为炮灰和垫背。要知道，加拿大在立国之初直到现在都奉行的是自由主义（liberalism）和多边主义（multilateralism）。加拿大在国际上的国家身份认同，也是崇尚和平、热爱自由、拥抱多元价值的形象，绝非保守主义。然而美国的巨大能量使得加拿大目前无所适从。而保守主义的抬头也让目前的加拿大骑虎难下。直接反映在加拿大的基础民意，就是对美国的好感度直线下降。

这种势头在短期内看来并不可能消失，甚至有愈演愈烈的趋势。执政的联邦自由党收到了来自保守党的强烈挑战。而在安大略省保守党已经夺回了执政权。然而，对于加拿大来说，唯有坚守法治（Rule of law）、提倡多边主义（Multilateralism），以及学会如何在世界大国之间纵横捭阖，才是国家发展之道。倘若完全被保守主义胁迫，奉行以美国为主的单边主义思维，则于加拿大的国际环境不利，甚至对加拿大国内政治产生冲击。更严重的则会破坏加拿大人崇尚的自由民主多元和谐的价值基石。这些都需要加拿大领导人具有高度的政治智慧去处理。这也值得我们的决策者去了解学习，以便于我们在全球纷繁复杂的国际形势中处于有利的位置，方能屹立于世界民族之林。

中加关系

China-Canada Relations

B.11 中加医养产业链合作

——基于加拿大与美国医养产业的比较研究

米 睿[*]

摘 要： 加拿大与美国相较于我国更早一步进入了老龄化社会，通过几十年的养老实践各自构建了相对完善的体系。加拿大与美国相比，同文同种面临的困难类似，终末端的养老服务水平也非常接近，但是加拿大显然在同质服务的基础上具有最终的价格优势，且同时构建了被世界银行所赞誉的三大支柱养老金保障体系，并且其商业养老照护保险及其他养老金融服务风险可控，收益良好。因此在世界范围内，养老服务的质量最终由自付费决定的环境下，加拿大的养

---

[*] 米睿，国际SOS全科医生、美国心脏协会国际培训中心主任导师，研究方向为医养结合与康复。

老产业显然更为健康优质，也更值得借鉴。我国养老行业伴随人口结构的变化，因此在刚起步的状态中存在很多需要补充与提高的关键节点，在完善之后也可以起到以点带面的作用，比如全科（家庭）医生的培养就可以称之为医养结合长征的最后一公里，而加拿大作为全世界全科（家庭）医生比例最高的国家有着最为完善的教育与临床实践体系，可以作为双方合作的突破点之一。总而言之，在双方良好双边环境的框架下，中加医养产业链的合作无论在政府层面还是商业企业间都具有全方位、长期性、深度广、更容易契合的特征。

关键词： 加拿大 美国 医养产业链 支付体系 商业合作

一 加拿大、美国"医养结合"

根据美国医疗保险及医疗救助中心（CMS Centers for Medicare and Medicaid）的相关数据，65岁以上老人的人均医疗花费为18988加元，是儿童人均医疗花费的5倍，是工作适龄人口人均医疗花费的3倍。目前美国65岁以上老年人口仅占人口比例的14%，却消耗了34%的医疗花费。[1] 那么同时，根据美国政府对于2017~2026的医疗花费趋势预测，国家医疗花费占GDP比例将从2016年的17.9%增长到2026年的19.7%。[2] 不难看出，美国长期照护行业与美国医疗行业所面临的问题与困境高度一致，那就是难

---

[1] NHE by Age Group and Gender, Selected Years 2002, 2004, 2006, 2008, 2010, and 2012, https://www.cms.gov/Research – Statistics – Data – and – Systems/Statistics – Trends – and – Reports/NationalHealthExpendData/NHE – Fact – Sheet.html，检索时间：2018年11月28日。
[2] Centers for Medicare and Medicaid Services, office of Actuary: National Health Projection 2017 – 2026.

以遏制的支出高速增长给政府、社会以及民众带来了无法承受之重。更加显著的问题在于,"婴儿潮"人口(1946年到1964年出生的人群)逐步开始步入老年,这一代有7880万人,占现有美国人口的26%[1],美国社会已经将2030年确认为"婴儿潮"人群全面进入老年人口的元年,在此期间美国老年人口的医疗养老问题将会是两个方面,一是日益增长的经济负担,二是养老服务体系容量与需求的匹配问题。

无独有偶,加拿大65岁以上的老年人口在过去的40年中稳步增长,从1971年到2010年,其比例从8%增长至14%,根据官方数字至2036年这一比例将达到23%~25%,很显然,加拿大的老年人口比例高于美国[2]。根据OECD(The Organization for Economic Cooperation and Development 经济发展与合作组织)的相关数据,美国人均医疗花费在9000美元,而与此同时加拿大的人均医疗花费仅为4600美元。进一步拆分了解花费的构成,如表1所示,我们可以更加清晰地认识到加拿大医疗花费与美国医疗花费的差异。

表1 加拿大美国人均医疗花费构成比较

国家	总花费	个人社保付费	商业医疗保险支出	个人自付费
美国(美元)	8713	4197	3442	1074
加拿大(加元)	4600	3074	654	623

资料来源:Healthcare in Canada VS. the USA:Facing High Cost or Long Wait Times Updated November 13 2018 published:January 23,2018,https://www.healthcare.com/blog/canada-vs-usa-healthcare/.

因此在经济负担与服务能力,以及社会满意度(最终结果)等多方面的综合比较下,加拿大与美国医养产业链条的优点分别在哪里,如何借鉴,

---

[1] U.S. Department of Commerce Economics and Statistics Administration U.S. CENSUS BUREAU The 2030 problem:Caring for Aging Baby Boomers.
[2] Symbol of Statistics Canada Seniors An aging population,https://www150.statcan.gc.ca/n1/pub/11-402-x/2011000/chap/seniors-aines/seniors-aines-eng.htm 检索时间:2019年3月14日。

值得深思与借鉴。

从严格意义上来讲"医养结合"这个概念来自中国，其实质含义是在中国医疗服务集中于急性期疾病和症状的处理与养老服务无法形成有效的连接，为填补两者之间服务的断层，我国提出了"医养结合"的概念。而对于加拿大和美国而言，急性期服务与亚急性服务是全面连接不存在缺口的。具体来看，加美老年人对于养老护理、康复及医疗的服务分为 IADL（Instrumental activities of daily living 工具性日常生活活动能力）的需求，例如购物、清洁卫生等，以及 ADL（Activities of daily living 日常生活活动能力）的需求，例如日常饮食、助浴及行动等需要直接身体支持的服务。按照这些服务的内容，美国长期照护行业从业态上分为 CCRC（Continue Care Retirement Community 持续照料退休社区）、SNF/Nursing Home（Skilled nursing facility 技能护理院或护理院）、AL（Assisted Living 协助护理机构）、IL（Independent Living 独立生活护理机构）、Home Health/Home Care（居家医疗/居家照护机构）。换言之，也可以单纯的分为两种主要形式，Nursing Home（护理院）形式以及 Community Based Services（给予社区的服务形式）。

其中护理院（医养结合的主要形式）可以追溯到 1935 年，SSA（Social Security Act 社会保障法）的具体实施，其中的 OAAP（the Old Age Assistance Program 老年援助计划）将联邦财政的款项划拨给各州，以资助老人养老。从此开启了美国老年照护保障与行业形成的基础，而约翰逊总统建立了 Medicare & Medicaid（联邦医保及医助体系），从此联邦及州政府成为长期照护行业的最大支付方，但是行业大发展则原起于 1980 年代，美国医疗施行以 DRG（Diagnosis Related Group 诊断相关分组）为依据的医疗支付模式，这就使得患者特别是老年患者在急性期医院的入住时间大幅度缩短，患者流量涌入了护理院，行业因此进入了高速发展的时期。然而在克林顿总统执政期间，政府大幅度削减 Medicare（联邦医保主要针对 65 岁以上人群）的支出，大批护理院破产，行业进入短暂的调整期，在此期间大批护理院破产重组，在小布什总统任期内情况才得以逆转。由此可见医疗改革及政府福利对于美国养老机构的发展起着至关重要的作用。①

加拿大养老服务从形式及类型上与美国如出一辙，其面对的主要问题也与美国类似，那就是随着加拿大人口平均寿命的不断增长，如何面对养老支付这一重大问题。根据2016年加拿大人寿与健康保险协会的调研，长期照护费用的准备是加拿大老人养老计划准备的盲点，近3/4的加拿大人没有对此进行全面的准备，或者说准备不足。据最新的研究报告，根据支付能力高低，加拿大老人长期照护的年平均花费在25000加元（19098美元）到200000加元（152789美元）②。不同养老照护的层级花费见表2。

表2 加拿大养老照护分级费用

类别	24/7 全天私人照护	商业养老院	政府公立养老院	子女加护工协助
年平均费用（加元）	200000	400000~100000	25000~40000	35000
估算美元费用（美元）	152789	30557~76394	19098~30557	26739

资料来源：Fred Vettese, Chief Actuary, Morneau Shepell.

但是，我们再一次比较加拿大与美国年度养老花费，在不进行具体原因分析的情况下可以得出加拿大养老支出相对于美国具有质量体系相近、费用效率更高的优势。美国2018年度养老费用支出见表3。

表3 美国养老照护分级费用

单位：美元

类别	商业养老院	商业协护院	商业日托养老	子女加护工协助
年平均费用	89297（双人间）	48000	18720	48048（每周44小时，年52周）
年平均费用	100375（单人间）			100375（每周5天，年52周）

资料来源：Genworth Annual National Median Costs 2018.

---

① The Henry J. Kaiser Family Foundation Long-Term Care in the United States: A Timeline August 2015.
② Fred Vettese, Chief Actuary, Morneau Shepell.

二 加拿大与中国医养产业链结合的具体潜在区块

（一）国家税改结合公办长期照护险与商业长期照护保险系统的结合——支付体系区块

对于中国现行的养老保障体系来讲，最为重要的支柱是基本养老保险（由城镇职工基本养老保险和城乡居民养老保险组成），其主要目的是提供最低生活保障。而中国的社会医疗保险是由基本医疗保险（个人账户、统筹基金）、补充医疗保险（公务员医疗补助、企业补充医疗保险）和大额医疗费补充保险组成。可以明显地看出相比较于北美特别是加拿大的社会保障体系而言，老人长期照护这一部分是巨大的盲区，在未经调研的情况下，笔者的假设判断是相比较于加拿大养老准备中养老照护的盲点而言，中国公民个人在养老照护方面的准备更加匮乏。其中最为重要的区块就是"支付问题"，尽管中国各地已经开始试行"长期照护保险制度"，但是其在居民养老照护服务支付体系当中的定位应当是积极补充而不是支付主体。例如2018年末，广州市民政局、广州市财政局、广州市卫生健康委员会、广州市医疗保障局印发了《广州市高龄重度失能老年人照护商业保险实施方案（试行）》（以下简称方案），广州户籍80周岁以上重度失能老年人可享照护商业保险：参加广州市城乡居民医疗保险、具有广州市户籍且年满80周岁；居住在本市行政区域内，已与市民政局授权经办机构、高龄重度失能老年人照护商业保险定点服务机构签订三方协议；因年老、疾病、伤残等原因，生活完全不能自理已达或预期将达六个月以上，病情基本稳定，日常生活活动能力评定（Barthel指数评定量表）不高于40分，或经本市二级以上（含二级）社会医疗保险定点医疗机构中的精神专科医院或综合性医院神经内科诊断为阿尔茨海默病（中、重度）且参保人员日常生活活动能力评定不高于60分。待遇标准方面，方案规定，属支付范围和支付标准以内的基本生活照料费用及经核定的医疗护理费用，在扣除其他保障制度（社保、第三方资助等）已支付待遇后，居家护理按照85%的比例予以支付，机构护理按照70%的比例予以支付，不设起付线，每人每月最高支付500元。对于符合长期照护服务项目的，定点服务机构应在结算时采取直接减免方式结算。①

对于高福利体系下的加拿大而言，其社会保障从2012年婴儿潮人口进入退休以来就面临着和中国相似的问题，因此加拿大政府着手的具体改变包括尽量减少居民住院时长，加大力度鼓励社区医疗门诊服务（下沉医疗服务体系），当然最为重要的就是大力发展长期照护服务应对人口老化问题。其中具有远见卓识的决策就是鼓励加拿大公民着手准备未来的长期照护服务的支付，换句话说就是通过购买商业长期照护保险来提高整个社会应对养老照护的风险。容易令人产生误解的是，认为加拿大这样的高福利国家会为居民的养老托底，然而事实上长期照护服务并不在《加拿大医疗法案》涵盖范围内，政府只是对此提供补助，换句话说加拿大公民的长期照护服务支付大部分属于自付费。②

中加在该领域的合作可以从两个层级展开。第一个层次，从退休金制度方面加拿大非常值得借鉴。加拿大的退休金制度因其涵盖世界银行所建议的三大养老金体系，于2001年开始就被世界银行誉为全球典范，我国可以从制度顶层设计方面予以借鉴。具体而言，加拿大养老保障制度分为公共养老金、职业养老金及个人自愿养老储蓄计划三大体系，具体情况见表4。③

在资产配置结构方面，2000年以前第一支柱以低风险固定收益类为主，2000年后因为养老支付面临的巨大压力，投资配置风格发生了巨大的改变，从以低风险固定收益类产品占绝大多数变为以风险类权益资产为主，2017年这部分资产配置比例上升到55.4%④，在投资地域方面也发生了巨大变化，

---

① 《广州市人民政府 关于公开征求〈广州市高龄老年人照护商业保险实施方案（试行）〉意见的通告》，2018年9月26日，http：//mzj.gz.gov.cn/gzsmzj/jgfk/201809/789f19c75159454f89af958a664dfb7c.shtml。
② CLHIA Canadian Life and Health Insurance Association Report on Long-term Care Policy.
③ https：//www150.statcan.gc.ca/n1/pub/75-006-x/2014001/article/14120-eng.htm.
④ http：//finance.cngold.org/c/2016-09-09/c4380964.html.

表4 加拿大养老保障制度概况

三大体系	类目	资产规模（Billion 10亿级别）	资金来源	制度模式	运营模式
第一支柱	老年保障金(OAS)	362.28	政府财政	现收现付	DB
	保证收入补贴(GIS)		政府财政	现收现付	DB
	加拿大退休金计划(CPP)		雇主和雇员共同出资	部分积累	DB
	魁北克退休金计划(QPP)			部分积累	DB
第二支柱	注册养老金计划(RBRP)	2090.07	雇主和雇员共同出资	积累制	DB/DC
	团体注册养老储蓄计划(Group RRSP)			积累制	DC
	集合注册养老金计划(PRPP)			积累制	DC
第三支柱	注册养老金储蓄计划(RRSP)	1150.98	公民自愿	积累制	DC
	免税储蓄账户(TFSA)	193.59	公民自愿	积累制	DC

注：DB（Defined Benefit Plans，DB）为收益确定性计划，DC（Defined Contribution Plans）为缴费确定型计划。

海外资产已成CPP资产配置首选。2000年CPP资产中81.7%属于加拿大境内，2017年海外资产的比重达到了83.5%，发生颠覆性的变化。2016年9月9日，CPP总裁兼首席执行官Mark G. A. Machin曾在华宣布至2030年，CPP管理资产将达到8000亿加元，其中20%的资金将投入中国市场。[1] 紧接着在当年的10月21日，CPP就宣布作价1.93亿加元投资重庆商场项目——龙湖西城天街，并占该物业49%权益，公开资料显示，早在2014年12月23日，CPP与龙湖地产就共同成立了合资公司，加拿大退休金计划投资委员会承诺投资约2.34亿加元（约人民币12.5亿元），用于发展苏州时代天街项目。[2] 从投资收益来看，在2008~2017年的10年内，CPP取得了6.7%的费后年化收益，其中后五年费后年化收益率为11.8%，需要注意的是前期主要受到2009年全球金融危机拖累。同时相对于第一支柱养老金，第二和第三支柱的投资收益也相对稳健并呈现稳步增长的趋势，在第一支柱国

[1] https://www.cppib.com/documents/1591/2017_Annual_Report.pdf.
[2] http://news.winshang.com/html/059/5779.html.

家兜底越来越呈现收不抵支现象时，改变资产配置力图扩大收益是解决方案之一，同时出于缓解个人与政府养老负担的初衷，设立第二、第三体系必然形成坚实的体系，促进社会稳定和谐。但是需要指出的是我国政府值得借鉴的部分是在三大体系中，个人自愿养老储蓄计划是加拿大养老金体系的塔尖，占比一直维持在30%以上，是实现退休后收入替代和保障生活水平的最重要补充，建立类似的制度对我国来说有着非常现实的意义。因此在养老金充沛、财务相对宽松的条件下，老人自付费的养老服务体系才是稳固的；加拿大政府及市场相较于美国体系在同品质服务价格较低的情况下，通过世界顶尖的养老金保障体系扩大养老支付的深度及广度，是值得我国学习及借鉴的。

第二个层次应当是中国与加拿大商业保险公司层面的具体合作，需要指出的是这里的"长期照护险"与政府推出的广覆盖基本保障有着本质的不同。商业长期照护保险应当是照顾到社会的中高层养老照护需求，其定义应当是覆盖从24/7全天私人照护、中高端养老机构日费，到居家护理护工费用的商业保险。关于中加商业保险合作的潜能，我们可以从光大永明保险来看，其股份主要由中国光大（集团）总公司、加拿大永明人寿保险公司、鞍山钢铁集团有限公司与中国兵器工业集团四家公司共同持有。而加拿大永明人寿保险本身在加拿大国内就是主要的商业长期照护保险供应商之一。其提供的主要长照商业险为两种，其一为阳光长期照护保险（Sun Long Term Care Insurance），最低每周养老费用赔付为150加元，最高为2300加元，福利时长覆盖范围从100周到无限期，其二为阳光退休医护辅助保险（Sun Retirement Health Assist），最低每周医护费用赔付为500加元，最高为2300加元，福利时长从满足赔付条件后连续5年到65周岁后持续赔付。加拿大永明人寿拥有长期商业照护保险相关政策制定执行赔付等所有相关经验，且已经在中国有合资实体，相信此方面的有机结合会非常有利于中加医养产业链合作的关键方面——支付体系的建立。

（二）专业技术体系合作弥合医养结合的空缺

长期以来中国医疗体系注重三级大型医院的发展，集中于医学专科的建设，中国医疗水平的跨越式进步也是有目共睹。但是分级医疗体系的缺失，使得大型医院的负担越来越沉重，医疗技术水平的提高并没有扩展到基层，比如社区医疗中心等。因此，全科医疗反而成了中国医学界的蛮荒之地，而医养结合的重点与难点又恰恰在于此。直到2017年，国务院办公厅印发《关于深化医教协同进一步推进医学教育改革与发展的意见》，多处提及了全科医生的培养和使用，充分说明了在面对中国人口老龄化的问题上，从政策层面上来讲已经充分认识到了全科医生培养之于医养结合的重要性。

根据中国产业信息网的相关数据，全世界全科医生比例最高的国家为加拿大（48%），其次为法国（46%）、澳大利亚（45%）、德国（42%）、英国（28%）、韩国（27%）、美国（12%），而中国仅为6%。[1] 医学教育及人才的培养是长期漫长的过程，需要建立体系培养师资，理论联系实践。目前国际公认的先进全科教育体系主要有美国家庭医学协会（AAFP）、加拿大家庭医生学院（CFPC）、英国皇家全科医学会（RCGP）、澳大利亚皇家全科医生协会（RACGP）等。加拿大全科医学起步比较早，CFPC于1954年就提出了强化全科医学教育，同时建立了本科教育、研究生教育以及终身继续教育的体系。1974年加拿大的所有医学院校统一了全科医生临床实习课程及体系，20世纪90年代开始一系列政策都推动了全社会对全科医学的认可，长期照护行业也因此得到了最为有力的医疗支持。因此如何从政策层面与具体实践方面实现中加全科医学体系建立、政策制定以及具体实践，都是双方在医养产业链上不可或缺的一环。

事实上，双方的合作早在2012年就已经有了先行者，四川大学华西医学院响应中国卫生部与加拿大卫生部签署的"中加2011～2014年度卫生合作执行计划"，推出了中国-加拿大基层全科医生远程教育项目。2018年11月22日，加拿大麦吉尔大学副校长、医学院院长David Eidelman教授访问皖南医学院，签署了双方合作全科医学培训体系建立的合作备忘录。可以明确的是中加双方就全科医学展开合作的广度、深度都可以进一步挖掘，前景

---

[1] 《2016年中国全科医生市场现状及发展前景预测》，中国产业信息网。

相当广泛，潜力非常巨大。

相比于全科医学，中国医养行业更为薄弱的环节是康复医学领域，以物理治疗师这一康复亚专业为例，加拿大每10万人拥有65名物理治疗师，[1]而我国每10万人仅拥有1名物理治疗师。[2] 在此领域中加也不缺乏先行者，2018年10月31日加拿大大学健康联盟（UHN）康复研究所所长Milos R. Popovic博士访问南京医科大学康复医学院并对开展合作进行具体探讨。但是目前中加在康复领域的学术交流及人才培养合作实际上仅仅处于接触阶段，未来可以合作的方向较多，合作前景巨大。

综上所述，在专业技术体系方面，中加展开合作有利于我国医养产业链的发展，然而目前合作的深度不够，缺乏实际操作的项目，但是潜力非常巨大。具体可以从政策制定、体系建立、学术交流、深度教育合作等方面展开。

（三）两国医养产业在商业合作方面的广阔前景

1. 单纯的咨询服务合作，匹配中国本土医养企业的体系建设需求

中国养老企业发展处于初级阶段，从形式上建立了与加拿大美国类似的服务类型，但是服务的品质与精细化管理是无法在短时间内满足老年人群的实际需求的。加拿大长期照护企业可以与国内企业对接，帮助国内企业对运营进行评估、差距分析，并给出相应的解决方案，而国内企业也可以依据具体的方案进行本土化改造以适应中国医养行业的具体环境。这种产业结合的优点是容易实现，知识产权的对接避免了重资产投入，降低了加拿大企业开展对华业务的商业风险。其劣势是合作方式不够深入，获得的收益也较为局限。目前来看，已经有一些加拿大企业进行了尝试，走在了合作的前沿。例如BPS Strategies Inc.（加拿大贝盛咨询）已经在中国展开了养老和管理的相关咨询业务，其主要咨询业务包括向中国系统介绍加拿大成熟养老产业的先进养老理念与运营模式、政策体系与标准规范；推动中加养老行业的合作

---

[1] Canadian Physiotherapy Association.
[2] 《中国康复医疗成短板 康复师缺口几十万人》，中国新闻网，2017年9月15日，http://www.chinanews.com/jk/2017/09-15/8331585.shtml。

与交流；为中国的新建养老项目提供全方位咨询服务。① 目前其咨询服务的内容主要分为四个主要部分，非常具有代表性，如下：（1）为国内企业引进所需要的人才资源和科研成果，主要专注于输送养老领域的专才与理念；（2）组织和接待中国养老行业赴加拿大访问考察，对加拿大各地养老机构进行实地深入探访和针对性学习；（3）为国内大专院校及养老机构提供资源对接，即与加拿大高等学府及机构搭建相关专业的合作办学和人才培训；（4）为国内新建养老机构提供专业咨询服务，帮助中国养老行业树立养老领域的标准与体系。

从总体上来看，可以说咨询服务形式的软输入模式已经在中加之间萌生，但是其合作的力度与深度与中美之间相比十分有限，例如美国 GRS 与泰康之家（泰康健投）的合作对整个行业的影响更加深入。② 因此中加之间应当加大官方与商业机构之间的相互理解，例如举办相应的论坛会议，邀请相关中加行业内知名院校机构，促进双方的交流，加深理解，创造合作的平台与机遇。

2. 加拿大养老企业直接投资中国及实体运营

中国养老行业孕育着巨大的商业机遇，其根本原因在于中国人口结构的迅速改变。根据中国老年社会追踪调查报告（CLASS），③ 中国已经全面进入了老龄化社会，自 2014 年开始我国 60 岁以上的老年人口总数就已经达到了 2.12 亿人，占人口比重达到了 15.5%，成为世界上老年人口总量最多的国家。④ 在人口结构巨大变化的背景下，中国养老市场依然孕育着巨大的商业机遇，根据《中国经营报》编写、中国社会科学院指导的《中国养老产业发展白皮书》⑤，预计到 2030 年中国养老产业市场可达到 13 万亿元人民

---

① BPS Strategies Inc，https：//www.bpsstrategies.com/who-we-are.html.
② 《让患者早日回归家庭｜国际标准 GRS 康复体系成功落地泰康》，新华网，2018 年 1 月 11 日，http：//www.xinhuanet.com/money/2018-01/11/c_129788594.htm.
③ 《中国老年社会追踪调查》，http：//class.ruc.edu.cn/index.php?r=Index/index。
④ 《2018 年中国人口老龄化现状介绍》，中研网，http：//www.chinairn.com/news/20181108/135010494.shtml。
⑤ 《中国养老产业发展白皮书》，全民健康公共服务平台，http：//www.cmw-gov.cn/news.view-756-1.html。

币。在这一背景下，加拿大相关产业如果仅仅停留在咨询服务领域必然会错失战略机遇期，选择直接在华投资养老实体，或者与中国企业合资都可以是加拿大企业的选项，也是更加全面立体参与中国养老产业的更优选择。在产业结合方向上，已经有比较接近实际运作的加拿大企业出现，例如加中养老产业发展（中国）公司（简称CCAD），其在加拿大实体运营Victoria House养老设施（这是一家拥有17年历史的私人高级养老院），拥有实际运营经验及比较全面的体系与人才储备。CCAD不是仅专注于咨询服务与搭建合作平台，其更有意于在中国成立中加合作的养老机构项目。

3. 与加拿大个人养老资金管理机构的合作

正如前述，我国在面临养老金支付压力日趋严峻的情况下，可以借鉴加拿大体系尽快完善第二、第三支柱的发展。通过比较中国与加拿大养老支付的三大支柱后（见表5），我们可以明确的发现国内第二支柱占比较少，第三支柱缺失。[①] 因此在作为世界银行赞誉的世界最佳养老金体系——加拿大模式，其第三支柱内的机构可以是中加医养产业链合作的最有价值结合点。加拿大政府设立注册养老金储蓄计划（RRSP）和免税储蓄账户（TFSA）两个方案，公民根据收入状况和投资倾向自愿参与，在加拿大税务局进行注册登记后可以享受税收优惠，目前中国税改进入深水区，可以进行相应地借鉴。加入这两个计划后，个人可在银行、基金公司、信托公司及保险公司开立账户，也可以自行创建注册养老金计划，选择各种金融工具。这两种计划在投资产品、管理机构及缴费方式上基本一致，在税收模式、缴费额度、提取方式等方面有差别。重点是这两个计划规定了合格的投资产品，也对非合格产品和禁止投资的产品进行了说明，整体来看，据加拿大统计局2016年人口普查，2015年加拿大1400万家庭中有65.2%选择了免税储蓄账户，投资顾问在其中起到了非常重要的作用，简单说就是决定了人们是否规划与加入未来的养

---

① 董克用、姚余栋：《中国养老金融发展报告（2018）》，社会科学文献出版社，2018。

老支出计划。①正如习近平总书记在2019年2月22日谈金融经济的重要性所说,"金融活,经济活;金融稳,经济稳。经济兴,金融兴;经济强,金融强",对于医养产业链也可以说"支付活,养老活;支付稳,养老稳。金融兴,支付兴;金融强,养老强"。通过与加拿大相关机构的合作与交流,实现养老金融服务的风险可控、收益提升,才是真正给医养产业注入持久活力的解决方案选项之一。

表5 中加养老金体系三大支柱的比较

国家	名称	第一支柱	第二支柱	第三支柱	合计
加拿大	规模(亿加元)	3623	20901	11510	36034
	比重(%)	10	58	32	100
中国	规模(亿元)	43965	11075	—	55040
	比重(%)	80	20	—	100

注：数据截至2016年末。
资料来源：董克用、姚余栋：《中国养老金融发展报告（2018）》，社会科学文献出版社，2018。

总而言之，医养产业是一个由上下游、多维度组成的有机体，应当充分考虑从政府、企业到相关组织机构的交流合作；也要充分预估人才培养、服务体系建立的长期性与复杂性；更要认识到支付作为整个产业链的核心必须插上金融服务的翅膀，因此中加医养产业链的合作也必然会在很长一段时间此起彼伏的出现一系列的机遇。当然这一切也必须基于两国关系的大环境，希望双方能够在相向而行的道路上珍惜合作机遇，造福于双方的医养产业链合作，最终形成欣欣向荣的共赢局面。

---

① https://www12.statcan.gc.ca/census-recensement/2016/dp-pd/dt-td/Rp-eng.cfm?APATH=3&DETAIL=0&DIM=0&FL=A&FREE=0&GC=0&GID=0&GK=0&GRP=1&LANG=E&PID=112465&PRID=10&PTYPE=109445&S=0&SHOWALL=0&SUB=0&THEME=120&Temporal=2016&VID=0&VNAMEE=&VNAMEF=.

B.12
加拿大涉华智库研究

钱 皓*

摘 要： 在加拿大100家智库中，虽大都是非营利、非党派独立智库，但也有为数不少的高校智库，特别是涉及中加关系以及中国专题研究课题，通常由这些高校智库依托众多的学者和专家承担课题。由于加拿大是双语国家，其操行法、英语人口多集中在大西洋和太平洋沿岸省份以及政治、经济中心城市地带，因此常有东西智库之分。同时智库的内外政策调研通常采用分别咨询、访谈英法聚集区以及分别进行民意测验。本文遵循此惯例，从西海岸至东海岸逐一梳理和考释加拿大涉华智库，旨在为致力研究加拿大国别的学者和决策者提供参考。

关键词： 加拿大 智库 中国 中加关系

2019年1月，美国宾州大学"全球智库与公民社会项目组"再次公布其关于全球智库年度（2018年度）排行榜报告。在2018年度中，加拿大智库总数目为100家，在全球智库总数量排行榜中排列第12位（第一位是美国，1871家；第二位是印度，509；第三位是中国，507家）。在全球智库影响力前100位排名中（美国除外），加拿大仅有两家智库在列，即排名15

---

* 钱皓，上海外国语大学国际关系与公共事务学院，教授，博士，研究方向为加拿大历史与外交。

位的菲莎智库（Fraser Institute）和排名26位的国际治理与创新中心（Centre for International Governance Innovation，CIGI），[1]前者侧重公共政策研究，后者侧重国际问题研究，且中国问题研究也是其三个重点研究领域中的中心问题。

依据智库"领域研究影响力"排名，"防务与国家安全"领域排名第一的是美国的"战略与国际研究所"，加拿大仅有三家智库榜上有名，"国际和防务政策中心"（Centre for International and Defence Policy），排名第53位；"菲莎研究所"，排名第73位；"国际治理与创新中心"，排名第83位。"国内经济政策"领域排名第一的为"布鲁金斯智库"；加拿大三家智库在榜，"克拉伦斯·迪·霍威学会"（C. D. Howe Institute），排名第32位，"菲莎研究所"，排名第34位，"公共政策研究所"（Institute for Research on Public Policy），排名第91位。"能源与资源政策"智库排行榜第一名是美国詹姆士·贝克三世公共政策研究所（James A. Baker Ⅲ Institute for Public Policy），加拿大有四家智库在榜，"环境经济、农业与运输、能源研究所"（Centre de Recherche en economie de l'Environnement, de l'Agroalimentaire, des Transports et de l'Energie），排名第16位；"公共政策前沿中心"（Frontier Centre for Public Policy），排名第47位；"可持续发展国际研究院"（International Institute for Sustainable Development），排名第50位；彭比纳研究所（Pembina Institute），排名第57位。"对外政策与国际事务"智库排名第一的是美国的"布鲁金斯学会"，加拿大仅有一家智库在榜，即排名为第57位的"国际治理创新中心"。"国际经济"智库排名第一的是美国"帕特森国际经济研究所"，加拿大有两家在榜，分别为排名第26和52位的"菲莎研究所"和"公共政策研究所"。"与政党关系最密切的智库"中，加拿大没有智库在榜，但在"与大学关系密切的智库"排行榜上，加拿大有两家在榜，一家是"西蒙菲沙大学——人权和安全报告项目组"，排名第41

---

[1] James G. McGann, *2018 Global Go To Think Tank Index Report*, University of Pennsylvania, January 2019, P. 55. See：. https：//repository. upenn. edu/think_ tanks/16.

位,另一家是排名第 49 位的"英属哥伦比亚大学—LIU 全球事务研究院"(Liu Institute for Global Issues, University of British Columbia)。"最佳公共政策和对外政策参与智库"中,"菲莎研究所",排名第 11 位。"最佳独立智库"中,加拿大有四家智库在榜,分别是"菲莎研究所"(第 11 位)、"公共政策研究所"(第 29 位)"全球治理与创新中心"(第 45 位)、"国际可持续发展研究院"(第 93 位)。

上述针对全球智库和专业领域智库排行榜相关内容的梳理,旨在帮助读者全面了解加拿大智库在全球智库中的排位,为更好地研究加拿大涉华智库提供横纵知识。但在对此智库报告的梳理以及作者本人的田野调研中,笔者发现一个非常有意思的现象:加拿大没有与政党关系密切的智库,在这一点上,加拿大智库与美国智库有所不同。在美国,民主党执政期间通常前往"布鲁金斯学会"咨询政策建言,而共和党则是通常咨询"传统基金会"。虽然加拿大智库中没有一家智库完全是为某政党服务,但也有"自由、开放"智库和"保守"智库之分。故下文中所列智库将以"自由、开放、保守、中立"来诠释智库的类别。

一 涉及中加关系与中国研究的智库(西海岸省市)

按照地理区域和英法语言人口聚集地划分,涉及中加关系和中国研究的智库主要集中在东部和西部,即太平洋沿岸省市和大西洋沿岸省市。西部地区以英属哥伦比亚省为中心,主要有四家,其中两家为高校智库,即"亚太基金会"、"菲莎研究所"、"英属哥伦比亚大学亚洲研究院"和阿尔伯塔大学"中国学院"。

(一)"亚太基金会"(Asia Pacific Foundation 自由/开放型智库)

网站:https://www.asiapacific.ca/。

"亚太基金会"总部地址位于温哥华市中心黑斯廷斯西街 675 号(West

241

Hastings）加拿大皇家银行大楼9楼，成立于1984年，在多伦多也设有办公室。基金会为非营利组织，聚焦加拿大与亚洲关系，其宗旨是担当加拿大与亚洲的桥梁。亚太基金会的优先主题包括促进贸易、投资和创新；调动能源资产；建设技能和能力；了解当下的亚洲。[①] 在过去的35年中，亚太基金会与渥太华政府官员建立了良好的互动机制，政策实践者和学者的互动确保了基金会与本国以及亚太地区各国决策者、商业领袖、学界乃至舆论制造者建立了非常紧密而良好的关系，并一直是加拿大－亚太关系的旗舰思想库。基金会每年三月向外交部部长提供年度报告，为政府提供清晰、专业以及可操作的政策建言，而外交部部长则将报告副本提交给下议院，供议员讨论对外政策时作为核心参考文本。

基金会的运作结构由董事会、管理层和高级研究员三部分组成，其董事会成员都是加拿大政界、商界、学界等社会各领域的名流与精英。除了具有资深的管理经验外，最重要的特点是他们大部分成员都有从事亚洲业务或在亚洲长期任职的经验，熟悉亚洲文化和事务。此外，基金会的优势在于他们拥有政府背景，学术上可以依托英属哥伦比亚大学（UBC）、西蒙菲莎大学（SFU）和其他大学及研究机构的亚洲问题以及中国问题专家作为基金会高级研究员。基金会涉及中国的主要活动有：组织中加双边论坛和工作坊、开展项目合作、二轨外交以及项目资助。

基金会的经费主要来源：（1）政府的捐赠资金。2005年政府向基金会提供了一笔5000万加元的捐赠，基金会虽不能动用此捐赠的本金，但可以自主决定如何使用捐赠的基金投资所产生的收益，通常这些收益可做基金会的日常运营和管理费用。（2）其他渠道筹集、捐赠的资金。

基金会与政府的关系：基金会与政府保持非常好的沟通关系，但基金会并不接受任何有预定结果的研究委托，对政府的任何政策支持均以基金会的研究结果来决定，因此基金会的客观和中立的研究对基金会赢得高声誉非常有利。

---

① 亚太基金会网站，http://www.asiapacific.ca/。

基金会与媒体的关系：基金会非常重视媒体的作用，包括传统纸质媒体以及新媒体。基金会的社交网络建设在加拿大智库中属于中上等，基金会总裁有自己的专业博客。每季度基金会有专人对网上的跟帖和互动进行数量统计。由于基金会是加拿大唯一一家致力亚太研究的智库，对于亚洲问题，记者第一时间是找亚太基金会访谈或询问，而不是当地的使领馆。另外，基金会设有媒体奖学金，资助额为1万加元，为期一年，支持加拿大记者去亚洲进行专题采访，连续报道，让公众更好地了解此专题，促进决策者进行讨论，做出更好的决策。

基金会与学者的关系：基金会除了依托UBC亚洲研究所、全球政策研究院和SFU大学政治学系的学术资源外，还聘任了许多著名学者兼职研究员。同时，原来基金会的专职研究员或董事会成员、总裁也常常被大学聘为全职教授或兼职研究员。原基金会联席董事长（Co-CEO）和亚太基金会执行委员会主席保罗·埃文斯（Paul Evans 包义文）现担任UBC亚洲研究院临时院长（Interim Dean），他实际上是特鲁多对华决策重要高级咨询顾问。[1]

基金会最大优势：拥有一批优秀的中国问题专家和退役的政府高层官员。借助温哥华的地理优势，基金会与英属哥伦比亚大学（以下简称UBC）亚洲研究院保持密切联系，并积极吸纳该大学的亚太和中国问题专家参与基金会的研究项目或直接聘请他们为基金会的资深研究员。目前基金会拥有13位亚洲问题资深研究员，其中来自UBC的特聘研究员就有五位，他们分别是：亚洲研究院原院长肖逸夫（Yves Tiberghien）和副院长布莱恩·杰伯（Brian Job），加拿大前驻日本/中国大使、亚洲研究院荣誉教授约瑟夫·卡隆（Joseph Caron），法律教授彭德（Pitman B. Potter）和尚德商学院荣誉院长迈克尔·高柏教授（Michael Goldberg）。此外，基金会还特聘了通过"旋转门"供职于多伦多大学芒克全球事务学院、加拿大原驻华大使马大维

---

[1] 关于Paul Evans的更多信息，请参考：钱皓：《加拿大"中国问题专家"与中加关系》，载唐小松主编《加拿大发展报告（2018）》，社会科学文献出版社，2018，第259~260页。

（David Mulroney）以及多伦多大学全球社会政策中心主任彭伊藤（Ito Peng）担任基金会亚洲问题资深研究员。基金会高级战略顾问有来自曾任加拿大外交和国际贸易部副部长（负责贸易部）、加拿大前驻日本和韩国大使等高职的唐纳德·W.坎贝尔（Donald W. Campbell），加拿大政府财政董事会前任总裁、亚太地区部前部长斯托克韦尔·戴（Stockwell Day），加拿大外交部前副部长伦纳德·J.爱德华兹（Leonard J. Edwards）以及加拿大外交部助理副部长休·斯蒂芬斯（Hugh Stephens）。亚太基金会的重量级学院派和政府退役高级官员实务派所组成的研究团队确保了该智库研究报告的理论性、指导性和可操作性。同时基金会也有通过"旋转门"进入政府工作的中国问题专家，如前基金会总裁胡元豹（Yuen Pau Woo）现为加拿大参议院第二位华裔参议员。他本人赞同加拿大与中国的贸易，是中加自由贸易协定的支持者。鉴于基金会每年三月需向外交部部长提供年度政策报告的传统，这从机制层面确保了基金会建言建策的通道流畅，而基金会实务派与政府决策圈良好的人脉关系使基金会可以在第一时间通达政府决策圈并推出智库的政策提案，实行有效游说。

（二）菲莎研究所（Fraser Institute，政治上保守，经济上自由、开放型智库）

网站：https://www.fraserinstitute.org/。

菲莎研究所是加拿大公共政策智库和注册慈善机构，成立于1974年。它通常被描述为政治上的保守主义和经济上的自由主义智库。该研究所总部设在温哥华布拉德街1770号（Burrard Street），并在多伦多、卡尔加里和蒙特利尔也设有办事处。智库通过经济自由网络与全球80个智库的网络建立联系，是加拿大百家智库排名第一的智库，也是全球最有影响力智库排名第18位的智库。[①] 由于该智库是加拿大和美国税务局注册的慈善机构，加美两国个人、公司、基金会捐款可以申请税务减免，因此研究所的经费来源主要

[①] https://www.fraserinstitute.org/studies/fraser-institute-ranked-top-think-tank-in-canada-18th-most-influential-think-tank-in-the-world.

是捐款。同时，为确保智库的独立和无党派性质，菲莎研究所明确表示不接受政府资助和研究合同。

菲莎研究所现有常驻研究员和特聘资深/高级研究员84位，研究报告和论文作者来自美加各大学以及22个国家的客座研究员约有350位，其中有6位是诺贝尔奖获得者。研究所开设的研究领域高达39个，最重要的领域是经济自由/原则/不确定性、教育政策和环境能源，但劳工政策、社会公正、防务安全、农业以及原住民政策、司法等也是其主要研究领域。研究所秉承"如果重要就研究"的箴言，积极开展各类热点研究。研究所每年出版"世界经济自由指数"报告，依据各国的市场经济自由度高低进行排榜。研究所还每年出版"人类自由指数"年度报告以及其他七项年度报告。此外，研究所双月刊杂志《菲莎论坛》和《季刊摘要》对加拿大公共政策进行评估。菲莎研究所坚持严格的同行审阅制度，通常由国际大牌学者把关研究成果，因此研究成果的透明度、中立性、客观性指数非常高，研究质量誉满全球，研究成果的引用率名列前茅。

菲莎研究所对教育项目投入甚大，经常为全加学生、教师、记者举办免费研讨会，针对重大经济概念、公共政策进行讨论，参与研讨会者有时可达上千人。同时，研究所也经常为大学生提供实习机会，因此研究所声望和影响甚大。在中国问题上，研究所主要侧重中国的经济自由度、中美经贸摩擦对加拿大的影响、中加经济关系以及中国在TPP的立场和对台湾地区加入TPP的阻止等。从该智库网站搜索结果中得知，从1995年至2019年1月，约有228篇论文和短论讨论中国的经济自由度以及中加、中美贸易问题。由于菲莎研究所既在政治上持保守立场，又在经济上持自由开放立场，在中国经济问题研究上，论文的立场基本上是偏右一些。鉴于菲莎研究所研究重心是公共政策，与亚太基金会智库相比，亚太基金会对加拿大政府涉华政策的影响力更胜一筹。

（三）"英属哥伦比亚大学亚洲研究院"（Institute of Asian Research at UBC，自由/开放型高校智库）

网站：http：//iar.ubc.ca/。

研究院成立于1978年，以亚洲研究为主，为学院派智库。研究院致力为亚洲研究、教学、政策支持、社区参与提供平台和孵化场，并为本国各级政府、企业提供有关亚洲事务的知识、人脉/网络。该研究院坐落在温哥华UBC校区的生态办公楼（C. K. Choi），研究院既有专职教授，也有退休的外交官或政府官员，更有从其他智库如亚太基金会加盟的研究员。研究院同时也与UBC政治学系共享教师资源，并与UBC全球政策研究院（Liu Institute of Global Policy）分享学术资源。

研究院的最大特点：拥有一批熟谙中国事务、中国文化/历史/经济发展和法律的大牌学者及专家，如肖逸夫、布莱恩·约伯、约瑟夫·卡隆、包义文、齐慕实（Timothy Cheek）、卜正民（Timothy Brook）等。如前所述，亚太基金会与研究院互聘研究员，因此，研究院的学术性研究在亚太基金会实务派的"搭桥"下可以直接送达政府相关政策部门，完成咨询工作。

除与亚太基金会紧密合作外，研究院参与加拿大政府对华政策的主要路径还有二轨外交，即通过与中国高校合作的方式，共同召开学术会议或举办学术论坛，共同开展合作项目，撰写和出版学术论文或工作报告。特别是当中加关系处于敏感时期，智库难以与中国方面直接对话或沟通时，以高校学术合作的身份开展二轨外交的方式则特别有效。亚洲研究院与浙江大学、上海国际问题研究院、中国国际问题研究院、北京外国语大学、广东外语外贸大学等都有着很好的学术合作关系，这对维系中加民间关系，并以民间关系带动官方关系的改善和发展非常有益，特别是当两国关系处于低迷时期。

（四）阿尔伯塔大学"中国学院"（China Institute at the University of Alberta，自由/开放高校智库）

网站：https：//www.ualberta.ca/china-institute。

"中国学院"由加拿大著名汉学家、20世纪70年代加拿大驻中国大使馆汉学家布莱恩·埃文斯（Brian L. Evans）教授创办。学院的宗旨："推进阿尔伯塔大学中国学的发展，支持并推动中国研究、促进阿尔伯塔大学与中国大学的学术交流。"学院的愿景：作为加拿大独特的中国学院，在加拿大、中国以及国际上发挥领军作用，推动一切与中国有关的优秀教学、研究计划以及跨学科合作。学院积极鼓励本校和中国大学的教师、教辅人员以及本科、硕士和博士生参加中国项目的学习及研究。由于此学院拥有一批知晓中国语言、文化、历史以及当代中国政治和政府的学者，他们常常接到一些专业智库的委托项目，因此，他们的研究立场和研究结果也常常影响相关投资者或决策人的态度。2005~2008年担任中国学院执行院长的姜闻然[①]博士是一位积极活跃在中加二轨外交的中国当代问题专家，他目前既是亚太基金会特聘研究员，也是加拿大国际理事会特聘研究员，其工作报告、论文常常刊登在这些智库的网站和内部杂志上。

在这所学院里，2016年2月去世的埃文斯教授对中国研究贡献最大。这位研究中国史和东南亚史出身的学院派教授终身热爱中国研究，长期执教阿尔伯塔大学历史系并曾担任系主任和校国际交流副校长。由于他熟谙中国文化并通晓外交技巧，加拿大政府曾在70年代中加建交初期任命他为驻华大使馆文化官员和使馆汉学家，协助制定加拿大对华政策和与中国官员沟通。这位从"旋转门"进入外交部后又回归大学的著名教授在阿尔伯塔大学历史系首开了中加关系课程、中文和日语课程以及相关研究项目，为该大学日后建立的东亚系打下了坚实的基础。2000年，基于埃文斯教授在中国和东亚研究方面的杰出教育贡献以及他本人对阿尔伯塔省华人社区的贡献，时任加拿大总督伍冰枝亲自授予埃文斯加拿大公民最高荣誉勋章（The Order of Canada）。退休后，他仍经常前往中国参加学术会议并在高校巡回演讲。目前，前加拿大驻华大使赵朴（Guy Saint Jacques）也受聘此学院，这为此学院发挥"高校智库"功能奠定了"理论、实务"相结合的扎实基础。该学院培养出来的学生数量在加拿大高校中国学中排列前茅，是加拿大大学中的中国学重镇和中国问题专家的摇篮。2019年4月25日，该中国学院与美国卡特中心、武汉大学中国边界海洋研究院共同协办了由华盛顿特区

[①] 关于姜闻然博士的更多信息，请参考：钱皓：《加拿大"中国问题专家"与中加关系》，载唐小松主编《加拿大发展报告（2018）》，社会科学文献出版社，2018，第266~267页。

的中美研究中心（ICAS）主办的"当前中美关系：研判风险和寻求合作"研讨会暨"中美研究中心第五届学术年会"，来自中美加多家知名智库和大学参加了这次盛会。研讨会围绕"中美战略竞争风险、全球背景下的中美合作、南海形势与中美海上安全、中美能源、科技、教育和文化合作"等议题展开了讨论。加拿大两大重量级智库——亚太基金会和全球治理创新中心——参加了此次盛会。鉴此，中国有必要加强与此学院的二轨外交，包括在特定主题上的学术交流、对话、研讨会、合作项目等，以建立良好的互通关系，有利于中国正面形象的建构，促进加中政治、经济、贸易、投资等领域的深度合作。

二 涉及中加关系与中国研究的智库（东海岸省市）

由于安大略省是加拿大首都渥太华所在省，且历史上一直是加拿大政治和商业活动中心，因此，东部的智库相对西部而言，除数量上占多数，其研究立场也更加多元。以多伦多为中心，主要有克拉伦斯·迪·霍威学会、麦克唐纳-劳里埃研究所、国际治理创新中心、加拿大国际理事会、加中商业与发展中心、多伦多大学芒克全球事务学院。

（一）克拉伦斯·迪·霍威学会（C. D. Howe Institute，中立型智库）

网站：https：//www.cdhowe.org/。

该智库于1958年创建，坐落在多伦多杨街67号贸易银行大厦300室，是一家非营利、无党派独立研究院，其宗旨是促进合理的经济公共政策，提高生活水平。该研究院被公认为是加拿大最有影响力的公共政策智库，在宾州大学2018年智库"公共/经济政策"和"科学研究"等领域排行榜上均榜在有名。该智库拥有值得信赖的政策情报源，以其无党派立场、以事实为依据研究、以权威专家审查把关为著称。智库因其卓越的加拿大经济政策研究报告曾囊括加拿大经济协会"道格拉斯·普维斯奖"1/4奖项。为此，霍威学会是加拿大经济政策智库排名第一的智库。目前拥有300名一流专家，每年提交至少60份高质量的研究报告，每年召开80场以上的非正式政策（咨询）会议或研讨会。但此智库研究主要侧重国内经济政策研究，并在全国各地举办政策报告会或活动。

霍威学会致力理解并提供选项来阐述与加拿大繁荣密切相关的四大关键挑战。该智库之所以用加拿大历史上最著名的自由党人、内阁部长霍威（C. D. Howe 1886 – 1960）命名，因其是加拿大历史上促使加拿大经济从农业向工业化转型的主要推手。霍威学会在中国问题研究上以其科学、中立、客观立场获得政府和民众的信任。

（二）麦克唐纳 – 劳里埃研究所（Macdonald-Laurier Institute, MLI 保守型智库）

网站：https://www.macdonaldlaurier.ca/。

麦克唐纳 – 劳里埃研究所创立于2010年，位于渥太华教堂大街300号（Chapel Street，Suite #300），为加拿大国家公共政策智库。智库自言是完全独立、非党派意识，但非常保守并右倾。[1] 如其智库之名称，智库以加拿大建国第一任总理约翰 A. 麦克唐纳爵士（Sir John A. Macdonald）和加拿大首位法裔总理威尔弗里德·劳里埃爵士（Wilfrid Laurier）命名。两位曾长期担任加拿大总理，为加拿大杰出的政治传统的传承人。两人中，一位是"托利党"（保守党），一位是"自由党"；一位操行英语，一位操行法语，但两位先驱都坚持加拿大的国家建设和坚持加拿大是世界民主国家的领导者，是人民生活在法治和自由国家的倡导者。MLI 也是加拿大税务局注册的慈善机构，凡捐助此智库者均可以在税务上得到减免。智库设立了董事会、内部咨询委员会以及外部审查研究报告程序。智库的经费源自公司、个人、

---

[1] 加拿大卡尔顿大学国际关系学院包天民教授（Jeremy Paltial）在接受作者邮件采访时说，"MLI 非常保守并右倾，不看好中国"。UBC 亚洲研究院代理院长包义文（Paul Evens）在接受作者面对面访谈时说，"MLI 智库非常保守，他们的《内部政策》杂志论文言论对渥太华决策人非常有影响力"。

私人基金会的捐资。

智库的主要活动：（1）倡导：引导并研究加拿大人当下面临的正在出现的经济和公共政策，包括防务和安全、对外政策、移民、经济和岁入政策、加美关系、规则和区域发展、社会政策以及原住民事务的政策；（2）调查：全方位分析公共和私人事务，并推动有关这些事务的非正式辩论；（3）沟通：以清晰的非党派立场将研究的结论与全民沟通，MLI 主要通过电子邮箱，及时将智库的各项活动告知受众，以达到宣传其主张和告知目的；（4）资助：资助或组织学术会议、小型会议、研讨会、讲座和培训项目以及各种沟通方式，包括电子媒体，以达到沟通和调查目的；（5）提供：基于双边签署的合约基础上，为那些研究机构、公司、代理商、个人，包括联邦、省、市、县区各级政府部门和机构公共政策研究提供研究服务。

MLI 智库有自己的杂志《内部政策》（Inside Policy），是 MLI 旗舰杂志，公开出版，一年四期，电子版可从网站免费下载。2017 年《内部政策》10 月刊是关于中国问题的特刊 "The Dragon at the Door：The Future of Canada-China relations"（龙在家门口：加中关系的未来），邀请了知晓 21 世纪中国的中国问题专家撰写论文，就习近平主席领导下的中国崛起的各个方面进行了探索，这些专家的所有论文都以特刊形式出刊，共刊登了 18 篇论文，其中有五篇文章直指中国的"军事、经济、贸易的潜在或直接威胁"。这五篇文章分别是：中加贸易合约谈判：知识产权如何办？（Negotiating a Canada-China trade agreement：What about IP？）；接触中国将给加拿大国家安全造成潜在威胁（Engaging China poses potential risk to Canada's national security）；中国国企是如何破坏自由市场的（How China's state-owned enterprises are disrupting free markets）；为什么加拿大要给中国自由入场券？（Why is Canada giving China a free pass？）；中国：龙在家门口（China：The Dragon at the Door）。由于该期刊物出版时间正是贾斯汀·特鲁多准备 2017 年 12 月第二次出访中国前夕，也是加中计划启动自由贸易谈判之际，因此该期中国特刊对加拿大国内民众舆论以及加拿大政府决策圈的作用明显。当特鲁多在华访问时，国内媒体对中国劳工人权的强烈关注以及对中国的"恐惧"（Fear

和"不知如何是好"（Wander）最终直接给加外交部部长弗里兰及其团队提供了"口实"，导致中加自由贸易谈判启动"功亏一篑"。在中国香港问题上，2019年5月7日，该智库邀请香港民主党创始人李柱铭在渥太华举办了"香港受损的民主及其对加拿大的影响"演讲和讨论会。由于智库通过电子邮件广泛推送，各界民众均有机会参与，影响甚广。

特别值得关注的是智库的三位名为"大卫"的中国问题专家：第一位大卫·乔高（David Kilgour）是一位职业律师，在加拿大下议院担任议员工作长达27年。在让·克雷蒂安内阁中，他曾担任加拿大"非洲和拉美事务部"部长以及"亚太事务部"部长。因此，虽然他本人为自由党，但他个人的保守观点也深受保守党的赞同和欢迎，这也是为什么保守型智库MLI特别青睐他的研究成果的原因。

第二位大卫·斯旺（David Swan）是MLI智库兼职研究员。当2017年6月中加双边签署了第一份"网络协议"后，2017年12月8日，斯旺在《内部政策》发表了题为"中加网络协议值得质疑"的文章，认为"中国不会改变其骇客或知识产权立场，更多的网络骇客将会发生……中加网络协议不会给加拿大带来明显的好处"。[1] 斯旺是一位退休的加拿大军队（替补）情报员，居住在阿尔伯塔省伏尔坎市（Vulcan），为加拿大网络情报防务中心主任（CIDC），该机构隶属加拿大战略网络空间和安全科学中心。

第三位大卫·麦克唐纳（David McDonough）是MLI智库《内部政策》杂志副主编，同时兼任达尔霍威斯大学安全与发展研究中心的研究员。在中国航母问题上，麦克唐纳在其撰写的《中国最新航母：海军野心的标志》中说："中国最新自主建造的航母要比美国的超级航母即小得多、又在功能上差远了，但尽管如此，中国不断增长的海上野心值得严重关注。"[2] 麦克

---

[1] David Swan, "The Canada-China Cyber Agreement Remains Questionable ", *Inside Policy*, Dec. 8, 2017. See: https://www.macdonaldlaurier.ca/canada-china-cyber-agreement-remains-questionable-david-swan-inside-policy/.

[2] David McDonough, "China Newest Aircraft Carrie: A Sign of Its Naval Ambitions", *Inside Policy*, May4, 2017. See: https://www.macdonaldlaurier.ca/chinas-newest-aircraft-carrier-a-sign-of-its-naval-ambitions-david-mcdonough-for-inside-policy/.

唐纳认为日本和印度在自由世界中拥有战略力量、经济能力以及共同的价值观和利益，可以合作反制中国战略优势的前景。[1]

（三）国际治理创新中心（Centre for International Governance Innovation CIGI 中立型智库）

网站：https://www.cigionline.org。

CIGI 位于加拿大东部安大略省滑铁卢厄尔布西街 67 号，大楼西北翼是巴尔西利国际事务研究院[2]，毗邻滑铁卢大学校区，并与该大学有着紧密的学术资源共享和合作关系，因此也常被称作滑铁卢大学国际治理创新中心。CIGI 创建于 2001 年，为一家独立、非党派智库，其目标是成为世界"国际治理"领域的领军智库，并以影响决策者为己任。CIGI 重视研究、信息和人际网络，提供政策辩论平台和多边治理创新思想，为开展研究、活动和出版物制定日程设置。该智库的跨学科研究工作包括与全世界的政策圈、商业圈以及学术圈进行合作，三个研究领域依次排序是：全球经济、安全和政治与国际法。在第一个领域中，涉及中国的是"中国在全球经济中的角色"。在第二个领域中，虽没有关于中国的具体研究主题，但亚太安全、气候变化、网络治理和北极研究议题均涵盖了对中国的研究。在第三个研究领域中有经济法、环境法和知识产权法，中国均位于三法研究的中心地带。

CIGI 主要合作伙伴和主要资助方为加拿大联邦政府和安大略省政府以及滑铁卢市政府，因此，三级政府经费的支持和资助使其研究经费充裕，但同时也要求 CIGI 承接的研究项目既服务联邦政府，也服务安省政府和滑铁卢市政府。CIGI 智库的最主要特色是研究团队由经验丰富的政府退役官员，特别是外交实践家和杰出的院校理论者组成。CIGI 拥有来自滑铁卢、渥太

---

[1] Ibid.
[2] 巴尔西利国际事务研究院（Balsillie School of International Affairs）成立于 2007 年，由 CIGI 创始人吉姆（Jim Balsillie）捐建，是一所全球治理和国际公共政策的高层次研究生教学和研究单位，其目的之一是将 CIGI 打造为世界顶尖智库。该学院与 CIGI 为合作单位，学术关系紧密，被加拿大国际关系学者公推为加拿大国际关系领域和公共政策领域排名第四的院校。

华和多伦多等地大学的研究人员加盟。同时，因巴尔西利国际事务研究院捐建人为CIGI董事会总裁吉姆·巴尔西利（Jim Balsillie），而最初建院的目的就是为了联合将CIGI打造为世界顶级智库，因此学院所聘的著名教授和所有师资与CIGI共享。目前该智库有资深研究人员106名，列加拿大智库之首。2005年后，CIGI在研究项目上发展迅速，特别是关于"八国集团"制度创新方面的提案以及最终促使"20国集团峰会"机制创立，这是CIGI在全球治理创新上最成功的经典案例。由于CIGI资金雄厚，研究队伍庞大，在加拿大从事国际问题研究的智库中，到目前为止CIGI排名第一，加拿大其他智库难以比肩。[1]

CIGI影响联邦政府的主要渠道是：撰写年度报告、承接联邦政府的委托项目并提交工作报告、接受电视和媒体访谈、参加下议院对外政策辩论会、举办学术会议、出版书籍和撰写媒体文章。在南中国海问题上，曾积极参与亚太地区安全的加拿大却选择"不站边"立场。在这立场的背后，CIGI的工作报告以及研究专家的建言建策起到了决定性作用。[2]

（四）加拿大国际理事会（Canadian International Council CIC 中立型智库）

网站：https：//thecic. org/en/。

加拿大国际理事会成立于1928年，最初创建时的名称是"加拿大国际事务

---

[1] 加拿大中国问题专家包天民（Jeremy Paltier）在回答中国社会科学院世界经济与政治研究所薛力采访问题"您可以推荐一个研究国际事务的加拿大智库的名单吗？"时说：到目前为止，排名第一的是加拿大国际治理创新中心；第二是加拿大国际理事会，但它只关注国际事务。另外，霍威学会也算一个，主要关注经济问题，而亚洲基金会只关注亚洲事务。加拿大没有太大型的智库，如布鲁金斯学会。就关注国际问题而言，加拿大国际理事会比较接近布鲁金斯学会。参见：薛力：《"一带一路"五年评估：包天民访谈》，http：//www. ftchinese. com/story/001081341？archive。

[2] 关于CIGI如何影响加拿大政府在南海的立场，参见：钱皓：《加拿大的南海立场与中加南海合作前景》，《史学月刊》2016年第12期，第17~18页；钱皓：《加拿大智库与加对华政策研究》，《国际观察》2016年第6期，第91~94页；钱皓：《加拿大的南海政策与立场》，载唐小松主编《加拿大发展报告（2017）》，社会科学文献出版社，2017，第181~182页，第186~188页。

研究院",宗旨是致力于加拿大外交启蒙和咨询。1946年该院创办的《国际杂志》是加拿大最早向国人提供国际事务观点和信息的杂志。1960年后,加拿大职业外交家约翰·霍姆斯从外交部退役后加入该研究院,并担任院长。在霍姆斯领导下,该研究院一跃成为加拿大首屈一指的外交政策和战略咨询智库。[①]

国际理事会为非营利、非党派独立型智库,总部设立在多伦多,15个分部遍及全加境内,[②] 由志愿者负责运行,为理事会会员提供各类讲座、研究小组活动、研讨会和工作坊。理事会对外政策研究项目包括年度研究项目、中国工作组、战略研究工作组、国际关系与数字技术项目、《国际杂志》刊物和学术出版。就关注国际问题而言,包天民教授认为CIC比较接近布鲁金斯学会。[③] 加拿大国际理事会所创立的数字媒体平台"OpenCanada.org"是加拿大进行国际事务讨论的场所。2015年10月重组后,由CIGI独立负责该平台的文章选登、有关国际事务和对外政策的辩论和批判。

在理事会对外政策项目中,理事会主办的《国际杂志》(International Journal)影响力非常大。该刊2018年9月集中刊出了7篇有关中国的论文,其中,中国通包天民(Jeremy Paltial)的论文《面对中国:加拿大身处害怕与希望之间》、中国问题专家陈天翼(Gregory T. Chin)的论文《难以忘却的事实:加拿大对中国企业收购的谨慎的矛盾心理》、李晓隽等论文《中国参与联合国维和行动的动机和目的》最有影响力,直击中国在加拿大投资和中加贸易合作等方面的一系列问题,值得深思。

(五)加中商业与发展中心(Canada-China Institute for Business & Development,自由开放型高校智库)

网站:http://ccibd.ca。

---

① 钱皓:《约翰·霍姆斯与加拿大中等国家外交思想和实践》,《世界历史》2015年第2期,第16页。
② 这15个分部位于卡尔加里、埃德蒙顿、哈利法克斯、哈密尔顿、蒙特利尔、渥太华、尼皮辛、萨斯卡通、里贾纳、桑德湾、多伦多、温哥华、维多利亚、滑铁卢和温尼伯。
③ 薛力:《"一带一路"五年评估:包天民访谈》,http://www.ftchinese.com/story/001081341?archive。

该中心成立于2013年，设立在多伦多市中心瑞尔森（Ryerson）大学特德罗杰斯管理学院（Ted Rogers School of Management）之下，由瑞尔森大学教职人员组成，为安省唯一一家完全致力中国研究的大学型智库，其宗旨是：通过研究、创新性教育和培训项目以及有影响力的公共事件来建构和推进对中国的理解。中心将作为重要平台，为加拿大商业、学术、政策制定者、政府以及其他利益攸关者寻求与中国贸易和中国各组织结成战略伙伴提供有关中国的过去和现在的各种杰出的教育课程及知识。中心设立加中双主任制，加方主任是大卫 C. 丁沃尔阁下（Honourable David C. Dingwall），中方主任是林晓华博士（Dr. Howard Xiaohua Lin）[①]。丁沃尔阁下曾四次当选议会议员，在国际、国内、私有和公有机构均有着非常超人的经验和能力。曾在美国、澳大利亚、中国、日本、瑞典、以色列、阿联酋等国工作或有商务来往，其担任的职业有律师、公众领袖、公司行政执行长官（CEO）、律师行负责人、杰出的公众演讲者。其主要工作范围是：公司治理、公共政策、商务、争端解决决议（包括谈判、斡旋、国内外仲裁），目前还担任上海国际经济和贸易仲裁委员会仲裁官（Shanghai International Arbitration Centre，SHIAC）、多伦多仲裁协会创建会员。同时，其还担任加中贸易理事会董事会成员。

林晓华博士在中国社会科学院获得经济学硕士，美国俄克拉荷马州立大学获得工商管理博士。林博士为加拿大企业家和创新论坛创始人，曾为中国银行北京总部的经济学家，目前还担任加拿大中小企业委员会副主席。由于中心两位主任在政界和学术圈的人缘及关系网络，中心经常承担来自联邦政府、省政府和市区政府乃至中小企业的委托项目，追踪该中心的研究动态可以帮助我们准确定位和把握加拿大对华政策走向与趋势。

（六）多伦多大学芒克全球事务学院（MUNK School of Global Affairs，UOT，自由/中立型高校智库）

网站：https：//munkschool.utoronto.ca/。

[①] 关于林晓华博士的介绍，请参考：钱皓：《加拿大"中国问题专家"与中加关系》，载唐小松主编：《加拿大发展报告（2018）》，社会科学文献出版社，2018，第 265~266 页。

芒克全球事务学院旧称"芒克中心"（Munk Centre），最初由加拿大商人和慈善家彼得·芒克（Peter Munk）个人捐资640万美金于2000年建立，坐落在多伦多大学三一学院院址，为多伦多大学下属学院。2012年在彼得-梅兰妮芒克慈善基金会、加拿大联邦政府和安大略省政府共同捐助下进行了扩院建设，现有十所研究中心/所，其中亚研所无论在政府项目承接、人员配置和学术活动频率均位列各中心之首。亚研所拥有100多位全职和兼职研究员，每年举办近140次各类研讨会，政策讲座和学术活动，为加拿大政府亚洲政策孵化重要平台之一。由于加拿大外交部许多官员毕业于早先的"芒克中心"，因此该院也被视作加拿大外交人才摇篮。该学院毕业生加入外交部和外交部高级外交官卸任后加入学院成为一种常态。如此丰富的学术资源和直达决策者的畅通渠道将该学院锻造为加拿大东部高校旗舰智库，而亚研所也成为加拿大政府对华政策的重要咨询机构。

在对华政策中亚研所表现积极。庞大的研究队伍以及通过"旋转门"进入该所的高级研究员给研究所不仅带来了新思想、新理论和新视角，更多地带来了智库的政策建言和政策日程设计的实际经验及老道的斡旋手段。同时，他们曾任驻华使馆官员的背景以及在华所建构的政治、经济、文化等人脉关系也给亚研所提供了获取中国第一手信息和资料的渠道。如加拿大驻华大使馆最早的文化外交官员傅尧乐（Bernie Michael Frolic）、加拿大前任驻华大使马大维大使（David Mulroney）、原任亚研所主任的黄一庄（Joseph Wong）教授等。[①] 2016年2月4日，为纪念中加建交45周年，亚研所举行的盛大纪念会以"前行"（Forward）为主题，邀请了几乎所有中加关系领域的顶尖学者参加了研讨会，其最终形成的会议论文集展示了加拿大学术界最高水平，对中加关系决策人处理双边关系产生了重大影响。[②] 2016年9月中加高层在一个月内实现了互访，双边签订了56项合作书以及诸多合作意

---

① 关于傅尧乐、马大维、黄一庄教授在中加关系上的作用，请参考：钱皓：《加拿大"中国问题专家"与中加关系》，载唐小松主编《加拿大发展报告（2018）》（加拿大蓝皮书），社会科学文献出版社，2018，第253、250~251、263~264页。
② 钱皓：《加拿大智库与中加关系》，《国际观察》2016年第6期，第94~98页。

向书。这些标志性成果表明亚研所倡导的"向前走"对华政策全面开始实施。

然而，2017年12月特鲁多总理的第二次访华中对"劳工权益"等的过度强调导致中加"热恋"关系转入"观察期"，而2018年12月1日的"华为事件"则使中加关系直接进入"分手"阶段，国际政治的不确定因素也折射在中加关系中。在如此特殊时期，高校智库的二轨外交的通道和功能则显得更为重要和必要，当然中加双方领导人需要在当下"不稳定政治气流"中保持冷静，运用外交智慧解决问题，继续前行。

三 其他涉华重要平台

此外，加拿大还活跃着一些致力中加贸易和民间关系的重要平台，它们通过实务工作，架起了中加友好和贸易往来的桥梁，其中"加中贸易理事会"（Canada China Business Council，以下简称CCBC）是中加贸易主导型平台。

CCBC成立于1978年，总部设在多伦多，在中加两国共有六家办事处，四家办事处在加拿大（温哥华、卡尔加里、多伦多、蒙特利尔），两家在中国（上海、北京）。CCBC的六家办事处常年协调所在省和周边省份与中国/加拿大的商务来往，接待中国/加拿大来访的商业考察团。除安排商务酒会、中加商务企业对话外，各个办事处还积极为进入中国/加拿大市场的加拿大/中国各中小企业提供咨询、资讯、搭桥以及后期服务。由于CCBC以"智慧和前瞻"为其座右铭，且商务和贸易的性质决定了此平台的务实主义特质，因此在加拿大经济与中国经济合作共赢方面非常积极，几乎不受政府的保守立场的辖制。一个当下实例是2019年5月29日，为帮助加拿大中小企业在中国的投资和贸易，以及应对日益增长的加中口岸贸易，CCBC宣布第7家办事处在大西洋沿岸城市哈利法克斯市正式设立，中国驻加拿大大使卢沙野和新斯科舍省省长莅临祝贺，中加双方近百名贸易代表和潜在的投资者参加了此次盛会。

与智库功能不同，CCBC侧重实务性工作，重在组织、沟通、参与、搭桥中加合作和投资项目。在国内，CCBC积极斡旋本国政府调整经济政策，扶助和支持中小企业参与对华投资和合作。在北京和上海的CCBC办事处承担为在华加拿大企业提供资讯、业务、市场帮助，同时也承担为计划进入中国市场的加拿大企业提供资讯、负责安排调研以及市场开拓评估。由于理事会成员中既有加拿大和中国最大最著名的公司，也有小型和中型企业以及一些非营利组织和企业，特别是会员中有从事金融业务服务、职业培训业务、制造业、建筑业、交通业、油气、自然资源、公共服务、教育和信息、通讯和技术业，因此CCBC的实务性功能非常强，且也非常有经验，在加中贸易发展和推动中的作用凸显。

1978年加中商务理事会初创时，10家理事单位为理事会建立提供了初创基金，这笔基金帮助理事会在经济状况恶劣时期为会员提供无与伦比的支持和服务。这十大初创会员是：（1）巴利克金矿公司（Barrick），世界最大的黄金生产家，有26个金矿，遍布全球五个大陆，高端技术开采和开发项目。（2）蒙特利尔银行金融集团（BMO），成立于1817年，总部设在加拿大。该金融集团为遍及全球和北美1100万个人、商务机构、公司和机构服务。（3）庞巴迪（Bombardier）运输设备制造商是一家总部在蒙特利尔的国际性交通运输设备制造商，1942年成立了有限公司。主要产品有支线飞机、公务喷气飞机、铁路及高速铁路机车、城市轨道交通设备等。在全球23个国家拥有69家制造厂家，并在全球拥有服务网络。（4）加拿大出口开发公司（Export Development Canada）是一家出口信誉代理商，为加拿大出口商和投资商提供创新金融、保险和风险管理方案和在全球扩展业务。（5）宏利金融（Manulife Financial），世界五百强企业，在强大的金融和全球安全领导者支持下为全球提供最好的金融保障和财富积累产品。（6）加拿大电力公司（Power Corporation of Canada）成立于1925年，为一家多元化的国际管理公司。（7）永明金融（Sun Life Financial），140年来一直是加拿大金融业不可或缺的一部分，该公司与数百万计的加拿大人有着千丝万缕的关系，是加拿大人寻求金融安全的保障。（8）中信银行（CITIC），中国中信银行是一家国有信托投资公司，由邓小平亲自批准，荣毅仁于1979年成立。（9）SNC－兰万灵公司（SNC-Lavalin），1911年成立，总部在蒙特利尔市，是全球工程和建筑的领军公司之一，特别在基础设施建设方面独领风骚。该公司在全球40个国家设有办事处，在矿业开采、冶金、油气、环境和水源、基础设施、清洁能源方面为客户提供总承包和出口商品管理服务。（10）受益者合作伙伴（BENEFACTORS），

由支持中加贸易理事会方方面面的工作和服务的那些公司组成，负责为加拿大和中国的中小企业提供合适的服务。四十一年来，CCBC实行会员制，为真正的双边、非营利性会员制组织，而此十家公司对中国的态度常常能够直接影响渥太华决策者的立场和政策导向。

四　余论

外交是内政的外延，这是一个不言而喻的事实。在加拿大，"一切为了加拿大人"（For Canadians）是任何一届政府的执政目标。为此，在加拿大100家智库中，有相当数量的智库从事国内公共政策研究。这些智库表面上与加拿大对华政策没有直接的关联，但他们对国内公共政策的研究、建言和报告必然对加拿大对外政策，包括对华政策有着重大影响。在这些众多公共政策智库中，"公共政策研究所"、"环境经济、农业与运输、能源研究所"、"公共政策前沿中心"、"可持续发展国际研究院"和"彭比纳研究所"值得我们特别关注。

Abstract

The Canadian Development Report (2019) is a blue book on Canada's national conditions from 2018 to 2019. It is designed and hosted by Professor Tang Xiaosong, Director of the Center for Canadian Studies of Guangdong University of Foreign Studies. The experts who participated in the report are from Guangdong University of Foreign Studies and University of Ottawa, Arizona State University, University of Macau, Shanghai University of Finance and Economics, South China University of Technology, Shanghai International Studies University.

In October 2019, a new round of federal government election in Canada will begin. During the last year of the first term, the Trudeau Administration has undergone major changes and adjustments in politics, diplomacy, economy, and society and so on. Therefore, both in-depth observation and research of Canada's internal and external affairs and comprehensive national conditions in the past year are significant for the Chinese government, think tanks, enterprises, and academic circles. In terms of the internal affairs, the Trudeau Administration continues to work for economic recovery and social welfare. GDP has increased slowly, and there have been achievements in improving employment and controlling inflation. Therefore, the public has also given rising recognition to Trudeau's economic governance capabilities. But politically, it faced the biggest scandal since it took office. The SNC-Lavalin case was not only suspected of interfering with judicial independence, but also led to the resignation of two major cabinet members, which was also slammed by the Conservative Party. Some voters said that they would question the integrity of the Trudeau Administration and consider not voting for the Liberal Party during the federal election. However, some voters also said that this was not a simple legal issue but a political struggle. On the diplomatic front, although the Trudeau Administration settled down USMCA with the United States, its bilateral diplomacy with other countries was totally a mess, especially with China, Saudi Arabia and Russia. Among them, the China-Canada relationship has deteriorated completely due to the incident of the Meng Wanzhou. Many agendas that have been promoted before were all stagnant, and the relationship between the two countries could not be eased in the short term.

The Canadian Development Report (2019) is divided into five parts. It analyzes and predicts the hot issues of political party affairs, foreign affairs, economic development and social policies in Canada from 2018 to 2019, focusing on the development of political affairs in Canada, the US-Canada relations as well as China-Canada relations. This development report not only has innovations in theoretical research and policy research, but also has breakthroughs in research fields and research methods. It is of great significance and value for enriching China's theoretical research, policy analysis and strategic evaluation in Canadian studies. This report can provide relevant reference for governments, think tanks, enterprises and all sectors of society.

Contents

I General Report

B.1 Report on Canadian General Development in 2018

Huang Zhong / 001

Abstract: In the year of 2018, the economic growth of Canada was moderately slow. The economic fundamentals were healthy. The overall economic environment remained at the forefront of the world. The inflation rose slightly, employment maintained a good momentum, and the total trade deficit continued to shrink. Under such circumstances, the Canadian government took proactive measures to deal with the uncertainty of global economy in order to tap the potential of national economic development. In terms of domestic political and social governance, Trudeau government's ruling pressure had been mounted and the new round of federal election is fiercely competitive. The domestic security situation continued to deteriorate yet the terrorism posed relatively less threat to national security. Investing in the middle class remained the priority of national policy and new supportive measures continued to be introduced. In regard of diplomacy and international profile, Canada's great power diplomacy had encountered twists and turns. Its trade diversification strategy had been frustrated. And Canada was criticized for falling short of its action in foreign aid. And the human right diplomacy was accused for being double-standard. Its national reputation and overall global image declined. Besides, its softer power strength had been on the decline for two years.

Keywords: Canada; Economic Policy; Domestic Politics; Diplomatic Setbacks

Contents

II Study Reports

B.2 Report on Canadian Party and Politics in 2018

Tang Xiaosong / 025

Abstract: It is a troublesome year for Trudeau's administration before the 2019 federal election. On the one hand, both the domestic politics and foreign relations have been greatly impacted by all kinds of crisis. In addition, the vigorous criticism from the opposition party has also made the voters have more question about the ability and credibility of the Liberal government. On the other hand, the Liberal government actively adjusts its budget and policies, paying more attention to issues that voters value, and settles with the United States on the steel-aluminum tariff issue which is expected to promote the approval of the USMCA and also allow the Liberal Party to maintain certain advantages in election. Therefore, the competition for the federal election in October will be very tight. Trudeau still has a chance to win, but his advantages have gradually narrowed. Moreover, the minority governments have gradually gained ruling opportunities in several provinces, which means minority's party will be another growing force in federal election. Therefor, even if Trudeau wins the election, the federal government will still face more constraints in the future.

Keywords: Federal Election; Meng Wanzhou; SNC; Trudeau

B.3 Report on Canadian Economic Situation in 2018

Lin Jue / 043

Abstract: In 2018, the Canadian economy had a certain growth, but the decline of growth in the fourth quarter lowered its annual growth level, mainly due to the decline in real GDP growth from the natural resources sector. The largest proportion of Canada's real GDP growth in that year was consumption, exports and investment. The characteristics of economic growth are: the growth of import and export trade, the narrowing of the foreign trade deficit etc. Canadian economic growth in 2018 was also affected by some foreign factors, such as the decline of economic growth in the fourth quarter of the United States, and its changes in foreign policy and trade protectionism policy, etc. In that year, the proportion of bilateral trade between Canada and the United States or within the North American region continued to decline, while the proportion of bilateral trade with China or the other countries outside North America continues to rise.

What is the trend of Canadian economic development in 2019? This paper holds that external factors include changes in the world economic situation, the economic growth of major trading partners especially the United States, etc. On the development of China-Canadian economic and trade relations, this paper points out that China-US trade frictions bring opportunities for China-Canadian economic and trade cooperation. However, China-Canadian bilateral free trade agreement negotiations or bilateral cooperation will still face obstacles to US foreign policy and new rules pursued by it in foreign free trade agreements in the future. The United States is trying to incorporate its rules and standards and various issues into the negotiations of FTA and the reform of WTO, which will interfere with the future bilateral economic and trade cooperation between China and Canada and the negotiations of FTA.

Keywords: Canada; Economic Growth; Characteristics and Trends

B.4　Report on Canadian Diplomacy in 2018　　*Liu Dan* / 081

Abstract: With the rising influence of China and the more conservative attitude of the United States in international society, the global politics has been in a process of readjustment. As a middle power that emphasizes internationalism and multilateralism, Canadian diplomacy led by Trudeau in the past year experienced more than one crisis which have destroyed the relationships between Canada and the major powers as well as emerging powers. After Trudeau's visit to India in 2018 was satirized by media and criticized by both the opposition party and the Indian government, the relationship between Canada and Saudi Arabia got stale due to Canada's human right diplomacy. Besides, there was also deteriorating relationship between Canada and Russia because of votes the parties care more about. What is the most serious is that the incident of Meng Wanzhou has brought the China-Canada relationship to the lowest point. As for the Canada-US relationship that has always been regarded as the most important to Canada, it is also more uncertain because of the trade problem between Canada and US as well as complicated China-Canada-US relationships. As a result, after the federal election in October 2019, no matter who wins, Justin Trudeau or Andrew Sheer, Canada will face major diplomatic challenges.

Keywords: Canada; Saudi Arabia; Russia; the United States; China

B.5 Report on Canadian Social Situation 2018   *Yu Minghui* / 097

Abstract: In 2018, Canada's social governance is relatively stable, but face the challenges of slightly saturated job market, continued shrinkage of the middle class, series aging issue, enlarging income disparity and other social inequities. In response, the Canada federal government continues to increase the financial support to provinces and proposes a series of targeted measures for the middles class, elderly population, and minority groups, including increasing employment opportunities, strengthening medical benefits, and adjusting pension plans. At present, Canada's social policy fully reflects three functions of protection, security and balance. In the future, further observation of Canada's society requires paying special attention to the potential risks: the sustainability of the fiscal condition, the society's changing attitude towards international aid, and a more reasonably tax system.

Keywords: Canada; Middle Class; Income Disparity; Social Structure

Ⅲ Special Reports

B.6 Analysis of the Canadian Immigration Policy in 2018

Bobbie Jia / 112

Abstract: This paper provides a study on the Canadian government's "2018 Annual Report on Immigration" and the "2016 Canadian Census Report" to analyze new trends in immigration policy throughout 2018. It describes the focus of the 2018 provincial nominee program and lists the adjustments made to Canadian immigration policy throughout the year. This article investigates the causes that impact the federal and provincial immigration policies change from perspectives relating to population demographics, political view, economics, society, and culture. In the end, predicts are given to the future changes in the immigration policies.

Keywords: Canada; Immigration Policy; Entrepreneur Immigration

B.7 The Contradiction and Adjustment of Canada's Human Rights Diplomacy and Arms Sales Policy

—*Taking the Saudi Arms Sales as a Case* *Liu Jiangyun / 140*

Abstract: From 2017, Trudeau has vigorously promoted the human rights diplomacy with feminism as the core, and hopes to consolidate its position as a middle power in international community through feminist diplomacy. However, this contradicts the Canadian arms sales policy that has long ignored human rights factors. After the Saudi government's arrest of feminist activists and the Saudi coalition forces triggered a humanitarian crisis in Yemen, Canada has drawn fierce criticism from the domestic and international community. Trudeau tried to ease the contradiction by joining the "Arms Trade Treaty", suspending arms export licenses, and sanctioning Saudi suspects, hoping to achieve the goal of human rights diplomacy while continuing to fulfill the Saudi arms sales contract. Backfired, Canada's policy adjustments were met with unprecedented retaliatory measures from Saudi Arabia, and bilateral relations fell to historical lows. This paper analyzes the reasons for the intensification of the contradiction between human rights diplomacy and arms sales policy, and tries to predict the policy adjustments that the Liberal Party or the Conservative Party may make before and after the October 2019 federal election.

Keywords: Canada; Human Rights Diplomacy; Saudi Arms Sales Case

Ⅳ Canada-US Relations

B. 8 The Political Economy of Canada's Export

Diversification Strategy *Geoffrey McCormack* / 159

Abstract: This article examines the evolving relationship between the United States and Canada over the course of the global slump, which started in 2007 and continues to this day. Economic stagnation in Canada's principal trading partners after the global financial crisis encouraged the Trudeau administration, and the Harper government before it, to pursue a strategy of trade diversification. While the US remains Canada's most important trading partner, the strategy aims to reorient towards high-growth economies, especially China. The policy is being pursued with some urgency owing to several challenges facing the Canadian economy domestically, including economic stagnation and unemployment, a household debt-driven real estate and construction boom, and an increasingly fragile financial system. Taken together, these pose serious threats to Canadian macroeconomic stability. The Canadian state recognizes these risks and seeks to stabilize the economy by securing markets for oil and agricultural products abroad, particularly in China. The relative decrease of the share of exports to the US and the increase to China reflect the realities of the post-crisis global order and Canada's attempt to integrate itself through its export diversification strategy.

Keywords: Canada; Diversification Strategy; United States; China

B.9 The Canada-US Trade Disputes and the Renegotiation of the NAFTA *Ai Weining* / 186

Abstract: Canada and the United States have trade disputes over steel, aluminum, dairy and softwood lumber trade. In the past year, Canada and the US signed the new NAFTA, namely the United States-Mexico-Canada Agreement (USMCA), and temporarily settled their disputes in steel and aluminum as well as dairy trade. Thus, for Canada, the major impediment to ratify the USMCA is the country's softwood lumber trade dispute with the US. This chapter first introduces the origin of and crux to current Canada-US trade disputes over steel, aluminum, dairy and softwood lumber trade. Then the chapter adopts the analytical framework developed in the Open Economy Politics (OEP) and Thomas Oatley's critique of the OEP in International Political Economy (IPE) to explain the two countries' respective policy preferences and interests in steel, aluminum, dairy and softwood lumber trade.

Keywords: Canada; the United States; Trade Disputes; USMCA

B.10 The Current Canada-US Relations under the Global Conservatism *Liu Tianyi* / 206

Abstract: The relationship between Canada and the United States in 2018 is full twists in the context of the rise of global conservatism ethos. This paper analyzes from three angles: The first is to analyze the views of the general public opinion on the relation between Canada and the United States n 2018, and thus analyze and summarize the fundamentals of this year's Canada-US relation; The second is to review two major events affecting the relationship between Canada and the US in this year: the signing of the Agreement between the United States of America, the United Mexican States, and Canada (USMCA) and the Huawei incident. Finally, this article summarizes the fact of a challenged Canada-US relation which caused by the rise of global conservatism in recent years. This paper also looks forward to the future trends of the two countries so that we can have more clearly sense and strategy which how China should adopt between the two countries. In the author's view, the relationship between Canada and the US is impacted by the global conservatism, and there is a tendency for conservative parties and groups in different locations to connect in tandem. Under the impact of global conservatism ethos, the relation between Canada and the US has been torn. How China should precisely position itself between the two countries is a crucial question to be asked, and how to remain its political independence in today's international situation under the impact of conservatism is a major task for the Canadian politicians.

Keywords: Canada-US Relations; Conservatism; FTA; China-Canada Relations; China-US Relations

V China-Canada Relations

B.11 China-Canada Post Acute Care Industrial Chain Cooperation: Based on Comparisons of the Senior Care Industry between US and Canada *Mi Rui* / 225

Abstract: Compared with China, Canada and US earlier step into aging society for decades with complete senior care system and wealth experience of post-acute care. Canada, similar with US, is experiencing the same aging social issues with close senior care service level, but the reasonable service price is Canada's enormous advantage. Through protracted and unremitting effort, Canada overall designed and implemented three pillars of pensions system with lower management costs and nonexistent funding short falls, which highly regard by the World Bank. And in the meantime, the private long-term care insurance and other pension financial services provide reliable earnings with controllable risks. Therefore, Canada's long-term care industry is healthier and worthy being learned. China is aging more rapidly and the industry still at an initial stage, there are many areas need improved and enhanced, such as family physician training system for senior care service, which is so called 'combination of health care and senior care's last kilometers'. Canada's family medicine residency and training program is one of the world best programs can be integrated into China's senior care service system. In conclusion, under the better bilateral environment, China and Canada post-acute care industrial chain can be combined with all-directional, long-term, deep and easy to fit in characteristics.

Keywords: Canada; US; Post-acute Care Industrial Chain; Payment System; Talent Training

B. 12 A Survey of Canadian Think Tanks on China Policy

Qian Hao / 239

Abstract: It's reported that there have been totally 100 think tanks in Canada by the end of 2018. Though most of them are private, non-profit, non-partisan and independent ones, yet there are still some other think tanks at universities which strongly connect as well as cooperate with some political science/global affairs schools, programs or centers on China issues. This paper explores and illustrates the distribution, research subjects and functions of the related think tanks on the subjects as China and China Canada relations to format a road-map for those who are interested in the two sides relations.

Keywords: Canada; Think Tanks; China; China-Canada Relations

社会科学文献出版社　　　**皮书系列**

❖ 皮书起源 ❖

"皮书"起源于十七、十八世纪的英国，主要指官方或社会组织正式发表的重要文件或报告，多以"白皮书"命名。在中国，"皮书"这一概念被社会广泛接受，并被成功运作、发展成为一种全新的出版形态，则源于中国社会科学院社会科学文献出版社。

❖ 皮书定义 ❖

皮书是对中国与世界发展状况和热点问题进行年度监测，以专业的角度、专家的视野和实证研究方法，针对某一领域或区域现状与发展态势展开分析和预测，具备原创性、实证性、专业性、连续性、前沿性、时效性等特点的公开出版物，由一系列权威研究报告组成。

❖ 皮书作者 ❖

皮书系列的作者以中国社会科学院、著名高校、地方社会科学院的研究人员为主，多为国内一流研究机构的权威专家学者，他们的看法和观点代表了学界对中国与世界的现实和未来最高水平的解读与分析。

❖ 皮书荣誉 ❖

皮书系列已成为社会科学文献出版社的著名图书品牌和中国社会科学院的知名学术品牌。2016年，皮书系列正式列入"十三五"国家重点出版规划项目；2013~2019年，重点皮书列入中国社会科学院承担的国家哲学社会科学创新工程项目；2019年，64种院外皮书使用"中国社会科学院创新工程学术出版项目"标识。

中国皮书网

（网址：www.pishu.cn）

发布皮书研创资讯，传播皮书精彩内容
引领皮书出版潮流，打造皮书服务平台

栏目设置

关于皮书：何谓皮书、皮书分类、皮书大事记、皮书荣誉、皮书出版第一人、皮书编辑部

最新资讯：通知公告、新闻动态、媒体聚焦、网站专题、视频直播、下载专区

皮书研创：皮书规范、皮书选题、皮书出版、皮书研究、研创团队

皮书评奖评价：指标体系、皮书评价、皮书评奖

互动专区：皮书说、社科数托邦、皮书微博、留言板

所获荣誉

2008年、2011年，中国皮书网均在全国新闻出版业网站荣誉评选中获得"最具商业价值网站"称号；

2012年，获得"出版业网站百强"称号。

网库合一

2014年，中国皮书网与皮书数据库端口合一，实现资源共享。

权威报告·一手数据·特色资源

皮书数据库
ANNUAL REPORT(YEARBOOK)
DATABASE

当代中国经济与社会发展高端智库平台

所获荣誉

- 2016年，入选"'十三五'国家重点电子出版物出版规划骨干工程"
- 2015年，荣获"搜索中国正能量 点赞2015""创新中国科技创新奖"
- 2013年，荣获"中国出版政府奖·网络出版物奖"提名奖
- 连续多年荣获中国数字出版博览会"数字出版·优秀品牌"奖

成为会员

通过网址www.pishu.com.cn访问皮书数据库网站或下载皮书数据库APP，进行手机号码验证或邮箱验证即可成为皮书数据库会员。

会员福利

- 已注册用户购书后可免费获赠100元皮书数据库充值卡。刮开充值卡涂层获取充值密码，登录并进入"会员中心"—"在线充值"—"充值卡充值"，充值成功即可购买和查看数据库内容。
- 会员福利最终解释权归社会科学文献出版社所有。

数据库服务热线：400-008-6695
数据库服务QQ：2475522410
数据库服务邮箱：database@ssap.cn
图书销售热线：010-59367070/7028
图书服务QQ：1265056568
图书服务邮箱：duzhe@ssap.cn

卡号：147494698619
密码：

S 基本子库
SUB DATABASE

中国社会发展数据库（下设12个子库）

全面整合国内外中国社会发展研究成果，汇聚独家统计数据、深度分析报告，涉及社会、人口、政治、教育、法律等12个领域，为了解中国社会发展动态、跟踪社会核心热点、分析社会发展趋势提供一站式资源搜索和数据分析与挖掘服务。

中国经济发展数据库（下设12个子库）

基于"皮书系列"中涉及中国经济发展的研究资料构建，内容涵盖宏观经济、农业经济、工业经济、产业经济等12个重点经济领域，为实时掌控经济运行态势、把握经济发展规律、洞察经济形势、进行经济决策提供参考和依据。

中国行业发展数据库（下设17个子库）

以中国国民经济行业分类为依据，覆盖金融业、旅游、医疗卫生、交通运输、能源矿产等100多个行业，跟踪分析国民经济相关行业市场运行状况和政策导向，汇集行业发展前沿资讯，为投资、从业及各种经济决策提供理论基础和实践指导。

中国区域发展数据库（下设6个子库）

对中国特定区域内的经济、社会、文化等领域现状与发展情况进行深度分析和预测，研究层级至县及县以下行政区，涉及地区、区域经济体、城市、农村等不同维度。为地方经济社会宏观态势研究、发展经验研究、案例分析提供数据服务。

中国文化传媒数据库（下设18个子库）

汇聚文化传媒领域专家观点、热点资讯，梳理国内外中国文化发展相关学术研究成果、一手统计数据，涵盖文化产业、新闻传播、电影娱乐、文学艺术、群众文化等18个重点研究领域。为文化传媒研究提供相关数据、研究报告和综合分析服务。

世界经济与国际关系数据库（下设6个子库）

立足"皮书系列"世界经济、国际关系相关学术资源，整合世界经济、国际政治、世界文化与科技、全球性问题、国际组织与国际法、区域研究6大领域研究成果，为世界经济与国际关系研究提供全方位数据分析，为决策和形势研判提供参考。

法律声明

"皮书系列"（含蓝皮书、绿皮书、黄皮书）之品牌由社会科学文献出版社最早使用并持续至今，现已被中国图书市场所熟知。"皮书系列"的相关商标已在中华人民共和国国家工商行政管理总局商标局注册，如LOGO（ ）、皮书、Pishu、经济蓝皮书、社会蓝皮书等。"皮书系列"图书的注册商标专用权及封面设计、版式设计的著作权均为社会科学文献出版社所有。未经社会科学文献出版社书面授权许可，任何使用与"皮书系列"图书注册商标、封面设计、版式设计相同或者近似的文字、图形或其组合的行为均系侵权行为。

经作者授权，本书的专有出版权及信息网络传播权等为社会科学文献出版社享有。未经社会科学文献出版社书面授权许可，任何就本书内容的复制、发行或以数字形式进行网络传播的行为均系侵权行为。

社会科学文献出版社将通过法律途径追究上述侵权行为的法律责任，维护自身合法权益。

欢迎社会各界人士对侵犯社会科学文献出版社上述权利的侵权行为进行举报。电话：010-59367121，电子邮箱：fawubu@ssap.cn。

社会科学文献出版社